Michael Ignatieff
Das kleinere Übel

Michael Ignatieff, 1947 in Kanada geboren, Historiker und Philosoph, international gefragter Publizist und Kommentator. Nach einigen Jahren Forschungstätigkeit am King's College, Cambridge, schrieb er Romane und politische Reportagen, arbeitete für die BBC und unterhielt eine eigene Talkshow. Seit 2000 ist er Professor für Menschenrechtspolitik in Harvard. In deutscher Übersetzung liegen u.a. vor: *Isaiah Berlin. Ein Leben*; *Virtueller Krieg. Kosovo und die Folgen* (Rotbuch 2001); *Die Politik der Menschenrechte* (EVA 2002); *Empire lite* (EVA 2003).

MICHAEL IGNATIEFF

Das kleinere Übel

Politische Moral in einem Zeitalter des Terrors

Aus dem amerikanischen Englisch
von Hans-Joachim Maass

PHILO

Die amerikanische Originalausgabe erschien 2004 unter dem Titel »The Lesser Evil.
Political Ethics in an Age of Terror« bei Princeton University Press, Princeton, NJ.
© 2004 by Princeton University Press

Bibliografische Information Der Deutschen Bibliothek
Die Deutsche Bibliothek verzeichnet diese Publikation in der Deutschen
Nationalbibliografie; detaillierte bibliografische Daten sind im Internet über
http://dnb.ddb.de abrufbar.

www.philo-philofinearts.de

Umschlaggestaltung: Bayerl & Ost, Frankfurt/M.,
nach Entwürfen von Gunter Rambow
Herstellung: Das Herstellungsbüro, Hamburg
Druck und Bindung: Freiburger Graphische Betriebe, Freiburg
Printed in Germany

ISBN 3-86572-524-4

Inhalt

Vorwort

I

Wenn Demokratien den Terrorismus bekämpfen, verteidigen sie die These, dass ihr politisches Leben frei von Gewalt sein sollte. Doch ein Sieg über den Terror erfordert Gewalt. Er mag auch Zwang nötig machen, Täuschung, Geheimhaltung und die Verletzung von Rechten. Wie können Demokratien zu diesen Mitteln greifen, ohne die Werte zu zerstören, für die sie stehen? Können sie zu dem kleineren Übel greifen, ohne sich dem größeren zu beugen? Dieses Buch bemüht sich, diese Frage zu beantworten. Es ist zwar unter dem Eindruck des 11. September 2001 geschrieben worden, doch habe ich auch Anregung in Quellen gefunden, die weit von unserer Zeit entfernt sind, von Euripides bis Machiavelli, von Dostojewski bis Conrad, die alle intensiv über das moralische Risiko nachdachten, das man eingeht, wenn man zweifelhafte Mittel zur Verteidigung lobenswerter Ziele einsetzt. Dieses Buch vereint Ideen aus Literatur, Recht, Ethik, Philosophie und Geschichte, um Bürgern und politischen Führern gleichermaßen dabei zu helfen, die gefahrvollen Entscheidungen zu treffen, die ein erfolgreicher Kampf gegen den Terrorismus erfordert.

Es hat viele wertvolle Kritiken an den Maßnahmen gegeben, die liberale Demokratien seit dem 11. September zur Selbstverteidigung ergriffen haben.[1] Statt diesen noch eine weitere hinzuzufügen, habe ich versucht, das Thema umfassender anzugehen und mir die Geschichte der Versuche im neunzehnten und zwanzigsten Jahrhundert anzusehen, die Staaten unternommen haben, um mit terroristischen

Bedrohungen fertig zu werden, ohne ihre verfassungsmäßige Identität zu opfern. Der 11. September überschattet das Buch, doch während ein großer Teil der Diskussion sich auf die Dilemmata konzentriert, denen sich Amerika gegenübersieht, habe ich mich bemüht, aus terroristischen Notstandssituationen in Großbritannien, Kanada, Italien, Deutschland, Spanien und Israel ebenso zu lernen wie aus solchen in entfernteren Ländern wie etwa Sri Lanka. Ich habe auch nach vorn geblickt, um die dunklen Szenarien zu bedenken, die sich eröffnen, wenn Terroristen über chemische, nukleare und biologische Waffen verfügen.

Im ersten Kapitel, »Demokratie und das kleinere Übel«, erkläre ich, weshalb der Einsatz von Zwangsmaßnahmen in einer liberalen Demokratie und nicht nur in Zeiten des Notstands, sondern auch in normalen Zeiten als ein kleineres Übel angesehen wird. Diese besondere Sicht auf die Demokratie verbietet nicht die durch Not gebotene Aufhebung von Rechten in Zeiten des Terrors. Doch sie erlegt einer Regierung die Verpflichtung auf, solche Maßnahmen öffentlich zu rechtfertigen, sie einer juristischen Prüfung zu unterwerfen und durch zeitlich begrenzte Klauseln einzugrenzen, damit sie nicht dauerhaft werden. Rechte stellen dem Handeln einer Regierung keine unüberwindlichen Hindernisse entgegen, erfordern aber, dass alle Einschränkungen von Rechten einer kritischen Prüfung unterzogen werden. Ich versuche einen Mittelweg zu entwerfen, einen Mittelweg zwischen einer rein zivilen und freiheitlichen Position, die daran festhält, dass sich keine Verletzung von Rechten je rechtfertigen lässt, und einer rein pragmatischen Position, die Maßnahmen der Terroristenbekämpfung ausschließlich nach ihrer Wirksamkeit beurteilt. Ich vertrete den Standpunkt, dass ein Handeln, das grundlegende Verpflichtungen gegenüber Recht und Würde verletzt – Folter, illegale Haft, ungesetzliche Morde –, außerhalb der Grenzen des Erlaubten liegen sollte. Diese Grenzen theoretisch zu definieren, ist indes nicht schwer. Das Problem ist, sie in der Praxis zu schützen, die Grenzen aufrechtzuerhalten, und zwar von Fall zu Fall, wobei vernünftige Menschen jeweils anderer Meinung darüber sein können, was etwa eine Folter ausmacht, welche Haftbedingungen illegal sind und welche Tötungen von gesetzlichen Normen abweichen oder welche vorbeugenden Maßnahmen eine Aggression darstellen. Weder aus der Berufung auf Notwendigkeit noch auf Freiheit, weder aus dem Verweis auf eine Gefahr für die Öffentlichkeit noch auf private Rechte lassen sich bei einer Entscheidung in diesen Fragen bevorrechtigte Ansprüche ableiten. Da gute Demokraten in diesen Fragen uneinig sein werden, kommt es entscheidend darauf an, dass sie zumindest darin übereinstimmen, den Prozess einer kritischen Würdigung zu stärken, der diese Angelegenheiten entscheidet. Wenn Demokraten in der Sache uneins sind, müssen sie sich über das Verfahren einig sein, um die Demokratie sowohl vor unseren Feinden wie vor unserem eigenen Eifer zu schützen.

Das zweite Kapitel, »Die Moral des Notstands«, untersucht die Auswirkung der Aufhebung von Bürgerrechten in Notstandszeiten auf die Herrschaft des Rechts und der Menschenrechte. Hier steht Folgendes auf dem Spiel: ob die Einschränkungen von Rechten in Notstandszeiten die Herrschaft des Rechts bewahren oder gefährden. Ich vertrete den Standpunkt, dass Ausnahmen die Regeln nicht zerstören, sondern sie retten, vorausgesetzt, sie sind vorübergehend, werden öffentlich gerechtfertigt und nur als letztes Mittel eingesetzt.

Die umfassendere Frage ist, welche Rolle die Menschenrechte bei der Entscheidung über staatliche Politik während terroristischer Notstandszeiten spielen sollten. Die meisten Menschenrechtskommissionen erlauben die Einschränkung oder Aufhebung mancher Rechte in Zeiten des Notstands. Die Aufhebung von Rechten ist eine Lösung, die der Logik des kleineren Übels folgt, gefährdet aber den Status von Menschenrechten als unveränderliche Maßstäbe. Sobald man zugibt, dass Menschenrechte in Zeiten des Notstands aufgehoben werden können, akzeptiert man, dass Menschenrechte kein System unteilbarer Absoluta sind; ihre Anwendung erfordert, dass man Freiheit und Notwendigkeit, reine Prinzipien und Umsicht ins Gleichgewicht bringt. Das reduziert sie allerdings nicht zu Instrumenten politischer Zweckdienlichkeit. Im Gegenteil, realistische Einschränkungen von

Rechten werden wahrscheinlich eher effektiver sein als unrealistische. Internationale Menschenrechtskonventionen dienen dazu, Demokratien, die sich mit dem Terror im Kriegszustand befinden, daran zu erinnern, dass auch ihre Feinde Rechte haben, die nicht von Gegenseitigkeit oder gutem Verhalten abhängig sind. Solche Konventionen erinnern Staaten auch daran, dass ihr Handeln nicht nur nationalen Standards genügen muss, sondern auch internationalen. Doch Rechte können diese Funktion nur dann erfüllen, wenn sie flexibel genug sind, um so etwas wie einen Kompromiss mit absoluten Maßstäben zu erlauben, wenn es die politische Notwendigkeit oder ein Notstand erfordert.

Das dritte Kapitel, »Die Schwäche der Starken«, versucht zu erklären, weshalb liberale Demokratien auf terroristische Bedrohungen immer wieder mit Überreaktionen antworten, als stünde ihr Überleben auf dem Spiel. Warum sind liberale Demokratien so schnell dabei, ihre Freiheit zu verspielen? Historische Erfahrungen lassen beunruhigenderweise vermuten, dass Mehrheiten sich weniger darum sorgen, es könnte zur Beraubung von Freiheitsrechten kommen, die Minderheiten schadet, als vielmehr um ihre eigene Sicherheit. Diese historische Tendenz, Mehrheitsinteressen gegenüber Individualrechten höher zu schätzen, hat die liberalen Demokratien geschwächt. Sie überleben meist die politische Herausforderung, die der Terrorismus darstellt, doch dabei haben sie ihrem Rechtssystem dauerhaften Schaden zugefügt. Weit davon entfernt, eine zufällige Bedrohung zu sein, hat der Terrorismus die institutionelle Entwicklung der Demokratie entstellt und dabei geheimes Regierungshandeln auf Kosten einer offenen kritischen Prüfung gestärkt.

Im vierten Kapitel, »Die Stärke der Schwachen«, steht der Terrorismus im Mittelpunkt der Erörterung. Zur Rechtfertigung des Terrorismus wird meist behauptet, dass die politische Zielsetzung unterdrückter Gruppen zum Scheitern verurteilt wäre, wenn sie von Gewalt gegen Zivilisten absehen müssten. Angesichts von Unterdrückung und überlegener Gewalt stellt sich der Terrorismus als die einzige Strategie dar, die Unterdrückte zum Sieg führen könne. Dieses aus Schwäche geborene Argument bedeutet für liberale Demokraten eine besondere Herausforderung, da die liberale demokratische Theorie schon immer das Recht der Unterdrückten anerkannt hat, als letztes Mittel zu den Waffen zu greifen, wenn ihre Sache gerecht sei und friedliche Mittel mit Sicherheit fehlschlagen würden. Ich werde darlegen, dass der Herausforderung des Terrorismus am besten begegnet werden kann, indem man dafür sorgt, dass den Unterdrückten immer friedliche politische Mittel zur Besserung ihrer Lage zur Verfügung stehen. Wo ihnen solche Mittel verweigert werden, wird es unvermeidlich zu Gewalt kommen. Terroristen nutzen Ungerechtigkeit für ihre Interessen aus und behaupten, eine gerechte Sache zu vertreten. Also wird eine Strategie der Terrorbekämpfung, die es nicht schafft, gegen Ungerechtigkeit vorzugehen, die es nicht schafft, politische Kanäle zur Beseitigung von Groll aufrechtzuerhalten, mit rein militärischen Mitteln keinen Erfolg haben. Das entscheidende Dilemma besteht darin, Ungerechtigkeit politisch anzugehen, ohne Terroristen zu legitimieren.

Das fünfte Kapitel, »Die Versuchungen des Nihilismus«, setzt sich mit der düstereren Möglichkeit auseinander, dass in einem Kampf zwischen einem liberalen, konstitutionellen Staat und einem terroristischen Feind beide Seiten versucht sein werden, in puren Nihilismus abzugleiten, das heißt, dass sie um der Gewalt willen zur Gewalt greifen. Hehre Prinzipien und moralische Skrupel könnten in den geheimen Staatsgefängnissen ihren Einfluss auf die Vernehmungsbeamten verlieren oder auf die Kämpfer in einem Guerillakrieg oder einem Aufstand. Es könnte sein, dass beide Seiten mit hohen Idealen beginnen und Schritt für Schritt auf deren Verrat zusteuern. Ein Kritiker einer Moral des kleineren Übels würde argumentieren, dass jeder, der sich auf Böses einlässt, selbst mit den besten Absichten, am Ende wahrscheinlich dem Nihilismus verfällt. Das Kapitel erörtert die Frage, wie es zu diesem Niedergang kommt und wie er sich vermeiden lässt.

Das Schlusskapitel, »Freiheit und Harmagedon«, befasst sich mit dem Erwerb von Massenvernichtungswaffen durch Terroristengruppen. Sollte es hierzu kommen, würde das Machtprivileg des Staates in private Hände übergehen, entweder in die einer terroristischen Internationalen wie Al Qaida oder in die eines mit großer Macht ausgestatteten einsamen Wolfs, eines einsamen Bürgers mit einem Groll gegen den Staat und der Fähigkeit, seine ganze Nation in Geiselhaft zu nehmen. Diese Szenarien würden uns in eine neue Welt entführen, in der sich der Terrorismus vielleicht von einer ständigen, aber handhabbaren Herausforderung der liberalen Demokratie in einen potentiell tödlichen Feind verwandelt. Das Buch endet somit, indem es das Schlimmste denkt, um so klar und eindeutig wie möglich die Fragen zu stellen, mit denen das Buch anfing: nämlich ob unsere Demokratien stark genug sind, mit diesen Gefahren fertig zu werden, und wie die Institutionen gestärkt werden können, zu deren Verteidigung wir uns verpflichtet haben.

II

Dieses Buch ist aus sechs Gifford-Vorlesungen hervorgegangen, die ich im Januar 2003 in der Playfair Library an der Universität Edinburgh gehalten habe. Die Playfair Library ist ein langer Raum mit einer hohen Decke, erbaut um die Wende zum neunzehnten Jahrhundert; in ihren mit Säulen verzierten Nischen finden sich weiße Marmorbüsten der Leuchten der schottischen Aufklärung. Der edle Rahmen und das Vorbild der früheren Gifford-Redner machte das Ganze zu einem anregenden Erlebnis. Ich schulde meinem ersten Publikum besonderen Dank, obwohl ich bezweifle, dass die damaligen Zuhörer in diesem Buch von den ursprünglichen Vorlesungen mehr erkennen werden als allgemeine Grundzüge, da ich meine anfänglichen Hypothesen sämtlich überarbeitet und neu durchdacht habe.

Ich bin dem Ausschuss, besonders den Professoren Timothy O'Shea und Leslie Brown, zutiefst dankbar, die mir die Ehre erwiesen haben, mich zu den Vorlesungen einzuladen. Ein Mitglied dieses Ausschusses, Nicholas Phillipson, ist seit fünfundzwanzig Jahren mein Freund,

und ich danke auch ihm für seine Unterstützung, seine Gastfreundschaft und Zuneigung. Nennen möchte ich auch Paul McGuire, der so viel dazu beigetragen hat, mein Gifford-Erlebnis zu einem Vergnügen zu machen. Meine Wertschätzung gilt auch Stephen Neff, John Haldane, Duncan Forrester und Vicki Bruce für ihre Kommentare zu den Vorlesungen.

Nachdem sie in den Gifford-Vorlesungen lebendig geworden waren, wurden die in diesem Buch niedergelegten Gedanken vor Zuhörern im Macalester College, dem Amherst College, der Juristischen Fakultät der University of Chicago, der University of Manitoba, der University of Saskatchewan und der University of Regina weiterentwickelt. Ich möchte meinen Zuhörern und den akademischen Kommentatoren dafür danken, dass sie mich dazu drängten, meine Argumente zu verbessern. Denise Rheaume, Cass Sunstein, Bernadine Dohrn und Martha Nussbaum haben besonders nützliche Kritiken geäußert. Versionen dieser Gedanken habe ich auch im Center for Ethics and the Professions an der Kennedy School von Harvard sowie bei einem vom Harvard University Committee for Human Rights organisierten Seminar über Terrorismus vorgetragen. Ferner möchte ich mich bei Sandy Jencks bedanken, Jacqueline Bhabha, Philip Heymann, Arthur Applbaum, Louise Richardson, Jessica Stern, Dan Squires und Michael Blake, die mir mit Bemerkungen weitergeholfen und Vorschläge gemacht haben.

Am Carr Center hat meine engagierte Forschungsassistentin Abena Asare mich zu vielen Quellen und Nachweisen geführt, die ich ohne sie nicht entdeckt hätte, und beherzt auf einen beständigen Strom von Bitten um Bücher, Artikel und halb vergessene Zitate reagiert und mir auch bei weiteren anspruchsvollen Nachforschungen geholfen, als das Buch endgültige Gestalt annahm. Jill Clarke half dabei, den Rest der Welt auf Abstand zu halten, während ich schrieb. Ich möchte Jill, Abena und dem gesamten Personal am Carr Center – unter der Leitung von Michelle Greene – danken, die mir treu zur Seite standen, als dieses Vorhaben Gestalt annahm. Samantha Power, meine Kollegin am Center, hat zu einigen meiner Gedanken beißende Kommentare geliefert und mir dabei geholfen, den Wald trotz der vielen Bäume zu sehen.

Ian Malcolm von der Princeton University Press und Jackie Jones von der Edinburgh University Press haben dem Buch zu einer schnellen Veröffentlichung verholfen. Ian Malcolm bin ich für seinen Enthusiasmus, den er diesem Vorhaben entgegengebracht hat, und für seine ausführlichen Redaktionsvorschläge besonders dankbar. Lauren Lepows Lektorat hat den Text entscheidend verbessert. Großen Dank schulde ich auch dem anonymen Leser, der das Manuskript im Auftrag der Princeton University Press gelesen hat und dessen achtzehn Seiten lange Kommentare sich als von unschätzbarem Wert erwiesen, als es darum ging, die Analyse in ihre endgültige Form zu bringen. Dieser anonyme Wohltäter hat eine seltene intellektuelle Großzügigkeit an den Tag gelegt, und ich bin überzeugt, dass das Buch durch ihn besser geworden ist. Derek Johns von AP Watt und Michael Levine von Goodmans möchte ich für ihre klugen Ratschläge danken.

Das Buch ist meiner Frau Suzanna Zsohar gewidmet, die all seine Verkörperungen miterlebt und es verbessert hat, wie sie es immer tut.

The Carr Center for Human Rights Policy
Kennedy School of Government
Harvard University
Januar 2004

ERSTES KAPITEL

Demokratie und das kleinere Übel

Am festgesetzten Tag wurde die unbewaffnete Menge der gotischen
Jugend sorgfältig auf dem Marktplatz oder Forum versammelt;
die Straßen und Alleen waren von römischen Truppen besetzt,
und die Hausdächer waren mit Bogenschützen und Schleuderern
gefüllt. Zur selben Stunde wurde in allen Städten des Ostens das
Signal zum wahllosen Gemetzel gegeben; und so wurden die Pro-
vinzen Asiens durch die grausame Umsicht von Julius von einem
heimischen Feind erlöst, der in wenigen Monaten vielleicht Feuer
und Schwert vom Hellespont zum Euphrat getragen hätte. Die
dringende Überlegung der öffentlichen Sicherheit rechtfertigt
ohne Zweifel die Verletzung jedes positiven Rechts. Wie weit diese
oder irgendeine andere Überlegung gehen darf, um die natürlichen
Verpflichtungen von Humanität und Gerechtigkeit aufzulösen, ist
eine Lehre, über die ich immer noch in Unwissenheit zu verharren
wünsche.

Edward Gibbon, *Verfall und Untergang des Römischen Reiches* (1776)

I

Welche kleineren Übel wird eine Gesellschaft vielleicht begehen,
wenn sie glaubt, vor dem größeren Übel ihrer Zerstörung zu stehen?
Dies ist eine der ältesten Fragen in der Politik und eine der Fragen, die
sich am schwierigsten beantworten lassen. Das alte römische Sprich-
wort – die Sicherheit des Volkes ist oberstes Gesetz – hat den Anforderungen der Sicherheit gegenüber der Freiheit nur wenige Grenzen

gesetzt. Im Namen der Sicherheit des Volkes war die römische Republik bereit, alle anderen Gesetze zu opfern. Denn welche Gesetze würden überleben, wenn Rom selbst unterging? Die Aufhebung von Bürgerrechten, die Einkerkerung von Ausländern, die heimliche Ermordung von Feinden: All dies könnte als letztes Hilfsmittel erlaubt sein, wenn das Leben des Staates in Gefahr ist. Wenn aber das Recht manchmal mit der Notwendigkeit Kompromisse schließen muss, muss dann auch die Moral sich ergeben? Gibt es keine moralische Grenze dessen, was eine Republik tun kann, wenn ihre Existenz bedroht ist? Als Edward Gibbon die Geschichte wiedergab, wie die Römer im Jahre 395 u. Z. in ihren östlichen Städten wehrlose Fremde niedermetzelten, was als vorbeugende Warnung an die Barbaren gedacht war, die sich an den Toren ihres Reiches versammelten, lehnte er es ab, Überlegungen darüber anzustellen, ob Taten, die durch politische Notwendigkeit vielleicht geboten waren, gleichzeitig mit den moralischen Grundsätzen unvereinbar sein konnten. Aber die Frage muss nicht nur gestellt, sondern auch beantwortet werden.

Wenn die am 11. September 2001 angegriffene Gesellschaft eine Tyrannei gewesen wäre, wären diese uralten Fragen vielleicht nicht relevant gewesen. Eine Tyrannei wird sich nämlich alles erlauben. Doch die Nation, die an jenem schönen Morgen angegriffen wurde, ist eine liberale Demokratie, eine konstitutionelle Gesellschaftsordnung, die jeder Gewaltanwendung durch die Regierung Grenzen setzt. Demokratische Verfassungen erlauben in Notstandssituationen tatsächlich eine Aufhebung von Rechten in gewissem Umfang. Somit sind Rechte nicht immer Trümpfe. Die Notwendigkeit ist es aber auch nicht. Selbst in Zeiten realer Gefahr muss die politische Führung beweisen, dass die Beschneidung von Rechten gerechtfertigt ist. Dies verlangt von einer Regierung, dass sie sie einer kritischen Prüfung durch Gesetzgebung, Gerichte und unabhängige Medien unterwirft. Eine Regierung, die auf einen Angriff oder eine erwartete Gefahr zu reagieren sucht, muss ihre Forderung außergewöhnlicher Maßnahmen einer Legislative vorlegen, für sie mit Gründen eintreten, die einen vernünftigen Menschen überzeugen können, und die Maßnahmen im

Lichte von Kritik verändern. Selbst wenn außergewöhnliche Maßnahmen die Zustimmung der Legislative finden, werden sie immer noch einer gerichtlichen Prüfung unterliegen.

Die erste Herausforderung, die ein terroristischer Notstand für die Demokratie darstellt, gilt diesem System der kritischen Rechtfertigung. Die Maschinerie der gesetzgeberischen Überlegung und der juristischen Prüfung mahlt langsam. Notstände verlangen schnelles Handeln. Somit erfordern sie die Ausübung von Vorrechten. Präsidenten und Ministerpräsidenten müssen erst handeln und sich später Fragen stellen. Zu viele Vorrechte können für die Demokratie jedoch schädlich sein.

Im Fall eines Notstands haben wir keine andere Alternative, als unserer politischen Führung darin zu vertrauen, dass schnelles Handeln geboten ist, wenn unser Leben in Gefahr ist, doch es wäre falsch, ihr die größere Frage zur Entscheidung zu überlassen, wie man langfristig Freiheit und Sicherheit ins Gleichgewicht bringen soll. Was diese umfassenderen Fragen betrifft, sollten wir der demokratischen Beratung durch unsere Institutionen vertrauen. Kritische Rechtfertigung ist eine im Verlauf von Jahrhunderten entwickelte institutionelle Reaktion auf die Schwierigkeit, gerade bei diesen Arten von Wertkonflikten angemessene öffentliche Urteile zu fällen.[1] Die Bürger sind zwangsläufig darüber uneins, wie weit die Regierung in einer bestimmten Notstandssituation gehen darf. Weil wir in diesen Fragen zutiefst uneinig sind, bieten die Institutionen der Demokratie eine Lösung, nämlich durch ein Sicherungssystem von Prüfungen und Gegenmaßnahmen, um sicherzustellen, dass keine Antwort der Regierung die Macht hat, uns entweder direkt in die Anarchie oder in die Tyrannei zu führen.

Im Fall eines terroristischen Notstands sind wir uns zunächst uneinig, was die Fakten betrifft: hauptsächlich darüber, welchen Typ und welchen Risikograd die terroristische Bedrohung tatsächlich darstellt. Es würde das Leben vereinfachen, wenn diese Fakten klar wären, doch das sind sie nur selten. Die öffentliche Sicherheit erfordert Extrapolationen auf künftige Bedrohungen, und zwar auf der Grundlage zweifelhafter Tatsachen über gegenwärtige Bedrohungen. Schlimmer noch: Die Fakten werden der Öffentlichkeit nie einfach als neutrale Aussagen präsentiert, die einer nüchternen Prüfung zugänglich sind. Sie werden uns gleich mit den dazugehörigen Bewertungen geliefert. Überdies werden sie meist sehr weit interpretiert, um jedes Handeln zu rechtfertigen, mit dem ihnen begegnet wird. Wer Zwangsmaßnahmen verlangt, wird das Risiko als groß auslegen; wer gegen solche Maßnahmen ist, wird die Bedrohung meist als geringer darstellen. Doch damit sind die Meinungsverschiedenheiten noch nicht zu Ende. Selbst wenn wir uns über die Fakten einig sind, können wir immer noch darüber uneins sein, ob die Risiken die Einschränkung von Freiheitsrechten rechtfertigen.

Diese Meinungsverschiedenheiten erstrecken sich sogar auf das, was Demokratie eigentlich bedeutet. Für die meisten Amerikaner bedeutet Demokratie einfach das, was Abraham Lincoln von ihr sagte: Regierung des Volkes durch das Volk für das Volk. Insofern ist Demokratie ein Synonym für Mehrheitsherrschaft. Die Volkssouveränität muss mittels gewählter Vertreter der endgültige Schiedsrichter darüber sein, was man der Regierung durchgehen lassen kann, wenn sie versucht, unsere Freiheit und unser Leben zu verteidigen. Demokratien haben verfassungsmäßige Grundrechte, doch diese sind dazu da, lebenswichtigen Mehrheitsinteressen zu dienen. Wenn die Exekutive der Regierung beispielsweise Rechte vorübergehend aufhebt, tut sie dies im Interesse der Mehrheit der Bürger. Die öffentlichen Interessen, die von diesen Rechten verteidigt werden, werden durch die gewählten Vertreter des Volkes definiert, und Gerichte müssen die Bedeutung dieser Rechte interpretieren gemäß dem, was Legislative und Volk in ihnen sehen.[2] Wenn man zum Beispiel das Grundrecht eines Individuums auf Versammlungsfreiheit in sicheren Zeiten verteidigt, schützt man damit die Freiheit aller. Doch der Schutz dieses selben Individuums in einer Notstandssituation kann unter Umständen allen Schaden zufügen. Ein terroristischer Notstand ist genau der Fall, bei dem ein lebenswichtiges Interesse der Mehrheit durch individuelle Freiheit bedroht werden kann – die Freiheit zu planen, sich zu verschwören, sich der Entdeckung zu entziehen. Eine Demokratie hat keinen wichtigeren Zweck als den Schutz seiner Mitglieder, und Rechte sind dazu da, diesen Zweck zu sichern. Bürgerliche Freiheit, so hat der oberste Richter des amerikanischen Supreme Court geschrieben, bedeutet die Freiheit eines Staatsbürgers und nicht die abstrakte Freiheit eines Individuums in einem Naturzustand.[3] Eine solche Freiheit muss deshalb von dem Überleben der Regierung abhängen und deren Bewahrung unterworfen werden.

Was ein solches System davor bewahrt, der Tyrannei der Mehrheit zum Opfer zu fallen, ist das Sicherungssystem und, allgemeiner ausgedrückt, der demokratische Prozess der kritischen Rechtfertigung. Während Ungerechtigkeit immer gerechtfertigt werden kann, wenn man dies nur vor sich selbst tun muss, ist es weniger leicht, wenn man sie anderen demokratischen Institutionen gegenüber rechtfertigen muss, etwa Gerichten und Parlamenten oder einer freien Presse gegenüber. So kann es vorkommen, dass Staatspräsidenten oder Ministerpräsidenten in einer harten Maßnahme nichts Falsches entdecken, aber wenn sie wissen, dass diese Maßnahme von den Gerichten und der Legislative gebilligt werden muss, kann es sein, dass sie ihre Entscheidung noch einmal überdenken.

Außer diesen verfassungsmäßigen Sicherungssystemen gibt es auch noch die demokratische Prüfung konkurrierender sozialer, religiöser und politischer Interessen der Nation insgesamt. Eine der anschaulichsten Versionen dieses Arguments findet sich in *The Federalist* Nr. 51, wo die Autoren das Gleichgewicht von föderaler und staatlicher Macht im föderalen Staatssystem erörtern und ferner sagen, dass sich in den Vereinigten Staaten alle Autorität zwar von der Macht der Mehrheit herleite,

> »die Gesellschaft selbst aber dafür in so viele Teile, Interessen und Klassen der Bürger zerfallen wird, dass die Individualrechte oder Minderheitenrechte durch interessierte Kombinationen der Mehrheit kaum einer Gefahr ausgesetzt werden. In einer freien Regierung müssen die bürgerlichen Freiheitsrechte die gleiche Sicherheit genießen wie religiöse Rechte. Sie besteht in dem einen Fall in der Vielzahl

von Interessen und Sekten; und man darf davon ausgehen, dass dies von der Ausdehnung des Landes und der Zahl der unter der gleichen Regierung lebenden Menschen abhängig ist.«[4]

Dieser *pragmatischen* Ansicht von der Demokratie steht eine *moralische* gegenüber, die daran festhält, dass diese etwas mehr ist als eine von Sicherungssystemen disziplinierte Mehrheitsherrschaft. Die Demokratie sei auch eine Rechtsordnung, die der Macht der Gemeinschaft gegenüber Individuen Grenzen setzt. Diese Grenzen sind nicht nur aus Gründen der Umsicht da, um Regierungen davon abzuhalten, rücksichtslos über Individuen hinwegzugehen. Die Rechte sind auch dazu da, dem Gedanken Ausdruck zu verleihen, dass Individuen um ihrer selbst willen wichtig genommen werden müssen. Demokratien dienen nicht nur Mehrheitsinteressen, sondern gewähren Individuen wesenhafte Achtung. Diese Achtung findet in der Form von Rechten Ausdruck, die bestimmte Freiheiten garantieren. Freiheit wiederum ist wichtig, weil sie eine Vorbedingung für ein Leben in Würde darstellt. Würde bedeutet hier einfach das Recht jedes Einzelnen, sein Leben nach bestem Vermögen innerhalb der Grenzen des Rechts zu gestalten und bei der Gestaltung öffentlicher Angelegenheiten eine Stimme zu haben, mag sie auch noch so klein sein. Regierung für das Volk ist, mit anderen Worten, mehr als Regierung für das Glück und die Sicherheit der größten Zahl. Die wesentliche Einschränkung der demokratischen Regierung besteht darin, dass sie Mehrheitsinteressen dienen muss, ohne dabei die Freiheit und die Würde der Individuen zu opfern, die überhaupt erst die politische Gemeinschaft bilden und die gelegentlich dagegen opponieren werden, wie diese regiert wird. Rechte verdanken ihren Ursprung gewiss der Volkssouveränität, aber das Volk – und dessen Vertreter – muss die Mehrheitsinteressen durch die Beschränkungen von Rechten hindurch steuern.

Aharon Barak, der Präsident von Israels Oberstem Gericht, bezeichnet diese beiden Demokratiebegriffe als »formal« und »stichhaltig«.[5] Andere Wissenschaftler haben einer »pragmatischen« Auslegung der US-amerikanischen Verfassung eine »moralische« gegenübergestellt.[6]

In normalen Zeiten sind diese beiden Bedeutungen von Demokratie wechselseitig voneinander abhängig – die eine betont die Volkssouveränität, die andere die Rechte; die eine räumt kollektiven Interessen Vorrang ein, die andere der Würde des Einzelnen. Ohne Rechte kann man keine Demokratie haben, und Rechte können nicht sicher sein, es sei denn, man hat Demokratie. Doch in terroristischen Notstandssituationen bricht ihre Beziehung auseinander. Was der Sicherheit in terroristischen Notstandssituationen gegenüber der Freiheit einen Vorrang einzuräumen scheint, ist der – gewiss zutreffende – Gedanke, dass die Freiheit der Mehrheit in höchstem Maße von ihrer Sicherheit abhängig ist. Ein in Furcht lebendes Volk ist nicht frei. Folglich erhebt die Sicherheit der Mehrheit eine gebieterische Forderung. Nach dieser Sichtweise sind Rechte politische Annehmlichkeiten, die eine Mehrheit zu ihrer Verteidigung einführt, weshalb sie auch die Freiheit hat, sie einzuschränken, wenn die Notwendigkeit dies verlangt. Diejenigen, die eine auf Rechten beruhende Definition der Demokratie verteidigen, werden dann argumentieren, dass Rechte alle Wirksamkeit verlieren, nicht nur die der gefährdeten Einzelpersonen, sondern auch der Mehrheit, wenn sie in einer Notsituation widerrufen werden können.

Dann berufen sich beide Seiten auf die Geschichte und bemühen sich um eine Rechtfertigung ihrer Ansprüche. Diejenigen, welche die Demokratie hauptsächlich in Begriffen des Mehrheitsinteresses sehen, weisen auf die häufigen Einschränkungen der Freiheit in vergangenen nationalen Notstandszeiten hin – angefangen bei Lincolns Aufhebung der Habeas-Corpus-Akte während des amerikanischen Bürgerkriegs bis hin zur Internierung illegal in den USA lebender Ausländer nach dem 11.9.2001 – und argumentieren, Demokratien überleben zum Teil deswegen, weil sie sich durch Rechte nicht von harten Maßnahmen abhalten lassen. Überdies verhindern harte Maßnahmen nicht die Rückkehr von Rechten in Zeiten der Sicherheit. Vorübergehende Maßnahmen sind genau das und werden nicht zwangsläufig die verfassungsmäßige Struktur der Demokratie auf Dauer schädigen. Wer Rechte an die erste Stelle setzt, wird erwidern, ja, die Demokratie überlebt, doch die Einschränkung von Rechten gefährdet unnötigerweise das Engagement der Demokratie für Würde und Freiheit. Die Internierung japanischer Amerikaner während des Zweiten Weltkriegs würde als Beispiel einer Mehrheits-Tyrannei genügen, als Missbrauch von Vorrechten der Exekutive, ein Ergebnis von Furcht und rassischer Voreingenommenheit.[7] Eine Seite in der Debatte sorgt sich darum, dass eine übermäßige Betonung von Rechten die Hände einer Demokratie fesseln werde, während die andere darauf beharrt, dass die Demokratie ihre Identität verrät, wenn Rechte verkürzt werden, selbst bei nur wenigen Individuen.

Befürworter der bürgerlichen Freiheitsrechte des Einzelnen sind der Meinung, dass die Bürgerrechte das definieren, was eine Demokratie ausmacht. Doch die immer wieder schwache und oberflächliche Unterstützung für bürgerrechtliche Positionen lässt vermuten, dass viele Amerikaner anderer Meinung sind. Sie glauben, dass das Mehrheitsinteresse schwerer wiegen sollte als die Bürgerrechte von Leuten, die des Terrorismus verdächtig sind.[8] Für diese Demokraten sind Rechte wohl überlegte Grenzen staatlichen Handelns, die in Zeiten der Gefahr aufgegeben werden können; für Bürgerrechtler sind sie grundlegende Verpflichtungen gegenüber der individuellen Würde, welche das staatliche Handeln sowohl in Zeiten der Sicherheit wie in Zeiten der Gefahr begrenzen sollte. Für die eine Seite kommt es grundlegend darauf an, dass die Demokratien sich durchsetzen. Für die andere kommt es eher darauf an, dass Demokratien sich durchsetzen, ohne dabei das zu verraten, wofür sie einstehen.

Eine weitere Uneinigkeit entsteht über die Frage, ob ein Land, das sich einem terroristischen Notstand gegenübersieht, seine allgemeine Politik ausschließlich auf seinen eigenen Gesetzen beruhen lassen soll oder ob es verpflichtet ist, auch auf das zu achten, was andere Staaten zu sagen haben und was internationale Vereinbarungen und Konventionen fordern. Manche sind der Ansicht, dass das Eintreten einer Demokratie für die Menschenwürde auf die eigenen Staatsbürger beschränkt sei und nicht für ihre Feinde gelte. Andere betonen, dass eine Demokratie keine moralische Insel sei, die nur sich selbst genüge. So erweitert die US-amerikanische Verfassung, worauf viele Wissenschaftler hingewiesen haben, ihren Schutz auf »Personen« und bezieht sich nicht nur auf Staatsbürger.[9] Somit haben Ausländer nach US-amerikanischem Recht – ebenso sehr natürlich wie aufgrund internationaler Konventionen, die von den Vereinigten Staaten unterzeichnet worden sind – Rechte. Feindliche Kombattanten haben nach der Genfer Konvention Rechte, und selbst Terroristen behalten ihre *Menschenrechte*, da diese wesenhaft zum Menschsein gehören und unwiderruflich sind. Andere sind der Ansicht, dass dieser Ansatz Folgerichtigkeit höher einstuft als Gerechtigkeit. Gerechtigkeit erfordert – für die Opfer terroristischer Gräueltaten –, dass Terroristen als »Feinde der menschlichen Rasse« behandelt werden und ohne Rücksicht auf ihre Menschenrechte zur Strecke gebracht werden.[10]

Wenn Bürger einer Demokratie darauf beharren, dass es in einer terroristischen Notstandssituation in erster Linie darauf ankomme, die Sicherheit der Mehrheit zu bewahren, sagen sie gewöhnlich, dass Rechte bestenfalls eine nebensächliche Einschränkung seien, schlimmstenfalls ein nervtötendes Hindernis für hartes und entschiedenes Handeln. Wer so denkt, wird wohl auch glauben, dass internationale Vereinbarungen wie etwa die Genfer Konvention oder die Folter-Konvention keine Einschränkung für das darstellen dürften, was die Vereinigten Staaten in einem Krieg gegen den Terror tun können. Da sich die Bedrohung in erster Linie gegen die Vereinigten Staaten richte, müssten diese ihrem Rechtssystem entsprechend reagieren und nicht nach den Maßstäben irgendwelcher anderer Staaten. Wenn man diese Position vertritt, geht man jedoch auch davon aus, dass das Leben der eigenen Staatsbürger wichtiger ist als das Leben von Menschen in anderen Ländern. Das bedeutet, worauf Ronald Dworkin hingewiesen hat, dass man die Politik auf der Prämisse aufbaut, dass Amerikaner an erster Stelle stehen.[11] Diejenigen, die anderer Meinung sind, werden meist den Gedanken vorbringen, dass die ethischen Verpflichtungen einer Demokratie allgemeingültig sind und sowohl für die eigenen Bürger als auch für ihre Feinde gelten.

Bei diesen Debatten geht es auch darum, ob manche Maßnahmen

schlicht und einfach falsch sind. Vertreter einer konsequentialistischen Moral argumentieren, dass Maßnahmen, die darauf abzielen, Leben zu retten und die Sicherheit der Bürger zu bewahren, nicht falsch sein können, wenn ihnen das im Ergebnis tatsächlich gelingt. Falsch sind sie nur, wenn sie nicht funktionieren – das heißt, wenn sie eine Kette weiterer Schäden auslösen, etwa weitere Terroranschläge. Anhänger der Freiheit des Einzelnen vertreten die Ansicht, dass manche Handlungen selbst dann falsch bleiben, wenn sie erfolgreich sind. Folglich ist es falsch, jemanden zu foltern, um ihm etwas über Terroranschläge abzupressen, egal, wie nützlich die so gewonnenen Informationen sind, und folglich sollte keine Demokratie sich jemals auf Folterungen einlassen. Eine dritte Position liegt zwischen diesen beiden. Ihre Vertreter behaupten, dass Konsequenzen sehr wichtig sein können, etwa wenn man Tausende von Menschen vor Terroranschlägen rettet, und sehr wohl rechtfertigen können, dass man ein Individuum einem unerbittlichen Verhör unterwirft – wenn auch nicht der Folter –, um ihm entscheidende Informationen abzuringen. Doch dieser Vernehmungsstil, der Verdächtige an die Grenzen ihrer psychischen Ausdauer bringen würde, würde eine Verletzung ihrer Menschenwürde bleiben. Das wäre zwar ein kleineres Übel, als den Tod von Tausenden von Menschen zuzulassen, doch die Notwendigkeit einer harten Vernehmung würde sie nicht davor bewahren, falsch zu sein.

Mit dieser dritten Position – die dem Buch seinen Titel gibt – verbindet sich die Behauptung, dass es unter Umständen notwendig ist, zur Verteidigung der Demokratie Handlungen zu begehen, die von der grundlegenden Verpflichtung der Demokratie gegenüber der Menschenwürde abweichen. Während wir dies nicht vermeiden können, besteht der beste Weg, Schäden auf ein Mindestmaß zu beschränken, darin, dass man im Kopf eine klare Unterscheidung wahrt zwischen dem, was die Notwendigkeit, und dem, was die Moral der Würde rechtfertigen kann; ferner darf man den Rechtfertigungen der Notwendigkeit – Risiko, Drohung, unmittelbar bevorstehende Gefahr – niemals erlauben, den moralisch problematischen Charakter notwendiger Maßnahmen zu negieren. Weil die Maßnahmen in moralischer Hinsicht problematisch sind, müssen sie strikt auf bestimmte Ziele gerichtet sein, möglichst wenige Menschen betreffen, dürfen nur als letztes Mittel eingesetzt werden und müssen nicht zuletzt der Prüfung eines offenen demokratischen Systems ausgesetzt bleiben.

Einer Position des kleineren Übels zufolge sollten bei einem terroristischen Notstand weder Rechte noch Notwendigkeit die Oberhand behalten. Eine Demokratie ist sowohl der Sicherheit der Mehrheit als auch den Rechten des Individuums verpflichtet. Es darf weder einer Moral der Konsequenzen noch einer Moral der Würde erlaubt werden, bei politischen Entscheidungen ein Ausschließlichkeitsrecht zu beanspruchen. Wenn sich mit jedem dieser ethischen Grundsätze legitime Forderungen verbinden, wird das daraus hervorgehende Grundgerüst gelinde gesagt komplex sein. In ihm gibt es keine Trumpfkarten, keine Rechtfertigungen oder Forderungen, mit denen man reinen Tisch machen kann. Was funktioniert, ist nicht immer richtig. Und was richtig ist, funktioniert nicht immer. Es kann sein, dass sich Rechte in manchen Fällen der Sicherheit beugen müssen, doch dafür sollten gute Gründe vorhanden sein, und ebenso muss es klare Grenzen für die Verkürzung von Rechten geben; sonst werden Rechte schon bald jeden Wert verlieren. Gleichzeitig ist eine Verfassung kein Selbstmord-Pakt: Rechte dürfen die Ausübung von Autorität nicht so sehr einengen, dass entschiedenes Handeln unmöglich wird. Zuletzt kommt es auch auf internationale Maßstäbe an. Nationen sind keine moralischen Inseln: Sie sollten sich an internationale Maßstäbe halten, sowohl um die Verträge und Konventionen zu erfüllen, die von Nationen unterzeichnet worden sind, als auch um das an den Tag zu legen, was Thomas Jefferson »anständigen Respekt vor den Ansichten der Menschheit« genannt hat.

Eine Moral des kleineren Übels ist für Skeptiker gemacht, für Leute, welche akzeptieren, dass politische Führer auf der Grundlage weniger als genauer Informationen entschieden handeln müssen; die der Ansicht sind, dass es in Zeiten der Gefahr nötig sein kann, einiges an Freiheit zu opfern; die eine funktionierende Politik wünschen, aber nicht bereit sind, das Funktionieren zum alleinigen Kriterium dafür zu machen, was zu tun ist. Eine solche Moral ist ein Balanceakt: das Bemühen, unter den Ansprüchen von Risiko, Würde und Sicherheit zu entscheiden, und zwar so, dass bestimmten Bedrohungsfällen wirklich Rechnung getragen wird. Eine Moral des Gleichgewichts kann Rechten nicht vor allem anderen den Vorzug einräumen oder der Würde vor allem anderen, ebenso wenig der öffentlichen Sicherheit. Diese Entscheidung – einem Wert Vorrang einzuräumen und den anderen auszuschließen – ist es, die moralische Fehler erzeugt. All diese Grundsätze sind wichtig – alle müssen gleichermaßen im Gleichgewicht gehalten werden –, und keiner wiegt schwerer als die anderen.

Dies ist eher eine Moral der Umsicht als fester Prinzipien, eine Moral, die bewertet, was in einem Notfall zu tun ist, und zwar mit einer konservativen Ausrichtung gegen Verletzungen etablierter Maßstäbe ordentlicher Gerichtsverfahren, eines gleichen Schutzes für alle und einer grundlegenden Würde. Eine konservative Ausrichtung geht davon aus, dass die erste Reaktion in terroristischen Notstandszeiten meist falsch ist. Erprobte und bewährte Maßstäbe ordentlicher Gerichtsverfahren sollten nicht voreilig über Bord geworfen werden. Diese Maßstäbe sind mehr als in der Rechtstradition verankerte Verfahren. Sie spiegeln wichtige Verpflichtungen gegenüber der Würde des Einzelnen wider. Schutz des Rechts bedeutet konkret, dass niemand zeitlich unbegrenzt, ohne Anklage und ohne Zugang zu juristischer Beratung oder rechtlicher Würdigung in Haft gehalten werden sollte. Überdies dürfen Menschen nur dafür in Haft genommen werden, was sie getan haben, nicht aber dafür, wer sie sind, oder dafür, was sie denken, bekennen oder glauben. Ein Schlüsselprinzip konservativen Denkens wäre, dass pauschale Internierungen und ein Zusammentreiben von Verdächtigen im großen Stil immer ein Fehler sind, weil sie das Rechtsprinzip der Individualität von Schuld verletzen. Es ist immer falsch, Menschen nach dem Grundsatz von Schuld aufgrund ihrer Zugehörigkeit zu einer Rasse, einer Ethnie oder einer Religion festzunehmen oder einzusperren. Jede Internierungspolitik darf nur gegen Individuen gerichtet sein, denen man irgendwann mit hoher Wahrscheinlichkeit eine Straftat nachweisen kann. An diesen Maßstäben gemessen, haben die Vereinigten Staaten die Probe nicht bestanden, als sie nach dem 11. September 2001 annähernd fünftausend Ausländer, meist allein stehende Männer muslimischer oder arabischer Herkunft, internierten. Bislang ist noch keinem von ihnen nachgewiesen worden, dass er es verdient, wegen terroristischer Verbrechen angeklagt zu werden. Rückblickend scheint dieses ganze Unternehmen so unnötig wie ungerecht gewesen zu sein.[12]

Während eine konservative Grundhaltung uns befähigen wird, die meisten der übereilten Reaktionen auf terroristische Notstandssituationen zu durchschauen, werden sie vielleicht nicht angemessen sein, wenn wir uns Terroristen gegenübersehen, denen Massenvernichtungswaffen zur Verfügung stehen. Wenn die Bedrohung groß genug ist, mögen vorbeugende Internierungen von Verdächtigen im Verein mit militärischen oder polizeilichen Aktionen notwendig sein, um die Bedrohung zu entwaffnen, kampfunfähig zu machen oder zu neutralisieren. Es ist unrealistisch zu glauben, dass ein Engagement für die Menschenwürde, gepaart mit einer konservativen Abneigung gegen eine Abkehr von bewährten rechtlichen Maßstäben, genügen wird, um in Zukunft mit jeder Eventualität fertig zu werden. Im Gefolge eines neuen Terroranschlags mit zahlreichen Opfern, etwa im gleichen Umfang oder gar einem größeren als am 11. September, würde keine Abmachung mehr gelten. Dann würde mit harten Bandagen gekämpft werden. Selbst eine extreme Notwendigkeit kann sich jedoch nicht über demokratische Prozesse und die Auflage hinwegsetzen, harte Maßnahmen mit der grundlegenden Verpflichtung zu voller öffentlicher Rechtfertigung in Einklang zu bringen.

Wenn ein Krieg gegen den Terror kleinere Übel erfordert, was wird dann verhindern, dass diese nach und nach zum größeren Übel werden? Die einzige Antwort ist: die Demokratie selbst. Die liberale Demokratie hat sich am Leben erhalten, weil ihre Institutionen so angelegt sind, dass sie moralisch riskante Formen von zwangausübender Macht handhaben können. Sie stellt die Frage danach, wie weit eine Regierung sich dem Kreuzfeuer einer kritischen Prüfung aussetzen sollte. Solche Prozeduren spielen nicht nur einen Teil der

Regierung gegen einen anderen aus. In jeder Abteilung gibt es oder sollte es Sicherungsmaßnahmen geben, Brandmauern, welche die Unabhängigkeit von Institutionen garantieren, denen regierungsinterne Untersuchungen übertragen worden sind. Das General Accounting Office zum Beispiel, der amerikanische Bundesrechnungshof, sorgt dafür, dass die Neigung anderer Bundesbehörden der US-Regierung, zu viel Geld auszugeben, im Zaum gehalten wird. Eine Abteilung des Justizministeriums hat vor kurzem eine andere Abteilung für ihre Behandlung von Häftlingen nach dem 11. September kritisiert, worauf die gerügte Abteilung ihre Praktiken änderte.[13]

In diesem Prozess einer kritischen Prüfung ist die Vernunftprobe kein Vollkommenheitstest. Bürger akzeptieren meist die daraus hervorgehenden Entscheidungen, aber nicht, weil sie richtig, sondern weil sie vernünftig sind und weil eine demokratische Prüfung einen wirklich kritischen und offenen Meinungsstreit ermöglicht. Natürlich kann selbst das offenste Verfahren perverse Ergebnisse hervorbringen. Senator Joseph McCarthy schikanierte und verleumdete Einzelpersonen, die kommunistischer Sympathien verdächtigt wurden, im gleißenden Licht der Öffentlichkeit und eine Zeit lang auch mit der Unterstützung der Mehrheitsmeinung. Während öffentliche Verfahren fehlbar sind, lassen sie zumindest die Möglichkeit zu, Irrtümer zu korrigieren. So wie McCarthy unschuldige Menschen in offenen Verfahren verfolgte, wurde auch er durch offene Verfahren zu Fall gebracht.[14] Wenn offene Verfahren es letztlich nicht schaffen, Antworten hervorzubringen, denen die Bürger zustimmen können, ist es an den Bürgern, die Institutionen zu zwingen – durch öffentliche Kritik und Wahlen –, bessere Antworten zu bieten. Was an der Demokratie so auffällt, ist die Rolle des Misstrauens, das dazu beiträgt, das System ehrlich zu halten. Die Sicherungssysteme und die Gewaltenteilung setzen die Möglichkeit von Korruption oder Unfähigkeit in dieser oder jener Institution voraus. Letztlich besteht die Sicherheit in einer Demokratie darin, dass Entscheidungen, die durch diesen Prozess gefiltert worden sind, mit geringerer Wahrscheinlichkeit falsch sein werden als Beschlüsse, die an der Spitze getroffen werden.

Der seit dem 11. September 2001 dem internationalen Terrorismus erklärte Krieg setzt auch die Demokratie Belastungsproben aus, weil er meist geheim geführt wird und dabei Mittel eingesetzt werden, die sich am Rande von Recht und Moral bewegen. Doch haben sich Demokratien als fähig erwiesen, die geheime Ausübung von Macht unter Kontrolle zu halten. Solange eine »Entscheidung zur Geheimhaltung nicht selbst geheim sein soll«, lässt sich Heimlichkeit kontrollieren.[15] Gesetzgebende Körperschaften können Anhörungen zu sensitiven Geheimdienstangelegenheiten hinter verschlossenen Türen abhalten; Richter können verlangen, dass Staatsanwälte geheime Anhörungen oder das Zurückhalten von Informationen vor der Verteidigung rechtfertigen. Die Grenzen, die nicht überschritten werden dürfen, sollten klar sein: Es ist nie gerechtfertigt, einen Ausländer oder Staatsbürger in Geheimverfahren einzusperren oder auszuweisen. Offenheit ist in jedem Prozess, bei dem die Freiheit von Menschen auf dem Spiel steht, einfach definitionsmäßig ein Bestandteil dessen, was eine Demokratie ausmacht. Das Problem besteht nicht darin zu definieren, wo die Grenze verläuft, sondern darin, sie durchzusetzen. Eine Demokratie, in der die meisten Menschen nicht zur Wahl gehen, in der viele Richter Entscheidungen der Exekutive unangemessenen Respekt erweisen und in der die Regierung eine offene, kritische Prüfung ihrer Maßnahmen verweigert, wird wahrscheinlich nicht das richtige Gleichgewicht zwischen Sicherheit und Freiheit einhalten. Ein Krieg gegen den Terror ist nicht nur eine Herausforderung für die Demokratie; er ist auch ein Prüfstein für die Vitalität ihrer Fähigkeit zu kritischer Prüfung.

II

Nachdem ich die Grundzüge eines Einsatzes des kleineren Übels bei einem Krieg gegen den Terror dargelegt habe, muss ich zu dem Wort *Übel* oder *Böses* ein paar Worte sagen. Zunächst wird nicht alles Böse von bösen Menschen oder in böser Absicht begangen. Manche der schlimmsten Dinge, die Menschen angetan werden, geschehen mit der allerbesten Absicht. Das Böse, das für Demokratien bezeichnend ist, ist meist das Ergebnis der Blindheit guter Absichten. Das Böse, das mir vorschwebt, wird von den Beamten liberaler demokratischer Staaten begangen, die genau wissen, dass sie kein Unrecht begehen dürfen, und die Institutionen dienen, welche dazu geschaffen wurden, davor zu bewahren. Sie können gleichwohl das Falsche tun, weil sie glauben, dieses Handeln sei dadurch gerechtfertigt, dass es noch größeren Schäden vorbeugt, oder, angesichts des Umfangs der heutigen Bürokratie, weil die Beamten kaum die Konsequenzen ihres Handelns überhaupt überblicken können.

Aber warum sollten Demokratien überhaupt mit etwas Bösem zu tun haben? Warum sollten ihre Diener solchen moralischen Gefahren ausgesetzt werden? Warum bleiben sie nicht sicher auf der Seite der reinen Legalität? Die Antwort ist, dass wir es mit bösen Menschen zu tun haben, und wenn wir ihnen Einhalt gebieten wollen, kann es nötig sein, es ihnen mit gleicher Münze heimzuzahlen. Wenn das so ist, wie verhindern wir dann, dass aus kleineren Übeln größere werden?

Ich gebe gern zu, dass schon das Vorgehen, ein Handeln als ein kleineres von zwei Übeln zu rechtfertigen, eine riskante moralische Übung ist. Wir können das mit Recht nur dann tun, wenn wir wirklich wissen, was wir tun, und nicht vorzugeben versuchen, dass die Notwendigkeit bösen Handelns dessen moralisch zweifelhafte Natur entschuldigt. So könnte es ein kleineres Übel sein, einen Unschuldigen zu töten, um das Leben Hunderter anderer Menschen zu retten, doch es wäre immer noch eine moralisch falsche Tat. Das Gesetz akzeptiert vielleicht ein Plädoyer für mildernde Umstände, würde aber die Strafbarkeit des Handelns nicht aufheben. Das Oberste Gericht Israels hat entschieden, dass ein Staatsbeamter sich mit der Notwendigkeit einer Maßnahme verteidigen kann, wenn er beschuldigt wird, jemanden gefoltert zu haben: Diese Rechtfertigung könnte die Strafe für die Rechtsverletzung mildern, würde aber nicht die Folter selbst entschuldigen, die eine strafbare Handlung bleibt.[16]

Ich möchte das moralische Risiko nicht gering erscheinen lassen, wenn man zu bösen Mitteln Zuflucht nimmt. Manchmal können wir dieses Risiko genau vorhersagen, öfter jedoch nicht. Wenn man sich für ein kleineres Übel entscheidet, um ein größeres abzuwehren, kann sich das größere gleichwohl ereignen. Wenn ein Kommandeur etwa einen militärischen Konflikt eskalieren lässt, kann er sich aus dem Wunsch heraus, Schäden zu minimieren und ein militärisches Ziel um einen möglichst geringen Preis zu erreichen, zwar entscheiden, die geringste mögliche Steigerung von Gewalt anzuwenden. Doch das könnte die Bereitschaft eines Gegners zum Widerstand unter Umständen nur verdoppeln, und das mit der unbeabsichtigten Folge, dass der Konflikt wahrscheinlich auf beiden Seiten mehr Menschenleben kostet, als es bei einer kurzen und heftigen Eskalation des Konflikts der Fall gewesen wäre.[17] Schlimme Konsequenzen sind nicht immer vorhersehbar, und wenn wir uns für den Weg des kleineren Übels entscheiden, werden wir unter Umständen auf gut Glück handeln müssen, bedauerlicherweise in dem Wissen, dass gute Absichten uns nicht vor Schande bewahren, wenn sich schlimme Folgen ergeben.

Ein weiterer Grund, weshalb jeder Griff zu einem kleineren Übel zwangsläufig moralisch riskant ist, ist die Tatsache, dass Menschen so geschickt darin sind, gute Absichten zu erfinden und plausible Ausreden für scheußliche Konsequenzen vorzubringen. Der antike griechische Dramatiker Euripides gibt uns dafür in seiner *Medea* ein besonders schonungsloses Beispiel. Es ist ein Stück über eine Frau, die ihre beiden Kinder tötet, um, wie sie behauptet, ihnen den Schrecken zu ersparen, von Fremden umgebracht zu werden:

Ihr Teuren, fest steht mein Entschluß, die Kinder schnell
Zu töten und dann fortzueilen aus dem Land.
Nicht träge zaudernd geb ich meine Kinder hin,
Will nicht von einem Feinde sie gemordet sehn.
Es gilt, sie müssen sterben; und muß dieses sein,
Will ich sie selbst ermorden, ich, die ich sie gebar![18]

Doch da sie sich auch am Vater der Kinder rächen will, der sie verlassen hat, ist es unmöglich, Medea in einem uneingeschränkt moralischen Licht zu sehen. Sie mag ihren Kindern etwas ersparen, opfert sie vielleicht aber auch ihrer Wut. Das gibt sie sogar zu:

Wohl fühl ich, welchen Greuel ich vollbringen will;
Doch über mein Erbarmen siegt des Zornes Wut,
Die stets die größten Leiden bringt den Sterblichen.

Mehr noch: Wer will vom Standpunkt ihrer Kinder aus behaupten, dass es eine Gnade sei, durch die Hand der eigenen Mutter zu sterben, statt von Fremden umgebracht zu werden? Nur wenn wir sicher sein können, dass sie gefoltert, beschimpft und dann von Fremden getötet würden, können wir das Handeln der Mutter als ein kleineres Übel rechtfertigen. Weil Euripides ein großer Dramatiker ist, lässt er uns – die Zuschauer – bei dieser Frage im Unklaren, weshalb wir jetzt, zweitausend Jahre später, das Theater immer noch mit der Frage verlassen, ob die Mutter nun ein selbstgerechtes Ungeheuer oder ein tragischer Gnadenengel ist.

Wie Euripides uns zeigt, können Menschen alles als ein kleineres Übel rechtfertigen, wenn sie es nur vor sich selbst rechtfertigen müssen. In Medeas Fall sehen die Zuschauer klarer, als es Medea selbst je tut, selbst wenn sie ihre Motive nicht zu entwirren vermögen. In diesem Stück erscheint das Böse als die Unfähigkeit, sich – durch Vernunft – von der ursprünglichen Gefühlskraft zu distanzieren, sodass alle starken Emotionen automatisch zu Rechtfertigungen werden.

Das Böse kann auch in rationaler Form erscheinen, in der sorgfältigen und bewussten Entscheidung, anderen Schaden zuzufügen, und zwar motiviert durch eine zwar rationale, aber irrtümliche Berechnung eines zu erwartenden Guten. In beiden Fällen, ob nun in hysterischem Kummer oder in kalter Berechnung, kann der Weg des kleineren Übels zu einer Tragödie oder zu Verbrechen führen. Doch Euripides beharrt darauf, dass diese Entscheidungen unvermeidliche

Elemente des Menschseins sind. Ein Krieg gegen den Terror stellt politische Führer vor solche Entscheidungen: ob man einigen Schaden zufügt, um andere zu retten, einige täuscht, um andere zu überlisten, einige tötet, um anderen die Freiheit zu erhalten. Die Demokratie ist darauf angelegt, mit tragischen Entscheidungen fertig zu werden, und sie tut dies, indem sie eins deutlich macht: Während jeder alles rechtfertigen kann, vorausgesetzt, er muss es nur vor sich selbst rechtfertigen, können die Menschen das wahrscheinlich nicht, wenn sie genötigt sind, es in einem kritischen Verfahren vor ihren Mitbürgern zu begründen. Dies bedeutet aber nicht, dass Demokraten nicht manchmal böse handeln. Kein politisches System ist in der Lage, uns vor moralischen Risiken zu bewahren. Tatsächlich sind, wie Machiavelli schon vor langer Zeit klar war, zweifelhafte Entscheidungen im politischen Leben nicht einfach zufällige Vorfälle; sie sind untrennbar mit dem politischen Handeln verbunden. Machiavelli beharrte mit berühmten Formulierungen darauf, dass die moralischen Eigenschaften, die wir im Privatleben bewundern – Redlichkeit, Ehrlichkeit, Nachsicht –, im öffentlichen Leben Nachteile sein können und dass es unter Umständen heißt, die Republik zum Untergang zu verdammen, wenn man auf Entscheidungen, die getroffen werden müssen, wenn die Sicherheit einer Republik auf dem Spiel steht, private Skrupel anwendet.[19] Dank Machiavelli sind wir mit der Ironie vertraut, dass ein Politiker, der als Privatmann Tötungsakte verdammen würde, nicht zögern darf, um seinen Streitkräften den Befehl zu geben, die Feinde der Republik massenhaft zu töten. Derselbe politische Führer, der sich schämen würde, seine Familie anzulügen, darf nicht zögern, sich im Parlament zu verstellen, wenn die öffentliche Sicherheit es erfordert, dass eine geheime Mission zum Schutz der Republik vor neugierigen Blicken verborgen wird.

Wenn Machiavelli sagt, alles politische Leben bringe notwendigerweise kleinere Übel mit sich, fragt er nicht, ob die Demokratie den Formen des Bösen, die Demokraten in Erwägung ziehen können, besondere Grenzen setzt. Während das Völkerrecht Maßstäbe für Staaten festsetzt, unabhängig davon, ob diese frei oder tyrannisch sind, ob gut oder schlecht regiert, scheint es auf der Hand zu liegen, dass demokratische Staaten sich an höhere Maßstäbe halten werden, was Menschenwürde und rechtmäßige Verfahren betrifft. Sie tun dies, weil liberale Staaten sowohl für demokratische Überlegungen einen Freiraum schaffen, als auch den Zwangskräften der Regierung strenge Grenzen auferlegen wollen.[20] Dies ist der Doppelsinn, in dem die Demokratien sich gegen Gewalt stellen: In positiver Hinsicht suchen sie freie Institutionen zu schaffen, in denen frei über öffentliche Politik entschieden wird statt durch Furcht und Zwang; in negativer Hinsicht versuchen sie, die zur Aufrechterhaltung der Ordnung unter freien Völkern notwendige Gewalt und Zwangsmaßnahmen auf ein Mindestmaß zu reduzieren.

Für die anderen Konkurrenten der Demokratie im zwanzigsten Jahrhundert gilt dies nicht. In Hitlers Deutschland oder Stalins Russland waren Recht, Politik und Kultur sämtlich so geordnet, dass sie schon den Gedanken eliminierten, Gewaltausübung durch die Regierung könne problematisch sein. Weit davon entfernt, als Übel angesehen zu werden, wurden Hitlers und Stalins Vernichtungsaktionen als notwendige Maßnahmen zur Erschaffung einer Utopie gefeiert: einer Welt der Klasseneinheit und der sozialen Gerechtigkeit, oder, im Fall des Tausendjährigen Reiches, einer vom Klassenfeind gereinigten Nation.[21] Wenn so die Utopien aussahen, denen Klassenkampf und Rassenvernichtung dienen sollten, konnte Gewalt in ihren Diensten kaum ein Verbrechen sein. So hat schon der Gedanke, dass Gewalt ein kleineres Übel sein kann, nur in Gesellschaften eine Bedeutung, die ganz anders aussehen als diese.

Dank der Rechte, die sie schützen, der Vorschriften über rechtmäßige Verfahren, an die sie sich halten, der Gewaltenteilung, die sie durchzusetzen suchen, und des Erfordernisses demokratischen Einverständnisses werden liberale Demokratien sämtlich von einer verfassungsmäßigen Verpflichtung geleitet, den Einsatz zweifelhafter Mittel – von Gewalt, Macht, Zwang und Täuschung – bei der Regierung ihrer Staatsbürger möglichst gering zu halten. Weil sie es in normalen Zeiten so halten, fühlen sie sich genötigt, dies auch in

Zeiten eines Notstands zu tun. Wenn Bürger damit einverstanden sind, regiert zu werden, sind sie es unter der Bedingung, dass die Einschränkung ihrer Freiheit, die notwendig ist, um einen freien und sicheren öffentlichen Bereich aufrechtzuerhalten, auf ein Mindestmaß beschränkt bleibt. Dies impliziert, dass in einer liberalen Demokratie selbst eine Regierung, die auf Einverständnis beruht, ein Zwangsregiment bleibt. Die fraglichen Zwänge reichen von der Eintreibung von Steuern und der Festsetzung von Geldbußen bis zur Bestrafung wegen strafrechtlicher oder zivilrechtlicher Schuld. Zwang mag notwendig sein, um die gesellschaftliche Ordnung aufrechtzuerhalten, doch in einer demokratischen Regierungstheorie ist er ein Übel und muss auf ein striktes Mindestmaß beschränkt bleiben.[22] Warum würde eine liberale Gesellschaft sonst einen so großen Wert auf Rechte legen, wenn sie sich nicht darum bemühen würde, Einzelne vor der missbräuchlichen Ausübung von Zwang zu schützen?

Diese Darstellung einer liberalen Demokratie mag sich für einige seltsam anhören, weil sie die auf Zwang beruhende Macht der Regierung betont, jedoch versäumt, deren hilfreiche Rolle bei der Bereitstellung öffentlicher Güter – von Schulen, Straßen, öffentlicher Sicherheit, Krankenhäusern und Wohlfahrtseinrichtungen – hervorzuheben, die es dem Einzelnen erlauben, seine Freiheit zu nutzen. Diese Dinge sind Wohltaten, erschaffen durch die Zustimmung der Regierten. Doch eine Zustimmung der Mehrheit beseitigt nicht das Problem der Beschränkungen von Minderheiten. Diese Wohltaten werden durch eine Zwangsmaßnahme – die Besteuerung – bezahlt, die von den meisten, jedoch nicht allen Bürgern um des größeren Wohls willen akzeptiert wird. Nicht alle Staatsbürger werden sich darüber einig sein, ein wie großer Anteil ihres privaten Einkommens besteuert werden sollte, um diese öffentliche Infrastruktur zu tragen, ebenso wenig darüber, wie umfassend diese Infrastruktur sein sollte. Kontroversen darüber machen den größten Teil der öffentlichen Politik aus, und die Schlichtung dieser Kontroversen durch Gesetzgebung und Wahlen lassen bei manchen Bürgern die unvermeidliche Überzeugung zurück, dass ihre Freiheit ungebührlich eingeengt worden ist. Es gibt einfach keinen Konsens über das angemessene Ausmaß öffentlicher Wohltaten oder über den richtigen Umfang von Regierungsmacht. An den Rändern wird die dem Regieren innewohnende Einschränkung zumindest von einigen Bürgern als kleineres Übel erlebt werden, dem man sich als einer Bedingung des öffentlichen Lebens unterwerfen muss.

Man könnte die Frage stellen, ob Zwang ausübende, wenn auch notwendige Verwendungen von Regierungsmacht es überhaupt verdienen, ein Übel genannt zu werden. Steuern mögen unpopulär sein, werden aber kaum als Übel gewertet. Doch andere Akte des Regierungshandelns wie etwa Bestrafungen von Straftaten, die Einzelpersonen direkten Schaden zufügen, lassen das Schreckgespenst des Übels entstehen. Oder tun dies zumindest in unserer Gesellschaftsform. Nur liberale Demokratien haben bezüglich Bestrafungen von Straftaten ein Schuldbewusstsein. Totalitäre Gesellschaften haben den Zwang begeistert als positives gesellschaftliches Instrument angenommen, mit dem sich erwünschte gesellschaftliche Typen, ideale Arbeiter, gehorsame Staatsbürger und enthusiastische Partei-Apparatschiks erschaffen lassen. Nur in liberalen Gesellschaften sind manche der Ansicht gewesen, dass der Schmerz und das Leiden, die damit verbunden sind, wenn man andere ihrer Freiheit beraubt, uns lieber zweimal nachdenken lassen sollten, bevor wir diese Beschränkungen auch nur denen auferlegen, die sie mit Recht verdienen.[23] Die Tatsache, dass sie notwendig sind, mindert ihre Schmerzhaftigkeit ebenso wenig wie der Umstand, dass sie gerecht sind. Es ist notwendig, dass Straftäter bestraft werden, doch das Leiden, dass die Bestrafung verursacht, bleibt gleichwohl ein Übel.

Man könnte sagen, dass in diesem Beispiel keine Unterscheidung getroffen wird zwischen notwendigem Handeln, das Schaden verursacht, und unnötigen Aktionen, die durch Bosheit oder grobe Fahrlässigkeit verursacht sind. Anders ausgedrückt: Ein notwendiges Übel kann nicht wirklich als Übel gelten, da es eine Eigenschaft des Übels ist, dass es nicht notwendig, sondern grundlos ist. Ich möchte dennoch an dem Begriff des kleineren Übels festhalten, weil er den in der liberalen Theorie zentralen Gedanken erfasst, dass notwendiger Zwang in moralischer Hinsicht problematisch bleibt.

Wenn man behauptet, gerechtfertigte Ausübung von Zwang lasse sich als ein kleineres Übel definieren, kommt das der Behauptung gleich, dass sich ein Übel näher bestimmen lässt. Wenn zwei Akte übel sind, wie können wir dann sagen, der eine sei das kleinere, der andere das größere Übel? Eine derartige Bewertung eines Übels scheint es zu entschuldigen. Doch für den Gedanken eines kleineren Übels ist wesentlich, dass man seinen Einsatz rechtfertigen kann, ohne zu leugnen, dass es ein Übel ist, das sich nur deshalb rechtfertigen lässt, weil andere Mittel ungenügend sind oder nicht zur Verfügung stehen. Die Verwendung des Worts *Übel* statt des Begriffs *Schaden* dient dazu, die Elemente des moralischen Risikos zu betonen, von denen eine liberale Regierungstheorie glaubt, sie seien für die Aufrechterhaltung der Ordnung in jeder Gesellschaft unerlasslich, welche die Würde von Individuen zur Voraussetzung hat.

Folglich bemühen sich liberale Demokratien selbst in Zeiten der Sicherheit, den zu ihrer Erhaltung notwendigen Einsatz von Gewalt zu begrenzen. Diese Grenzen suchen ein Gleichgewicht in dem Konflikt zwischen den Verpflichtungen gegenüber individueller Würde, wie sie sich in Rechten verkörpern, und den Verpflichtungen gegenüber dem Mehrheitsinteresse, wie es in der Volkssouveränität zum Ausdruck kommt, herzustellen. In Zeiten der Gefahr spitzt sich dieser Wertkonflikt zu. Die Unterdrückung bürgerlicher Freiheitsrechte, die Überwachung von Personen, zielgerichtete Morde, Folter und Präventivkriege setzen die liberalen Verpflichtungen gegenüber der Menschenwürde einer so starken Belastung aus, und die Schäden, die sie mit sich bringen, sind so schwerwiegend, dass man selbst in den Fällen, in denen ein zwingendes Mehrheitsinteresse sie unabweisbar fordert, nur von Übeln sprechen sollte.

In einem Krieg gegen den Terror, denke ich, geht es nicht darum, ob wir böses Handeln insgesamt vermeiden können, sondern darum, ob es uns gelingen wird, kleinere Übel zu wählen und zu verhindern, dass aus ihnen größere werden. Wir sollten dies tun, so meine ich, indem wir einige anfängliche Verpflichtungen festschreiben – etwa gegenüber dem konservativen Prinzip (der Aufrechterhaltung der freien Institutionen, die wir besitzen), gegenüber dem Prinzip der Menschenwürde (das heißt Einzelpersonen vor schweren Schäden zu bewahren) –, um dann die Konsequenzen verschiedener Handlungswege zu durchdenken, Schäden vorauszuberechnen und zu einer rationalen Bewertung zu kommen, welcher Handlungsweg den beiden Prinzipien voraussichtlich den geringsten Schaden zufügen wird. Wenn wir damit zufrieden sind, dass eine Zwangsmaßnahme ein wahrhaft letztes Mittel ist, das durch die Tatsachen, wie wir sie zu interpretieren vermögen, gerechtfertigt ist, haben wir uns für das kleinere Übel entschieden und sind selbst dann berechtigt, an ihm festzuhalten, wenn der Preis sich als höher erweist als erwartet. Aber nicht bis in alle Ewigkeit. An irgendeinem Punkt – wenn wir »das Dorf zerstören müssen, um es zu retten« – können wir zu dem Schluss kommen, dass wir von dem kleineren zum größeren Übel übergegangen sind. Dann haben wir keine Wahl, sondern müssen unseren Irrtum zugeben und eine Kehrtwendung machen. In der Situation tatsächlicher Ungewissheit, in der die meisten Entscheidungen in Sachen Terrorismus getroffen werden müssen, sind Irrtümer wahrscheinlich unvermeidlich.

Es ist verführerisch anzunehmen, dass das moralische Leben diese Rutschpartie vermeiden kann, indem schlechte Mittel insgesamt vermieden werden. Doch es kann sein, dass es eine solche engelhafte Option gar nicht gibt. Entweder wir bekämpfen das Böse mit Bösem oder wir unterliegen. Wenn wir also zu dem kleineren Übel greifen, sollten wir dies erstens in dem vollen Bewusstsein tun, dass es sich um ein Übel handelt. Zweitens sollten wir aus einer Situation nachweislicher Notwendigkeit heraus handeln. Drittens sollten wir uns für böse Mittel nur als letzte Mittel entscheiden, nachdem wir alles andere vergeblich versucht haben. Und schließlich müssen wir noch eine vierte Verpflichtung erfüllen: Wir müssen unser Handeln öffentlich unseren Mitbürgern gegenüber rechtfertigen und uns ihrem Urteil hinsichtlich dessen Korrektheit unterwerfen.

III

Die Herausforderung bei der Einschätzung, welche Maßnahmen erlaubt sein könnten, besteht darin, eine vertretbare Position zwischen Zynismus und Perfektionismus zu finden. Der Zyniker würde behaupten, dass ethische Überlegungen irrelevant seien: Die Vertreter des Staates würden tun, was sie tun würden, und die Terroristen ebenfalls, und nur Macht und Gewalt allein würden über das Ergebnis entscheiden. Die einzige Frage, die man in Bezug auf diese Mittel stellen dürfe, sei, ob sie funktionierten. Die Zyniker irren sich jedoch. Alle Kämpfe zwischen Terroristen und dem Staat sind Kämpfe um die Meinungsführerschaft, und in diesem Kampf sind ethische Rechtfertigungen entscheidend, um die Moral der eigenen Seite aufrechtzuerhalten, die Loyalität von Bevölkerungen zu erhalten, die sich sonst auf die Seite der Terroristen schlagen könnten, und um die politische Unterstützung unter Verbündeten zu behalten. Ein Gegenterror-Feldzug lässt sich wahrscheinlich nur von Zynikern führen, von Profis, die im Management des moralischen äußeren Anscheins geschult sind, doch selbst Zyniker wissen, dass einige moralische Versprechen gehalten werden müssen, wenn man ihnen überhaupt glauben soll. Die vorbeugende Inhaftierung verdächtiger Ausländer, die man so von der allgemeinen Bevölkerung trennen will, könnte Terrornetze vielleicht sprengen, doch sie könnte unschuldige Gruppen so in Wut versetzen, dass diese jede Zusammenarbeit mit der Polizei beenden. Folter könnte ein Netz terroristischer Zellen vielleicht auseinander reißen, würde jedoch unter den Überlebenden der Folter auch Hass und Groll erzeugen und deren Unterstützung durch unzufriedene Bevölkerungsteile weiter steigern. Es gibt einfach keine Möglichkeit, die technische Frage, was funktionieren kann, von der politischen Frage zu lösen, welche Auswirkungen solche Methoden auf den Kampf um die Meinungsführerschaft haben werden, der der Wesenskern jedes Feldzugs gegen den Terror ist. Extreme Maßnahmen wie etwa Folter, vorbeugende Internierungen und willkürliche Festnahmen gewinnen typischerweise die Schlacht, verlieren aber den

Krieg insgesamt. Selbst Zyniker wissen, dass Pyrrhussiege schlimmer als bloß nutzlos sind.

Der moralische Perfektionismus dagegen wäre die Lehre, dass ein liberaler Staat niemals etwas mit zweifelhaften moralischen Mitteln zu tun haben und seinen Beamten das Risiko ersparen sollte, zwischen kleineren und größeren Übeln wählen zu müssen. Einer moralisch perfektionistischen Position zufolge können Staaten ihren Beamten dieses Risiko einfach dadurch ersparen, dass sie an allgemein gültigen moralischen Maßstäben festhalten, wie sie in Menschenrechtskonventionen und im Kriegsrecht festgelegt sind.

Eine perfektionistische Haltung bringt zwei Probleme mit sich, wenn wir einmal die Frage beiseite lassen, ob sie realistisch ist. Das erste Problem ist, dass es relativ einfach ist, unwiderrufliche und unaufhebbare moralische Maßstäbe zu artikulieren. Das Problem ist die Entscheidung, wie man sie in besonderen Fällen anwenden soll. Wo liegt die Grenze zwischen Verhör und Folter, zwischen zielgerichtetem Töten und unrechtmäßigem Mord, zwischen Prävention und Aggression? Selbst wenn rechtliche und moralische Unterschiede zwischen diesen Handlungen bei abstrakter Betrachtung klar sind, sind Abstraktionen alles andere als hilfreich, wenn politische Führer in der Praxis zwischen ihnen wählen müssen. Überdies bringen perfektionistische Maßstäbe das Problem mit sich, dass sie einander widersprechen. Der gleiche Mensch, der bei der Aussicht, einen Verdächtigen zu foltern, mit Recht zurückschreckt, könnte bereit sein, denselben Verdächtigen bei einem Präventivschlag gegen einen Terroristenstützpunkt zu töten. Ebenso könnte die perfektionistische Verpflichtung gegenüber dem Recht auf Leben solche Angriffe überhaupt ausschließen und unsere Reaktion auf die gerichtliche Verfolgung von Rechtsbrechern einschränken. Juristische Reaktionen auf das Problem des Terrors haben ihre Berechtigung, doch sie sind kein Ersatz für militärische Operationen, wenn Terroristen über Stützpunkte, Ausbildungslager und schwere Waffen verfügen. Das Festhalten an einer perfektionistischen Verpflichtung gegenüber dem Recht auf Leben während eines terroristischen Angriffs könnte zwar moralisch folgerichtig sein, wenn auch um den Preis, dass es uns in der Konfrontation mit Übeltätern wehrlos macht. Sicherheit ist überdies ein Menschenrecht, und somit könnte die Achtung vor einem Recht uns dazu bringen, ein anderes zu verraten.

Eine Moral des kleineren Übels ist in ihren Annahmen antiperfektionistisch. Sie akzeptiert als unvermeidlich, dass es nicht immer möglich ist, Menschen vor Schaden zu bewahren, ohne andere Menschen zu töten; dass es nicht immer möglich ist, bei gegenterroristischen Operationen eine volle demokratische Enthüllung und Transparenz zu bewahren; dass es für demokratische Führer nicht immer wünschenswert ist, Täuschung und Perfidie zu vermeiden; dass es nicht immer möglich ist, die Freiheit der Mehrheit zu bewahren, ohne die Freiheiten einer Minderheit aufzuheben; dass es ferner nicht immer möglich ist, schreckliche Konsequenzen gut gemeinten Handelns vorherzusehen usw. Weit davon entfernt, ethische Überlegungen irrelevant zu machen, machen diese Dilemmata einen ethischen Realismus nur umso wesentlicher für demokratische Überlegung und eine gute Staatspolitik. Die Tatsache, dass liberale demokratische Politiker insgeheim die Tötung von Terroristen anordnen, ihren Wählern Informationen vorenthalten, die Aufhebung bürgerlicher Freiheitsrechte befehlen können, muss nicht unbedingt bedeuten, dass »alles geht«. Selbst wenn Freiheiten aufgehoben werden müssen, kann ihre Aufhebung vorübergehend sein; wenn die Exekutive einer Legislative nach außen hin Informationen vorenthalten muss, könnte sie dennoch verpflichtet sein, sie hinter verschlossenen Türen oder zu einem späteren Zeitpunkt zu enthüllen. Öffentliche Desinformation, deren alleiniger Zweck darin besteht, den Feind zu täuschen, kann gerechtfertigt sein, doch die bewusste Irreführung einer demokratischen Wählerschaft mit der Absicht, Risiken zu übertreiben oder als minimal erscheinen zu lassen, darf niemals sein. Der gleiche Balanceakt muss auch in anderen Fällen unternommen werden. Wenn sich die zielgerichtete Tötung von Terroristen als notwendig erweist, kann sie jedoch durch strikte Verhaltensregeln eingeschränkt sowie legislativer Aufsicht und Prüfung unterworfen werden. Das Verhör von des

Terrorismus Verdächtigen lässt sich von Folter freihalten. Wenn man diese Linien zieht, bedeutet es, die Frage klar im Auge zu behalten, ob diese Mittel die demokratische Identität verstärken oder verraten, die sie verteidigen sollen.

Zu verhindern, dass kleinere Übel zu größeren werden, ist mehr als eine Angelegenheit demokratischer Verantwortlichkeit. Es ist auch eine Frage individuellen Gewissens. Hannah Arendt hat einmal behauptet, dass die Fähigkeit zu selbstständigem Denken eine Vorbedingung für die Vermeidung von Bösem sei, besonders in großen Bürokratien, in denen das Fehlen unabhängigen Denkens belohnt wird. Sie sagte, dass der einzige gemeinsame Nenner, der Gegner der Naziherrschaft in Deutschland einte, eine Fähigkeit war, zu jeder Zeit zu fragen, was für ein Mensch jemand war oder zu sein wünschte. Diejenigen, die sich weigerten, andere zu töten, sagte sie, »weigerten sich zu morden, nicht so sehr, weil sie immer noch an dem Gebot ›Du sollst nicht töten‹ festhielten, sondern weil sie nicht bereit waren, selbst mit einem Mörder zusammenzuleben«.[24]

Keine Gesellschaft kann offizielle Verbrechen und Brutalität vermeiden, ohne dass dieses Gefühl von Verantwortung unter ihren Beamten Allgemeingut ist. Regeln und Verfahrensvorschriften sind nicht genug. Der Charakter ist entscheidend, und es gibt einigen Grund zu der Annahme, dass Demokratien zu der richtigen Art von Charakter ermutigen. Menschen, die in Gesellschaften mit verfassungsmäßigen Rechten aufwachsen, wird beigebracht davon auszugehen, dass es auf ihre Meinung ankommt, dass sie beim Umgang mit Behörden einen berechtigten Anspruch auf eine bestimmte Fairness und angemessene Verfahrensregeln haben und dass sie gegenüber den Rechten anderer eine Verantwortung tragen. Wir können jedoch nicht sicher sein, dass die Demokratie uns allen beibringt, immer das Richtige zu tun.

Mehr noch: Wie gut es um unser moralisches Wissen auch bestellt sein mag, so haben wir alle den prüfenden Blick guter Institutionen nötig. Ein Krieg gegen den Terror setzt diese Institutionen Belastungen aus. Es ist nicht immer möglich, Geheimdienstagenten und Spezialeinheiten einer vollen demokratischen Aufsicht und Kontrolle

zu unterwerfen. Doch die Agenten bleiben Staatsbürger, und ihre
Verantwortung gegenüber der verfassungsmäßigen Ordnung, die sie
verteidigen, bleibt das letzte Tribunal, wenn alle Stricke reißen, um
sie und uns vor einem Abstieg in die Barbarei zu bewahren. Einen
großen Teil dessen, was wir über Machtmissbrauch wissen, verdanken
wir Zuträgern, ehrlichen Menschen, die nicht ertragen konnten, das
zu tun, was man von ihnen verlangte.[25] Jede Demokratie, die einen
sauberen Krieg gegen den Terror führen will, muss die Rechte von
Zuträgern in den geheimsten Regierungsbehörden sicherstellen, gewählten Beamten und den Medien die Wahrheit zu sagen. Es gibt
nur eine Möglichkeit zu vermeiden, dass sich in unserer Regierung
rechtsfreie Zonen bilden: Der Gesetzgeber muss auf seinem Recht
zur Aufsicht bestehen, die Medien müssen weiterhin Zugang zu allen
Informationen fordern, und die Justiz muss das Recht von Zuträgern
unterstützen, die Wahrheit zu sagen.

Doch dies sind nicht die einzigen moralischen Kontrollen in einem Krieg gegen den Terror. International ratifizierte Menschen-
rechtsinstrumente im Verein mit der UN-Charta und den Genfer
Konventionen erweitern das Publikum für eine Rechtfertigung über
die Wählerschaften demokratischer Staaten, die direkt angegriffen
werden, hinaus auf ein umfassenderes Netz von Staaten und internationalen Körperschaften, deren Ansichten berücksichtigt werden
müssen. Ihre Ansichten sind wichtig, weil liberale Demokratien nicht
nur eine Wertegemeinschaft, sondern auch eine Interessengemein-
schaft bilden, und erfolgreiches gemeinsames Handeln gegen den
Terrorismus wird schon bald unmöglich werden, wenn Staaten ihre
Verbündeten nicht beachten, ihre Einwände gegen nationale Politik
ignorieren und sich um einseitige Vorteile oder Befreiung von internationalen Verpflichtungen bemühen.[26]

Internationale Maßstäbe sind wichtig, doch wir dürfen nicht annehmen, dass die Nationen immer darin einig sind, was sie damit
meinen. Europäische Länder sind anderer Meinung als die Vereinigten Staaten, was die Legitimität der Todesstrafe angeht, und sie haben sich geweigert, des Terrorismus Verdächtige an die Vereinigten

Staaten auszuliefern, wo unter Umständen die Todesstrafe droht. Internationale Konventionen verbieten die Folter, doch der genaue Punkt, an dem ein intensives Verhör die Grenze überschreitet und zu Folter wird, ist umstritten. Die Genfer Konventionen schützen die Idee der zivilen Immunität, doch wer als Zivilist gilt, bleibt kontrovers. Internationale Konventionen setzen Maßstäbe, doch jedes Land interpretiert sie unter Umständen unterschiedlich. Wie Spitzenpolitiker dies tun, hängt davon ab, was ihre heimische Wählerschaft zu erlauben scheint. Doch ein politischer Maßstab ist nicht unbedingt ein in ethischer Hinsicht normenloser oder relativierender Maßstab. Die öffentliche Meinung wird nicht einfach alles akzeptieren. Die Normen, die einen Krieg gegen den Terror beherrschen, sind kein Regierungsmonopol. Sie sind für den Einfluss moralischer Mittelsmänner empfänglich. Menschenrechtsaktivisten und Mitglieder von Bürgerrechts-NGOs (Nicht-Regierungsorganisationen) werden sich bemühen, die Schwelle des moralisch Vertretbaren zu erhöhen, während Gruppen, die das Militär und die Polizei vertreten, sie vielleicht senken wollen. In jeder liberalen Demokratie werden die Maßstäbe für einen Krieg gegen den Terror durch moralischen Wettbewerb festgelegt werden.

Als Beitrag zu diesem Prozess des Maßstabsetzens würde ich politischen Entscheidungsträgern die folgenden Tests vorschlagen. Erstens muss ein demokratischer Krieg gegen den Terror alle Zwangsmaßnahmen dem *Würde-Test* unterwerfen: Verletzen sie die Menschenwürde des Einzelnen? Eine grundlegende Verpflichtung zu Menschenrechten sollte immer grausame und ungewöhnliche Strafen, Folter, Zwangsarbeit und außergerichtliche Hinrichtungen ausschließen, aber auch die Auslieferung von Verdächtigen an Länder, welche die Menschenrechte missachten und missbrauchen. Zweitens müssen Zwangsmaßnahmen den *konservativen Test* bestehen: Sind Abweichungen von bestehenden rechtsstaatlichen Prozessmaßstäben wirklich notwendig? Schädigen sie unser institutionelles Erbe? Ein solcher Maßstab würde eine zeitlich unbegrenzte Aufhebung der Vorschrift, dass ein Verdächtiger einem Untersuchungsrichter vorgeführt werden muss, ausschließen und fordern, dass alle Inhaftierungen oder Internierungen, ob nun durch zivile oder militärische Behörden, rechtlich geprüft werden. Wem seine Rechte genommen werden – das gilt für Staatsbürger ebenso wie für Nicht-Staatsbürger –, der darf niemals den Zugang zu einem Verteidiger verlieren. Eine dritte Bewertung von Gegenterror-Maßnahmen sollte an ihren Konsequenzen ausgerichtet sein: Werden sie langfristig zu einer größeren oder geringeren Sicherheit für die Bürger führen? Dieser *Effektivitäts-Test* darf sich nicht nur auf kurzfristige Ergebnisse, sondern muss sich auch auf die langfristigen politischen Implikationen von Maßnahmen konzentrieren. Werden sie die politische Unterstützung dafür, dass der Staat solche Maßnahmen ergreift, verstärken oder schwächen? Eine weitere Überlegung ist der *Test des letzten Mittels*: Sind weniger Zwang ausübende Maßnahmen ausprobiert worden? Und haben sie versagt? Eine andere wichtige Frage ist, ob die Maßnahmen den *Test der offenen kritischen Prüfung* durch legislative und rechtliche Körperschaften bestanden haben, entweder zur Zeit des Ergreifens der Maßnahmen oder sobald es die Notwendigkeit zulässt. Schließlich erfordert »der anständige Respekt vor den Ansichten der Menschheit« im Verein mit der pragmatischeren Notwendigkeit, sich in einem globalen Krieg gegen den Terror die Unterstützung anderer Nationen zu sichern, dass jeder Staat, der den Terrorismus bekämpft, seine internationalen Verpflichtungen ebenso respektiert wie die ernsthaften Ansichten seiner Verbündeten und Freunde. Wenn all dies am Ende eine Reihe von Einschränkungen ergibt, die unseren Regierungen die Hände binden, ist es nicht zu ändern. Es gehört gerade zur Natur einer Demokratie, dass sie nicht nur tatsächlich mit einer auf dem Rücken gefesselten Hand kämpft, sondern dies auch tun sollte. Es liegt auch in der Natur der Demokratie, dass sie sich gerade deswegen, weil sie das tut, gegen ihre Feinde durchsetzt.

ZWEITES KAPITEL

Die Moral des Notstands

Nie aber sollte in einer Republik etwas vorkommen, wobei man
sich ungesetzlicher Mittel bedienen muß. Bringt auch das ungesetzliche Mittel für den Augenblick Nutzen, so bringt das Beispiel
doch Schaden; denn wenn es Brauch wird, die Verfassung zu guten
Zwecken zu brechen, bricht man sie schließlich auch unter diesem Vorwand zu schlimmen Zwecken. Eine Republik wird somit
niemals vollkommen sein, wenn in ihren Gesetzen nicht alles vor-
gesehen, nicht für jedes Ereignis eine Abhilfe und die Art ihrer
Anwendung bestimmt ist.

Niccolò Machiavelli

I

Notstände durch Terror werfen grundlegende Fragen nach der Natur
der Herrschaft des Rechts auf.[1] Wenn sich Gesetze bei einem Notstand verkürzen und Freiheiten aufheben lassen, was bleibt dann noch
von ihrer Legitimität in Friedenszeiten? Wenn Gesetze Regeln sind
und Notstände Ausnahmen von diesen Regeln darstellen, wie kann
die Autorität von Gesetzen dann überleben, sobald man einmal Ausnahmen gemacht hat? In diesem Kapitel erörtere ich die Auswirkung
der Aufhebungen bürgerlicher Freiheitsrechte in Notstandszeiten auf
den Gedanken der Herrschaft des Rechts und stelle eine damit zu-
sammenhängende Frage: Was bleibt vom Status der Menschenrechte übrig, wenn sie in Zeiten öffentlicher Gefahr beschnitten werden
können?

Grob gesagt können Notstandsgesetze dreierlei Form annehmen: Sie können national, territorial oder selektiv sein. Bei einem *nationalen* Notstand wird in einem ganzen Land für eine unbestimmte Zeit das zivile Recht durch das Kriegsrecht ersetzt. Ein Staat, der vor einem terroristischen Aufstand steht, wird das normale Rechtssystem aufheben, um dem Militär volle Handlungsfreiheit zu geben, Aufrührer in einer zivilen Bevölkerung festzunehmen, zu internieren, zu durchsuchen und zu drangsalieren. In manchen lateinamerikanischen Ländern – in Kolumbien beispielsweise – hat man in Notstandszeiten die Verfassung schon so oft aufgehoben, dass Notstandsgesetze die Herrschaft des Rechts als Norm abgelöst haben.[2] Bei *territorialen* Notständen ist das Kriegsrecht auf bestimmte Zonen des Landes beschränkt, in denen Terroristen oder Aufrührer tätig sind und wo der Staat glaubt, des Militärs zu bedürfen, um die Macht zu haben, Aufrührer einzusperren, zu durchsuchen und festzunehmen, ohne durch zivile Beschränkungen oder Prüfungen eingeengt zu sein. In aktiven Kampfzonen in Sri Lanka, wo der Staat einen Aufstand bekämpft, herrscht eher Kriegsrecht als ziviles Recht. Eine besondere Unterkategorie von Notstandsgesetzen bezieht sich auf Besatzungsgebiete. In den besetzten Territorien unter israelischer Kontrolle sind die rechtsstaatlichen Zivilprozessvorschriften, die im eigentlichen Israel garantiert werden, aufgehoben, und die Territorien werden nach Besatzungsrecht regiert, das sich klar vom israelischen Justizsystem unterscheidet. Eine weitere Unterart territorialer Notstandsgesetze gilt in Nordirland. Diese Provinz untersteht zwar nicht dem Kriegsrecht, doch die Herrschaft des Rechts funktioniert dort anders als in anderen Teilen des Vereinigten Königsreichs: Man denke beispielsweise an die Arbeitsweise von Sondergerichten, vor denen Terroristenfälle nicht wie sonst vor Geschworenen verhandelt werden. Die dritte Form von Notstandsgesetzgebung ist unsystematisch: Es wird kein allgemeiner Notstand verkündet, kein Teil des Landes wird vom normalen Rechtssystem ausgenommen, doch für des Terrorismus Verdächtige werden Teile des Rechts aufgehoben. Diese dritte – *selektive* – Form von Notstand hat sich seit dem 11. September 2001 in den Vereinigten Staaten manifestiert: vorbeugende oder ermittlungstechnische Internierung für bestimmte Häftlinge, ob es sich dabei um Ausländer oder Staatsbürger handelt; Änderungen ihres Rechts auf Zugang zu Verteidigung sowie der Sonderrechte im Verhältnis Rechtsanwalt– Mandant; Erweiterung polizeilicher Befugnisse bei Durchsuchungen und Festnahmen; erweiterte Abhörrechte und andere Formen der Überwachung. Der größte Teil dessen, was ich hier sagen werde, wird sich auf diese unsystematischen Notstandsmaßnahmen konzentrieren. Manche dieser Maßnahmen werden durch Zeitklauseln eingeschränkt, mit denen ihr Ablauf festgesetzt wird, während andere permanent sind. Deshalb kann sich selbst ein selektiver Notstand in eine verfassungsmäßige Lebensform verwandeln.

Notstände lösen, mit den Worten von Kathleen Sullivan, die Schreckensvorstellung eines »konstitutionellen schwarzen Lochs« aus, eines Bruchs in der Kontinuität des Rechts, der dem Gedanken von einer Verfassung als einem unveränderlichen Richter in sozialen und politischen Auseinandersetzungen zuwiderläuft.[3] Wie kann die Herrschaft des Rechts aufrechterhalten werden, wenn das Recht je nach Notwendigkeit aufgehoben werden kann? Wie kann die Wirksamkeit von Menschenrechten als einer Garantie der Menschenwürde erhalten werden, wenn diese Rechte im Fall eines Notstands aufgehoben werden?

Notstandssituationen bringen unfehlbar den ungewöhnlichen Einsatz von Vorrechten der Exekutive mit sich. Vorrechte sind nach der Definition von John Locke die »Macht, willkürlich zu Gunsten des öffentlichen Wohls zu handeln, und zwar ohne Anordnung des Gesetzes und manchmal sogar dagegen«.[4] Locke hielt solche Befugnisse zur Aufrechterhaltung einer Regierung in Krisenzeiten für notwendig, und mit diesem Gedanken hielt er ein Denken aufrecht, das auf die Zeit der römischen Republik und deren System der befristeten Diktatur zurückging. Diese Form befristeter, delegierter Diktatur zur Rettung der Verfassung ist schon immer ein Merkmal des republikanischen Denkens gewesen.[5] Liberale Theorien einer verfassungsmäßigen Regierung haben jedoch immer befürchtet, dass eine Exekutive den Vorwand des Notstands benutzen könnte, um an die Macht zu kommen und die konstitutionelle Freiheit abzuschaffen. Folglich gibt es einen Konflikt zwischen einer *republikanischen* und einer *liberalen* Theorie von Notstandsbefugnissen.[6] Eine republikanische Darstellung könnte sich demokratische Gründe für eine Beschneidung von Rechten während eines Notstands vorstellen, die auf der Notwendigkeit entschlossenen Handelns der Exekutive zum Schutz von Mehrheitsinteressen beruhen, während eine liberale Ansicht befürchten würde, dass solche auf die Mehrheit ausgerichteten Gründe eine permanente Beschädigung sowohl der Rechte als auch der Sicherungssysteme mit sich bringen könnten.

Eine der relevantesten Befürwortungen dieses republikanischen Gebrauchs prärogativer Macht und der Notwendigkeit, Freiheitsrechte bei einem Notstand aufzuheben, wurde 1863 von Abraham Lincoln in einem Brief formuliert. Darin rechtfertigte er seine Aufhebung der Habeas-Corpus-Akte, die jedem das Recht zugesteht, innerhalb einer bestimmten Frist einem Untersuchungsrichter vorgeführt zu werden, sowie eine zeitlich unbeschränkte Inhaftierung von Gegnern der Wehrpflichtgesetze während des amerikanischen Bürgerkriegs. Ja, Lincoln sprach von Kriegszeiten, und terroristische Notstandssituationen sind nicht das Gleiche wie solche in Kriegszeiten. Dennoch bleiben seine Worte für unseren Fall relevant, und ich werde ihn ausführlich zitieren, da Lincoln das zentrale Thema direkt anspricht – ob eine befristete Einschränkung der verfassungsmäßigen Freiheit dauernden Schaden zufügt:

»Die Verfassung ist im Fall einer Rebellion oder einer Invasion, bei der es um die öffentliche Sicherheit geht, in ihrer Anwendung nicht in jeder Hinsicht die gleiche wie in Zeiten tiefen Friedens und allgemeiner Sicherheit. Die Verfassung macht die Unterscheidung selbst; und ich kann nicht mehr davon überzeugt sein, dass die Regierung in Zeiten einer Rebellion keine handlungskräftigen Maßnahmen ergreifen kann, weil sich zeigen lässt, dass die gleichen Maßnahmen in Friedenszeiten ungesetzlich wären, als ich überzeugt sein kann, dass ein bestimmtes Medikament für einen kranken Mann nicht gut sei, weil sich nachweisen lässt, dass es für einen gesunden nicht ratsam ist. Ebenso wenig sehe ich mich in der Lage, die Gefahr zu erkennen, wie sie von der Versammlung befürchtet wird, dass das amerikanische Volk mittels militärischer Festnahmen während der Rebellion das Recht auf öffentliche Diskussion, die Freiheit der Meinungsäußerung und die Pressefreiheit, das gesetzliche Beweisverfahren, Strafverfahren vor Geschworenen und die Habeas-Corpus-Akte in der unendlichen friedlichen Zukunft verlieren wird, die, worauf ich vertraue, vor Ihnen liegt, wie ich ebenso wenig glauben kann, dass ein Mann während einer vorübergehenden Krankheit einen so starken Appetit auf Brechmittel entwickeln kann, dass er sich während des Rests seines gesunden Lebens davon ernähren könnte.«[7]

Wie Lincoln vorhersagte, kehrte die Habeas-Corpus-Akte nach dem Bürgerkrieg bei bester Gesundheit wieder, obwohl er es selbst nicht mehr erlebte. Ihre befristete Aufhebung in Kriegszeiten unterhöhlte ihre Legitimität nicht, sobald wieder Frieden herrschte. Im Gegenteil: Lincolns Handeln hatte die Wirkung, die Justiz künftig stark gegen mühelose Aufhebungen dieser Art einzunehmen und ihren Kurs zu verhärten. In dem Prozess *Ex parte Milligan* im Jahre 1866 verurteilte das Oberste amerikanische Bundesgericht Lincolns Aufhebung der Habeas-Corpus-Akte mit eindeutigen Worten:

»Keine Doktrin mit schädlicheren Konsequenzen ist je vom Geist des Menschen erdacht worden, als die, dass irgendeine der Vorschriften der Verfassung während irgendeiner der großen Notlagen der Regierung aufgehoben werden könnte. Eine solche Doktrin führt auf direktem Weg zu Anarchie oder Despotie, doch die Theorie der Notwendigkeit, auf der sie beruht, ist falsch; denn die Regierung verfügt auch im Namen der Verfassung über alle ihr gewährten Befugnisse, die notwendig sind, um ihre Existenz zu erhalten.«[8]

Doch die *Milligan*-Entscheidung ist bezüglich der langfristigen Auswirkungen von Lincolns Handeln nicht das letzte Wort. Späte-

re Bundesgerichte, besonders diejenigen, die während des Zweiten
Weltkriegs tagten, standen eher auf Seiten Lincolns als der Richter
im Fall *Milligan*.[9] Als Roosevelt 1942 eine Militärkommission einsetzte, um deutsche Saboteure vor Gericht zu stellen, und der Fall
dem Obersten Bundesgericht zur Revision vorgelegt wurde, wurde
Lincolns Einsatz von Militärkommissionen von der Regierung zur
Rechtfertigung angeführt.[10] Als die Regierung Bush Militärtribunale
einsetzte, um Terroristen und illegale Kombattanten wegen Kriegs-
verbrechen und Verbrechen gegen die Menschlichkeit anzuklagen,
statt sie der Bundesjustiz zu unterwerfen, diente die Lincoln-Ent-
scheidung erneut als Präzedenzfall.[11] Wenn Lincoln also kurzfristig
Recht hatte – die Heilmittel, die man einem kranken Mann gibt, sind
nicht diejenigen, nach denen es ihn verlangt, wenn er gesund ist –,
hat der von ihm vorgegebene Präzedenzfall langfristig nachfolgende
Präsidenten mit der Ermächtigung versehen, in Notstandszeiten die
Freiheitsrechte einzuschränken.[12]

Es gibt zwei Arten von Fragen, die man zu diesen Notstandsmaßnahmen stellen muss. Erstens: Sind sie wirklich notwendig? Und
zweitens: Werden sie selbst dann, wenn sie notwendig sind, künftig den Respekt vor Gesetzen und Rechten verringern? Man muss
diese beiden Fragen auseinander halten: Kurzfristiger Nutzen kann
für die Freiheit auf lange Sicht Schaden mit sich bringen. Doch es
gibt vielleicht auch einen tieferen Konflikt. Ein Ansatz des kleineren Übels bei einem Krieg gegen den Terror bestätigt eine Spannung
»von tragischen Dimensionen«, wie Oren Gross es ausdrückt, zwischen dem, was notwendig, und dem, was richtig ist.[13] Wenn man
sagt, die Wahlmöglichkeiten seien tragisch, heißt das nicht, dass man
Unentschlossenheit entschuldigt – Entscheidungen müssen getroffen werden –, aber Entscheidungen zu Gunsten einer Notwendigkeit
sollten durch das Bewusstsein von der Schwere des Verlusts an Gerechtigkeit gezügelt werden. Wenn man die Verluste auf diese Weise abwägt, impliziert das die Unangemessenheit einer ausschließlich
pragmatischen oder nach Nützlichkeitserwägungen erfolgten Berechnung des Gleichgewichts zwischen Ordnung und Freiheit. Eine auf

Nützlichkeit ausgerichtete Berechnung mag einseitig zur Sicherheit neigen, weil sie das Mehrheitsinteresse höher schätzen muss als den Verlust an Minderheitsrechten. Eine solche Berechnung kann auch zu kurzfristig sein und die langfristigen Verluste bei Bürgerrechten insgesamt vernachlässigen.

Im vorigen Kapitel habe ich eine ausgewogene Position dargelegt, bei der weder Notwendigkeit noch Freiheit entscheidende Ansprüche haben sollten. Ein Terroranschlag kann eine Einschränkung von Freiheit nur dann rechtfertigen, wenn die Aufhebung von Freiheitsrechten die Sicherheit tatsächlich erhöht. Wenn dies der Fall ist, sollte es auch rechtens sein, Verdächtige einzusperren und sie ohne Prozess in Haft zu halten, bis die Natur des Risikos, das sie darstellen, bestimmt werden kann. Zugleich müssen Häftlinge das Recht auf Verteidigung und eine gerichtliche Überprüfung ihrer Haft behalten. Eine konstitutionelle Demokratie sollte die Einschränkung von Freiheitsrechten auf ein strenges Mindestmaß begrenzen und ihre Dauer durch Fristenklauseln begrenzen. Wenn Organisationen als terroristisch bezeichnet werden, sollten sie gleichwohl das Recht auf eine juristische Überprüfung ihres Verbots behalten.[14] In einem demokratischen Staat lässt es sich niemals rechtfertigen, irgendjemanden der Herrschaft des Rechts zu entziehen. Man darf nicht zulassen, dass irgendwelche »konstitutionellen schwarzen Löcher« sich in einem Krieg gegen den Terror entwickeln, denn sie drohen, Einzelne in Bereiche herunterzuziehen, die außerhalb der Kontrolle anderer Bürger stehen und diesen nicht einmal zur Kenntnis gelangen.

Jede Strategie einer vorbeugenden oder mit ermittlungstechnischen Erwägungen begründeten Haft, die auf eine bestimmte gesellschaftliche Gruppe ausgerichtet ist – etwa Amerikaner arabischer Herkunft oder Ausländer muslimischen Glaubens –, verstößt potentiell gegen die verfassungsmäßigen Normen, dass jeder vor dem Gesetz gleich ist und gleiche Schutzrechte genießt. Herrschaft des Rechts impliziert sowohl Unveränderlichkeit als auch Gleichheit, die beide unveränderliche Maßstäbe ordentlicher Gerichtsverfahren sind sowie gleiche Rechte für alle garantieren. Selektiv angewandte Internierungen mögen in Situationen dramatischer Ungewissheit gerechtfertigt sein, wie etwa in den Wochen nach dem 11. September 2001, doch sobald klar wurde, dass es keine größere Verschwörung oder ein Risiko weiterer Anschläge gab, würden allein schon Gleichheitsüberlegungen die frühe Freilassung besonders ausgewählter Verdachtiger fordern, denen eine wahrscheinliche Strafbarkeit nicht nachgewiesen werden kann.

Die zweite Frage bei Einschränkungen von Freiheitsrechten betrifft die langfristige Perspektive: Wie wirken sie sich auf den Status des Rechts aus, sobald ein Notstand vorbei ist? Lincoln beharrte darauf, dass die Aufhebung bürgerlicher Freiheitsrechte während eines Notstands die Verfassungsmäßigkeit eines Staates in Friedenszeiten nicht in Gefahr bringt, doch Anhänger ziviler Freiheitsrechte betonen, dass befristete Aufhebungen die Tendenz haben, dauerhaft zu werden.[15] Überdies hat ihr Geltungsbereich die Tendenz, sich auszuweiten: Maßnahmen, die man eingeführt hat, um Terroristen Einhalt zu gebieten, werden dann, sobald der Notstand vorüber ist, dazu eingesetzt, um Kriminelle und andere Gesetzesbrecher zu fassen. Der Begriff Terrorismus deckt mit anderen Worten immer mehr Gebiete ab und schwächt so den Schutz durch ordentliche Gerichtsverfahren für alle. Selbst wenn Notstandsmaßnahmen irgendwann aufgehoben werden, schädigt allein schon die Tatsache, dass das Recht in Zeiten des Notstands strenger gemacht worden ist, nach Ansicht von Vertretern bürgerlicher Freiheitsrechte die Achtung vor dem Gesetz als unvergänglichem Maßstab. Dies ist besonders bei nationalen Notständen der Fall, bei denen eine Art Kriegsrecht in einem ganzen Land die Herrschaft des Rechts ersetzt. Es scheint kaum Zweifel daran zu geben, dass Notstandsgesetze, auf die man sich in Lateinamerika so häufig beruft, um befristete Militärdiktaturen zu schaffen, es für aufrichtige Demokraten schwieriger gemacht haben, die verfassungsmäßige Herrschaft des Rechts überall auf ihrem Kontinent zu etablieren.[16] Doch selbst vereinzelte Notstände können der Herrschaft des Rechts bedeutenden Schaden zufügen.

Die Frage, die Befürworter bürgerlicher Freiheitsrechte aufwerfen, ist die nach der Beziehung zwischen Legitimität und Unveränderlichkeit. Müssen Rechtsvorschriften unveränderlich sein, um legitim zu bleiben? In manchen Verfassungen sind die Vorschriften so abgefasst, dass möglichst viele Varianten ausgeschlossen werden. US-amerikanische Befürworter ziviler Bürgerrechte beispielsweise betonen, dass die amerikanische Verfassung nur einmal auf Notstände Bezug nimmt, nämlich in der Klausel, welche die Aufhebung von Habeas Corpus in »Fällen von Rebellion oder Invasion« erlaubt, wenn »die öffentliche Sicherheit dies erfordert«.[17] Damit schneidet sie ihrer Ansicht nach günstiger ab als einige jüngere europäische Verfassungen, die für Kriegszeiten oder bei zivilem Aufruhr die Verhängung ausführlicher Notstandsgesetze vorsehen.[18] Befürworter bürgerlicher Freiheitsrechte geben eindeutig einer Verfassung den Vorzug, die für die Anwendung von Notstandsbefugnissen möglichst wenig Möglichkeiten bietet.

Die am häufigsten verwendete Metapher, wenn man darstellen will, was in dieser Diskussion auf dem Spiel steht, ist die Geschichte von Odysseus und den Sirenen in Homers *Odyssee*. Odysseus wird bei der Heimfahrt von Troja von einem Orakel gewarnt, dass ihn und seine Männer der Tod erwarte, wenn sie den eindringlichen Rufen der Sirenen lauschten, die sie und ihr Schiff auf die Felsen locken würden. Folglich befiehlt Odysseus der Mannschaft, ihn am Mast festzubinden, und stopft seinen Ruderern Bienenwachs in die Ohren; so geschützt, rudern sie sicher an den Sirenen vorüber, während Odysseus ihren Lockrufen lauscht.

Odysseus' Verhalten wird oft als Beleg dafür zitiert, wie man Gesetz und Rechte als Strategien einer Vorverpflichtung verstehen sollte. So wie Odysseus sich am Mast festbinden lässt, damit er den Gesang der Sirenen zwar hören, ihm aber nicht erliegen kann, verpflichten sich demokratische Staaten im Vorhinein dazu, die Bürgerrechte zu respektieren, da sie wissen, wie stark sie sich in Zeiten der Gefahr versucht fühlen werden, sie einzuschränken.[19] Odysseus verpflichtet sich im Voraus, nämlich in dem Wissen, dass es zu spät sein wird, wenn die Versuchung ihn überkommt. Rechte, das lehrt uns diese Geschichte, sind wie das Bienenwachs des Odysseus: Maßnahmen der Vernunft, in Augenblicken der Ruhe ersonnen, um Versuchungen in Zeiten der Gefahr zu beherrschen.

Terrorismus ist ein höchster Test der Fähigkeit einer liberalen Gesellschaft, sich an diese Vorverpflichtungen zu halten. Sie sind nämlich Verpflichtungen zu Unveränderlichkeit und Gleichheit zugleich, und es ist leicht, diese Verpflichtungen zurückzunehmen. Unterdrückung durch Mehrheiten lässt sich mit geringen direkten Kosten für deren Freiheiten und Rechte bewerkstelligen. Wie Ronald Dworkin hervorgehoben hat, geht es in Zeiten einer terroristischen Bedrohung nicht um Einbußen bei *unserer* Freiheit oder *unserer* Sicherheit, sondern entweder bei *unserer* Sicherheit oder *ihrer* Freiheit, womit er die Freiheit kleiner Gruppen von Verdächtigen meint, etwa männlichen erwachsenen Muslimen, und besonders die Verletzung von Einwanderungsbestimmungen.[20] Diese Einschränkungen der Rechte weniger lassen sich politisch mühelos rechtfertigen, wenn die Bedrohung durch Terrorismus die vielen in Gefahr zu bringen scheint.

Der Gedanke, Rechte seien Vorverpflichtungen, sucht besondere Aufmerksamkeit auf die Ansprüche von Individuen auf Würde zu lenken, die durch Mehrheitsinteressen in Gefahr geraten könnten. Besondere Aufmerksamkeit bedeutet hier einfach, dass wir den Interessen der Mehrheit an der öffentlichen Ordnung keinen Vorrang einräumen können. Wir müssen konkurrierende Ansprüche gegeneinander abwägen und sollten dies aufgrund der Annahme tun, dass Vorverpflichtungen, die in Zeiten der Sicherheit eingegangen worden sind, in Zeiten der Gefahr aufrechterhalten werden sollten, soweit dies möglich ist.

II

Doch diese vorläufige Darstellung einer Position des kleineren Übels ist umstritten. Um festzustellen, warum, muss ich sie anderen Möglichkeiten gegenüberstellen. Auf die Frage, »Wie wirken sich Aus

nahmen und Notstände auf die Herrschaft des Rechts aus?«, scheint
es drei Antworten zu geben. Eine pragmatische Antwort lautet, dass
die Legitimität des Rechts etwas mit Unveränderlichkeit zu tun hat,
mehr jedoch mit Effektivität. Wenn man also zu wählen hat, ob man
Gesetze unverändert lassen oder sie ändern soll, um Terroristen Einhalt zu gebieten, und man bemüht ist, die Herrschaft des Rechts aufrechtzuerhalten, ist es weitaus besser, ein Recht einzuschränken, als
wegen der Sorge um pure Folgerichtigkeit untätig zu bleiben. Lincolns
Rechtfertigung seiner Nutzung von Notstandsbefugnissen im Jahre
1861 – »sollen alle Gesetze bis auf eins unangewandt bleiben und die
Regierung scheitern, nur damit dieses eine nicht verletzt wird?« – ist
die große, ständige Verteidigung dafür, dass man die Unveränderlichkeit um der Effektivität willen opfert.[21] Eine zweite Position, die dem
Eintreten für die vollständige Einhaltung bürgerlicher Freiheitsrechte
am nächsten steht, wäre, dass die Legitimität – und infolgedessen
auch die Effektivität – eng mit der Unveränderlichkeit verbunden ist,
nämlich mit dem Gedanken, dass sich das Recht nicht der Notwendigkeit, einem Notstand oder politischer Dringlichkeit beugen sollte.
Eine dritte Ansicht, die der in diesem Buch dargestellten Position
des kleineren Übels am nächsten kommt, möchte Effektivität, Unveränderlichkeit und Legitimität nicht voneinander trennen. Dieser
Ansicht zufolge leiten Gesetze tatsächlich einen Teil ihrer Macht von
der Tatsache ab, dass es schwierig ist, sie zu verändern, doch wenn
sie auf Notsituationen überhaupt nicht reagieren können, können sie
unwirksam werden. Rechtliche Schutzvorschriften wie Habeas Corpus zu verändern, kann in einem Notstand zwar notwendig sein, doch
wenn man dies tut, muss man einen Preis dafür zahlen. Das Recht eines Beschuldigten, dem Untersuchungsrichter vorgeführt zu werden,
wird geschwächt, denn sobald es einmal aufgehoben worden ist, ist
jedermann klar, dass eine wichtige Freiheitsgarantie biegsam ist und
politischem Druck ausgesetzt ist.

Es ist nicht nur die Legitimität des Rechts, die von terroristischen
Notständen in Frage gestellt wird, sondern auch der Status der moralischen Maßstäbe, die in der Idee der Menschenrechte eingeschlossen

sind. Hier würde die Forderung so aussehen, dass die spezifischen Bürger- und politischen Rechte, die man in liberalen demokratischen Verfassungen findet, nicht einfach nur ein widerrufliches Privileg der Staatsbürgerschaft sind, sondern eine konstitutionelle Verpflichtung reflektieren, den besonderen und gleichberechtigten moralischen Status von Menschen zu achten. Eine Möglichkeit, dies auszudrücken, würde wie folgt lauten: Den Bürger- und politischen Rechten, die in den einzelnen Verfassungen liberaler Demokratien festgeschrieben sind, liegt eine Idee der Menschenrechte zugrunde. Dies ist eher ein moralischer denn ein juristischer Anspruch: Er impliziert nicht, dass alle liberalen demokratischen Staaten Menschenrechtsnormen auf die gleiche Weise in ihren Verfassungen verankern. Manche dieser Staaten haben vielleicht internationale Menschenrechtskonventionen unterzeichnet, während andere wie etwa die Vereinigten Staaten nur einige unterzeichnen oder nur mit Vorbehalten, doch selbst wenn ihre Beziehung zu internationalen Menschenrechten ambivalent oder zweideutig ist, kommt in ihrer Verfassungslehre eine Auffassung von dem geschützten moralischen Status von Menschen zum Ausdruck, die mit den Menschenrechten in Einklang steht.[22]

Diese Verpflichtung, den moralischen Status von Menschen zu respektieren, bedeutet, dass man einzelne Personen gleich behandelt und allen zumindest ein Mindestmaß an Achtung entgegenbringt. Das Beharren darauf, dass die Schuld von Einzelnen mit an Sicherheit grenzender Wahrscheinlichkeit festgestellt werden muss, ist eine praktische Weise, auf die das Recht diesen Anspruch erfüllt. Eine weitere ist, dass das Recht diese Verpflichtungen ohne Rücksicht darauf einhalten soll, wie seine Vertreter – Polizeibeamte, Richter, Rechtsanwälte – zu dem Häftling auf der Anklagebank stehen.[23] Diese Verpflichtung – nämlich den Einzelnen unabhängig von seinem Verhalten zu respektieren – unterscheidet die Menschenrechte von anderen Rechten. Manche Bürgerrechte – wie etwa das Wahlrecht – können beim Begehen schwerer Straftaten verwirkt werden. Sie sind deshalb vom persönlichen Verhalten abhängig. Andere wie das Recht auf rechtliche Prüfung der Haft können bei einem Notstand widerrufen werden, wenn es die Notwendigkeit verlangt. Die Menschenrechte sind aber unabhängig von Verhalten, Umständen, Staatsbürgerschaft, Verdiensten oder moralischem Wert. Die Menschen haben Menschenrechte, einfach weil sie Menschen sind. Somit haben auch Terroristen Rechte, die ihnen nicht verweigert werden können. Eine liberale Gesellschaft ist verpflichtet, die Rechte derer zu achten, die für Rechte keinerlei Respekt gezeigt haben, denen Gnade zu erweisen, die gnadenlos sind, und diejenigen menschlich zu behandeln, die sich unmenschlich verhalten haben. Diese Festlegung darauf, Verpflichtungen selbst dann einzuhalten, wenn sie nicht erwidert werden, ist ein bestimmendes Merkmal jeder Gesellschaft unter der Herrschaft des Rechts. Weshalb glauben wir sonst, dass selbst der abstoßendste Verbrecher das Recht auf einen fairen Prozess und den Nachweis seiner Schuld mit an Sicherheit grenzender Wahrscheinlichkeit hat? Diese Maßstäbe liegen uns am Herzen, und das nicht einfach aus Gründen praktischer Überlegung – um sicherzustellen, dass die richtige Person verurteilt wird und von den Straßen verschwindet –, sondern auch, weil wir, die demokratischen wir, daran glauben, dass wir dies jedermann schuldig sind. Nach dieser Lesart ist die Herrschaft des Rechts mehr als ein Verfahren, mit dem gleich gelagerte Fälle behandelt werden. Sie sucht auch einer moralischen Idee zu dienen: nämlich dass jeder Mensch das Recht auf eine grundlegend gleiche Behandlung hat. Wenn es dies ist, was gewöhnlichen Verbrechern zu normalen Zeiten geschuldet wird, gibt es keinen überzeugenden Grund dafür, weshalb es in Notstandszeiten nicht auch Terrorverdächtigen geschuldet werden kann.

Dieser Gedanke wird jedoch nicht von allen geteilt. Natürlich denkt jeder Demokrat, dass Achtung vor der Menschenwürde eine *Konsequenz* einer erfolgreichen Herrschaft des Rechts sein kann. Doch nicht jeder ist der Ansicht, dass dies der wesentliche Zweck des Rechts sei und die Probe seiner Legitimität. Eine solche Ansicht wäre eine »moralische Interpretation« von verfassungsmäßigen Rechten, um den Ausdruck von Ronald Dworkin zu benutzen, und ist mit pragmatischeren Interpretationen verfassungsmäßiger Rechte

nicht in Einklang zu bringen – Interpretationen, die ihre verfahrens-
mäßige Nützlichkeit betonen, indem sie zu juristischen Ergebnissen
führen, statt den Gedanken in den Vordergrund zu stellen, dass sie
irgendwelche bestimmten moralischen Verpflichtungen verkörpern.[24]
Rechte sind nach pragmatischer Lesart Nebenbeschränkungen der
Wahlmöglichkeiten von gesetzgebenden Körperschaften und Regierungen in Fragen der allgemeinen Politik. Der Sinn und Zweck von
Rechten als solchen besteht darin, öffentliche Interessen zu schützen,
und nicht darin, die Verpflichtung zur Einhaltung der Menschenwürde an Beispielen darzulegen. In Notstandszeiten können sie deshalb
ohne negative Konsequenzen mit Recht eingeschränkt werden, da sie
in erster Linie ein Instrument kollektiver Interessen sind und nichts
anderes.

Es fällt jedoch schwer einzusehen, weshalb überhaupt jemand
sich über die Herrschaft des Rechts Gedanken machen würde, wenn
sie lediglich ein Stück eines nützlichen Verfahrens wäre oder eine
Nebenbeschränkung der Politik. Es ist schwer zu verstehen, wie die
Herrschaft des Rechts eine allgemeine Treue zu ihm hervorbringen
könnte, wenn es keine gemeinsame moralische Verpflichtung gegenüber der Würde des Einzelnen ausdrücken würde. Zumindest einige der Gründe, aus denen Menschen dem Gesetz gehorchen, haben
etwas mit dem Gedanken zu tun, dass es *ihr* Recht ist, ein Produkt
des demokratischen Stimmrechts, aber auch damit, dass es einer Verpflichtung Ausdruck gibt, ihnen gleiche Achtung und gleiche Fürsorge entgegenzubringen.

Überdies gibt es wenige pragmatische Gründe zur Sorge, wenn
zahlreiche Menschen unter einer notstandsmäßigen Einschränkung
von Rechten leiden, wenn es nicht einmal ansatzweise eine Vorstellung davon gibt, dass die Menschenwürde bei einer Einschränkung
von Rechten in Gefahr ist. Richard Posner, ein amtierender Richter
und führender Exponent der pragmatischen Ansicht, argumentiert:
»Aus heutiger Sicht wissen wir, dass die Internierung von Amerikanern japanischer Herkunft an der Westküste der USA den Zweiten Weltkrieg nicht abgekürzt hat. Aber war dies damals bekannt?

Wenn nicht, sollte sich die Regierung nicht aus Vorsicht geirrt haben, wie sie es getan hat?«[25] Dies ist ein treffendes Argument gegen eine pauschale Verurteilung von Rooseveltes Handeln vom sicheren Standpunkt heutiger Sicht aus, doch indem er sagt, dass die Regierung Recht daran tat,»sich aus Vorsicht zu irren«, übergeht Posner den unwiderruflichen Schaden, der einhunderttausend Japanern zugefügt wurde, mit Schweigen. Die meisten von ihnen waren US-amerikanische Staatsbürger, von denen keiner, wie sich herausstellte, eine Gefahr darstellte. Subversion oder Sabotage waren von ihnen nicht zu befürchten. Dieses Beispiel hilft dabei, eine Position des kleineren Übels von einem pragmatischen Ansatz zur Einschränkung von Rechten zu unterscheiden. Beide Positionen bemühen sich, die Ansprüche der Freiheit gegen die der Sicherheit abzuwägen, beide lehnen eine Vorrangstellung eines der beiden Werte ab, doch eine Position des kleineren Übels würde den Verlust, den die Beschneidung der Rechte der Japaner mit sich brachte, weit stärker betonen als eine pragmatische Position. Diese Betonung würde in der Idee wurzeln, dass Verpflichtungen zur Wahrung der individuellen Menschenwürde, die auf Verpflichtungen zur Wahrung der Rechte beruhen, für die Definition dessen, was eine Demokratie ist, wesenhaft sind. Indem man im Voraus festlegt, dass eine Einschränkung der Bürgerrechte ein Übel ist, das wann immer möglich zu vermeiden ist, misst man die Internierung der Japaner an einem weniger pragmatischen Maßstab als an der Frage, ob sie den Krieg mit Japan abkürzen würde oder nicht. Ein Ansatz des kleineren Übels würde wie folgt argumentieren: Die Verkürzung eines Krieges ist ein moralisch bedeutsames Ziel, doch der Verlust der Freiheit, den eine Internierung mit sich bringt, ist ein derart schwerer Schlag für die betroffenen Personen, und es ist so unsicher, ob die Internierung den Krieg abkürzen wird, dass sich die Beschneidung der Rechte der betroffenen Personen nicht rechtfertigen lässt.

III

Im Rückblick scheint die Internierung der Japaner ein offenkundiger Missstand zu sein. Die wahre Schwierigkeit besteht darin, wie Richard Posner zu Recht sagt, eine gerechte Abwägung zu finden, wenn der Notstand da ist und niemand weiß, welche Maßnahmen sich später als notwendig erweisen werden. Eine ausgewogene Entscheidung zu finden bedeutet, dass man sich eine Meinung dazu bildet, ob Präsidenten und Ministerpräsidenten berechtigt sind, überhaupt einen Notstand zu erklären. Manche Befürworter der bürgerlichen Freiheitsrechte glauben, dass die Ausübung dieser bevorrechtigten Macht schon in sich gefährlich sei. Aber wer sonst kann entscheiden, wann es einen Notstand gibt? Eine verfassungsmäßige Ordnung, die einem führenden Politiker nicht die Fähigkeit verleiht, einen Notstand auszurufen und entschiedene Maßnahmen zu ergreifen, um ihm zu begegnen, wird unter Umständen wegen absichtlicher Unentschlossenheit und Lähmung untergehen.

Doch auch wenn ein gewisses Maß an prärogativer Macht unvermeidlich ist, wie ein Befürworter der bürgerlichen Freiheitsrechte vielleicht sagen würde, belässt dies die Verkündung eines Notstands in den Händen eines einzigen Spitzenpolitikers, der die Krise zwangsläufig zu seinem Vorteil manipulieren wird. Dies mag stimmen, aber wo ist das Heilmittel dagegen? Die Bestimmung, ob ein Notstand vorliegt, ist unvermeidlich politischer Natur: In dieser Angelegenheit kann es weder eine Wissenschaft noch ein Gesetz geben. Doch dies bedeutet nicht, dass die Entscheidung launisch oder willkürlich sein muss. Wie der Verfassungsrechtler John P. Roche vor mehr als fünfzig Jahren schrieb: »… wenn über das Vorliegen eines Notstands Übereinstimmung herrscht, das heißt, wenn die Öffentlichkeit und der Kongress sich erkennbar darin einig sind, dass der Präsident handeln muss, liegt ein Notstand vor.«[26] Während es Präsidenten und Ministerpräsidenten sind, die einen Notstand ausrufen, kann ihr Einsatz von Macht demokratischer Regulierung unterworfen werden. Es muss in der Öffentlichkeit und bei ihren gewählten Vertretern einige

Übereinstimmung darin geben, dass die Exekutive das Recht hat, einen Notstand zu erklären. Wo es diese Übereinstimmung nicht gibt, wird die Verkündung eines Notstands als ein Missbrauch exekutiver Vorrechte betrachtet werden. Wenn die Institutionen der kritischen Prüfung in einer Demokratie ihre Aufgabe erfüllen, werden sie sowohl der Verkündung eines Notstands als auch der Ausübung von Vorrechten widerstehen und Grenzen setzen.

Das Problem bei der Ausübung prärogativer Macht in einem Notstand liegt also nicht darin, wie Anhänger der bürgerlichen Freiheitsrechte unterstellen, dass sie sich niemals rechtfertigen lässt, da dies offensichtlich möglich ist, aber auch nicht darin, dass ihr Einsatz in sich undemokratisch ist. Für die Wahrnehmung von Vorrechten der Exekutive wird als Begründung immer wieder angeführt, dass eine Bedrohung entscheidender Mehrheitsinteressen vorgelegen hat. 1861 verteidigte Lincoln die von ihm ergriffenen Maßnahmen – die Blockade der Südstaatenhäfen, die Aufhebung bürgerlicher Freiheitsrechte, die Freigabe von Geldern zur Bezahlung von Armee und Marine ohne Zustimmung des Kongresses – mit der Begründung, dass »diese Maßnahmen, ob streng legal oder nicht, unter dem Eindruck dessen gewagt wurden, was eine Forderung des Volkes und eine öffentliche Notwendigkeit zu sein schien«.[27] Notstände werden für die Demokratie und das Recht dann eine Herausforderung, wenn sie aus Gründen verkündet werden, die Bösgläubigkeit einschließen, eine Manipulation von Beweisen, eine Übertreibung von Risiken oder die Aussicht auf Erlangung politischer Vorteile. Sicherungsmaßnahmen können eine Exekutive nicht davon abhalten, einen Notstand zu erklären, doch der Kongress und die Gerichte können sich einschalten, sobald ein Notstand erklärt worden ist, um die Ausübung von Vorrechten einer kritischen Prüfung zu unterwerfen. Als Präsident Truman im April 1952 die US-amerikanische Stahlindustrie verstaatlichte, indem er argumentierte, ein bevorstehender Streik bedrohe die nationale Verteidigung zu einer Zeit, in der die Nation sich in Korea in einem Krieg befinde, erwies sich die Maßnahme im Kongress und in der Presse als unpopulär, und im Juni 1952

erklärte das Oberste Bundesgericht die Maßnahme für verfassungs-
widrig.[28]

Der 11. September 2001 andererseits war ein Notstand, der von
niemandem in Frage gestellt wurde. Damit geht es um die Frage,
welche Maßnahmen durch solche Notstände gerechtfertigt werden
können.

Eine pragmatische Ansicht von Rechten wie die von Richard Posner vertretene behauptet, dass eine Vorverpflichtung unrealistisch sei,
weil sie gerade dann die Hände binde, wenn diese frei sein müssten,
um mit einer Gefahr fertig zu werden. Ebenso könnte eine kritische
Prüfung eine Republik daran hindern, dass sie bei einer Invasion oder
in einem Notstand schnell und tatkräftig handelt.

Die römische Antwort auf dieses Problem war die befristete Diktatur. Der berühmte Cincinnatus verließ seinen Pflug und erhielt vom
Senat diktatorische Vollmachten, um die republikanischen Armeen
gegen eine Invasion, die vor den Toren Roms stand, zum Sieg zu füh-
ren. Das römische Denken sah somit Diktatur und republikanische
Autorität als einander ergänzende Gegensätze und nicht als Feinde.
Dies hört sich für moderne Demokraten seltsam an, die eine Diktatur
eher als einen beständigen Feind oder eine potentielle Nemesis sehen.
Heutige Demokraten stellen sich die Demokratie wahrscheinlich so
vor, als sei sie von selbst in der Lage, sich zu erhalten, und fähig, die
Autorität eines Präsidenten und die Herrschaft des Rechts zu allen
Zeiten miteinander in Einklang zu bringen. Die historischen Erfahrungen des zwanzigsten Jahrhunderts sprechen jedoch eine andere
Sprache. In Kriegszeiten erhielten Roosevelt und Churchill von ihren
jeweiligen Parlamenten und mit Zustimmung der Gerichte diktatorische Vollmachten, um ihre Länder zu retten.[29] Die Notwendigkeit
dieser Vollmachten lässt vermuten, dass Demokratien nicht von Natur aus in der Lage sind, sich selbst zu erhalten; ihre Exekutiven brauchen vielmehr, wie die Römer dachten, immer wieder diktatorische
Vorrechte, um mit Krisensituationen fertig zu werden.

Notstände legen einen andauernden Konflikt in der Demokratie
zwischen kritischer Rechtfertigung, die zu Unentschlossenheit führen

kann, und starker Autorität bloß, an deren Ende vielleicht diktatorischer Missbrauch steht. Doch die Erfahrungen von Demokratien in Kriegszeiten zeigen, dass sich diese beiden Tendenzen miteinander vereinbaren lassen. Die von Roosevelt und Churchill ausgeübten diktatorischen Vollmachten blieben der Aufsicht der Legislative und Gerichte unterworfen, und sobald der Notstand vorüber war, wurden sie schnell abgebaut. Churchill wurde nur Wochen nachdem er sein Land zum Sieg geführt hatte, ohne viel Federlesens aus dem Amt gewählt. Die Demokratie kann also durchaus Episoden einer »verfassungsmäßigen Diktatur« überleben, vorausgesetzt, dass die Diktatur konstitutionell bleibt, und vorausgesetzt, dass sie befristet bleibt.[30] Dies bedeutet, dass die Prärogative der Exekutive durch die Verfassung beschränkt werden sollten: Präsidenten sollten nie die Macht haben, sich selbst länger im Amt zu halten, Wahlen aufzuheben, den politischen Wettbewerb aufzulösen, die Verfassung zu ändern oder die gesetzgebenden Körperschaften auf Dauer aufzulösen.[31]

Ein bis in alle Ewigkeit anhaltender Anti-Terror-Krieg gegen eine Reihe von Schurkenstaaten oder terroristische Zellen wirft jedoch unbekannte Gefahren auf, da kein Mensch weiß, wie lange der Notstand anhalten wird. In einem langen, im Verborgenen geführten Krieg, der weitgehend mit geheimen Mitteln geführt wird, geht es hauptsächlich darum, so viel gesetzliche und legislative Aufsicht beizubehalten, wie sich mit der Notwendigkeit zu entschiedenem Handeln vereinbaren lässt. Zeitliche Begrenzungen – mit denen außergewöhnlichen Vollmachten eine zeitliche Grenze gesetzt wird – scheinen ein wesentliches Mittel zu sein, Sicherheit und Freiheit miteinander in Einklang zu bringen. So wurde in Großbritannien der ursprüngliche Prevention of Terrorism Act, der die Befugnisse der Polizei in Nordirland drastisch erweiterte, nicht auf Dauer erlassen, sondern wurde einem periodischen Prozess der Neuerung durch das Parlament unterworfen. Der neue Terrorism Act hat keine solche Vorkehrung, und darin liegt seine Hauptgefahr.[32]

Anders als in der Situation, der sich Lincoln im amerikanischen Bürgerkrieg oder Roosevelt nach Pearl Harbor gegenübersah, ist bei einem Krieg gegen den Terrorismus nicht ohne weiteres einzusehen, weshalb die Befugnisse des Präsidenten erweitert werden sollten. Er braucht keine Arbeitskräfte zwangszuverpflichten oder wirtschaftliche Ressourcen zu fordern, wie Roosevelt es tat, und sieht sich auch keiner Sezession gegenüber wie Lincoln. Es gibt deshalb keine guten Gründe dafür, weshalb seine Autorität nicht unter ständiger kritischer Prüfung durch Gerichte, den Kongress und freie Medien gehalten werden sollte.

Das ständig wiederkehrende Problem dabei, die Autorität eines Präsidenten unter Aufsicht zu halten, liegt in der übertriebenen Ehrerbietung von Parlament und Justiz gegenüber seinen Befugnissen als Oberbefehlshaber. In den Vereinigten Staaten ist diese Ehrerbietung gegenüber Entscheidungen des Präsidenten während eines Notstands zu einem legalen Brauch geworden, wie er sich jüngst in der Weigerung des Bundesgerichts gezeigt hat, im Fall eines US-Bürgers namens Yaser Esam Hamdi Habeas-Corpus-Petitionen nachzukommen. Hamdi wurde als feindlicher Kombattant ohne jede Verbindung zur Außenwelt auf einer amerikanischen Brigg gefangen gehalten. Dem Gericht zufolge »haben die Bundesgerichte viele Stärken, doch die Führung von Kampfhandlungen ist anderen überlassen worden. Die Exekutive ist am besten dazu geeignet, die militärische Einschätzung vorzunehmen, was die Festnahme angeblicher Kombattanten angeht.« Das Gericht meinte also mit anderen Worten, dass der Respekt, der einem Spitzenpolitiker in Kriegszeiten entgegengebracht werde, auch in dem ganz anders gelagerten Fall eines terroristischen Notstands gelten solle. Dennoch ließ das Gericht angesichts dieser Implikation einige Besorgnis erkennen: »Wir würden selbst summarisch einen drastischen Satz akzeptieren – nämlich dass jeder amerikanische Staatsbürger, dem unterstellt wird, ein feindlicher Kombattant zu sein, nur auf das Wort der Regierung hin ohne förmliche Anklage oder Rechtsberatung auf unbestimmte Zeit interniert werden könnte.« Doch dies ist genau die Konsequenz seiner Entscheidung, die von einem höheren Gericht bestätigt worden ist. Das Beste, was sich davon sagen lässt, ist, dass damit ein ungewöhnlicher Akt exekutiver

Vollmachten – einen Staatsbürger ohne Verbindung zur Außenwelt einzusperren – in diesem Fall *tatsächlich* einer rechtlichen Prüfung unterworfen worden ist.[33] Das Schlimmste, was sich dazu sagen lässt, ist, dass Gerichte sich den Wünschen eines Spitzenpolitikers genau dort gebeugt haben, wo sie sich niemals hätten beugen dürfen, nämlich in einer Angelegenheit, die mit den bürgerlichen Grundrechten eines amerikanischen Staatsbürgers zu tun hat. Im Augenblick der Niederschrift dieses Buches steht eine Revision des Obersten Bundesgerichts in dieser Frage bevor. Es bleibt abzuwarten, ob das höchste Gericht der Nation die Ansicht, dass es sich um eine exekutive Prärogative des Präsidenten handele, akzeptieren wird oder ob es darauf besteht, dass es an der Rechtsprechung liegt, welche prozessrechtlichen Maßstäbe bei ausländischen Staatsbürgern oder US-Bürgern angewandt werden sollen, die in einem Krieg gegen den Terror interniert werden.[34] Nach dem in diesem Buch vertretenen Standpunkt zu Sicherungsmaßnahmen müssen eher die Gerichte als die Exekutive die Kontrolle rechtsstaatlicher Prozessmaßstäbe sowohl für zivile als auch für militärische Häftlinge behalten. Wenn die Gerichte ihre Rechtsprechung in dieser Sache nicht aufrechterhalten können, würde das die Demokratie selbst schwächen.

IV

Notstände rücken zwei radikal verschiedene Vorstellungen vom Recht ins Blickfeld. In dem in Odysseus personifizierten Bild leiten Recht und Menschenrechte ihre Legitimität von ihrem Status als Regeln ab, die sich den Umständen nicht beugen sollten.[35] In dem konkurrierenden Bild kann die Verfassung, um einen Ausdruck des am Obersten Bundesgericht der USA amtierenden Richters Robert Jackson zu zitieren, kein Selbstmord-Pakt sein.[36] Wenn ein Selbstmord droht – das heißt, wenn die absichtliche Langsamkeit der Demokratie sie mit einer Katastrophe bedroht oder wenn die auf die ehrlichen vielen erweiterten Rechtsgarantien die Verfolgung der gefährlichen wenigen unmöglich machen –, müssen Herrscher entschlossen handeln. Aber können sie, wie es Locke unterstellte, jenseits des Rechts operieren, oder sollten ihre Vorrechte per Gesetz eingeschränkt werden?

Wenn wir verstehen wollen, was beim Einsatz prärogativer Befugnisse in Notstandszeiten auf dem Spiel steht, müssen wir uns mit dem Denken von Carl Schmitt vertraut machen, dem bekannten Rechtstheoretiker der Weimarer Zeit.[37] Den Hintergrund seiner rechtswissenschaftlichen Gedanken bildete der Kampf der Weimarer Republik in den 1920er Jahren, die verfassungsmäßige Demokratie angesichts terroristischer Gewalt von beiden Seiten des politischen Spektrums zu bewahren.[38] Schmitt verstand unsere Frage so: Rettet die Ausnahme die Regel, oder zerstört sie sie? Bei dieser Frage war Schmitt entschieden: Ohne die Befugnis, Ausnahmen zu verkünden, kann die Herrschaft des Rechts nicht überleben.»Souverän ist derjenige«, schrieb Schmitt mit einem berühmten Satz, »der über die Ausnahme entscheidet.«[39] Ein Staat kann nicht souverän bleiben, kann kein inneres Monopol der Gewaltmittel zusammen mit der Herrschaft des Rechts verlässlich aufrechterhalten, wenn der Präsident sich in notwendigen Fällen nicht von Verfassungsregeln ausnehmen kann, die ihn daran hindern würden, sich in einer gewaltsamen Auseinandersetzung mit den Feinden des Staates durchzusetzen. Schmitt tat den berühmt-berüchtigten Ausspruch, in der Politik gehe es darum, Feinde zu bestrafen und Freunde zu belohnen. Konstitutionelle Regime, so fuhr er fort, können sich nicht vor Angriffen schützen, wenn nicht die Freunde der verfassungsmäßigen Ordnung deren Feinden den Schutz des Gesetzes entziehen.

Schmitt behauptete auch, dass es bei der Frage, ob Ausnahmen die Regel zerstören oder retten, in Wahrheit darum gehe, welchen Rang man politischen Befugnissen und exekutiver Autorität bei der Durchsetzung und Verteidigung des Rechts zubilligen solle. Damals argumentierte er gegen den rechtlichen Positivismus, der das deutsche Verfassungsdenken beherrschte, und bemühte sich, das Recht als eine Sphäre zu sehen, die dank der formalen Struktur des Rechts als eines Systems von Regeln von der Politik unabhängig sei. Schmitt war der

Meinung, dass dieses Bild vom Recht den Bedingungen der eigenen
Schöpfung des Rechts im Bereich der Politik nicht gerecht werde.
Da das Recht nie die Kodifikation abstrakter Absoluta sei, sondern
vielmehr die Punkt für Punkt erfolgte legale Ratifikation politischer
Abmachungen zwischen gegensätzlichen gesellschaftlichen Kräften
und Interessen, seien diejenigen, die das Recht durchzusetzen hätten,
verpflichtet, Ausnahmen zu machen, da diese Kräfte und Interessen
ihren Einfluss auf die Hüter des Recht ausübten.

Heute sind die Verteidiger einer gesetzlichen Unveränderlichkeit
keine Rechtspositivisten, sondern Befürworter der bürgerlichen Freiheitsrechte. Sie möchten das Recht von politischer Kontaminierung
und Einflussnahme so frei wie möglich halten und glauben, die Legitimität des Rechts leite sich von seiner Fähigkeit her, politischem
Druck standzuhalten. In Friedenszeiten mag dies eine realistische
Erwartung sein, doch in liberalen Demokratien, die Angriffen ausgesetzt sind, könnte es ganz anders aussehen.

Schmitt glaubte, dass dieses Bild vom autonomen Recht nicht nur
unrealistisch, sondern töricht sei, da das Recht das Geschöpf politischer Macht sei. Seine Durchsetzung hänge voll und ganz von der
Lebensfähigkeit einer bestimmten verfassungsmäßigen Ordnung ab.
Dies schien in Weimar nur zu offenkundig zu sein, wo das Überleben des Rechts von der Fähigkeit eines verfassungsmäßig gewählten
Präsidenten abhing, eine kampfbereite Demokratie mit Gewalt zu
verteidigen. Somit überleben Schmitt zufolge Rechte in Notstandssituationen in dem Umfang, in dem sie das jeweilige politische Regime, das die verfassungsmäßige Ordnung verteidigt, in die Lage versetzen, zu überleben. Rechte, die dem Weiterbestehen eines Regimes
im Weg stünden, sollten in einer Krisenzeit aufgehoben werden. Die
Odysseus-Metapher wäre Schmitt unverständlich gewesen. Kein Regime kann es sich leisten, sich mit den Händen an den Mast fesseln
zu lassen und sich die Ohren mit Bienenwachs voll zu stopfen, wenn
das Staatsschiff von Piraten geentert wird. Odysseus muss sich selbst
befreien, seine Besatzung um sich versammeln und sich wehren.

Das Vertrauen in Schmitts Urteil in diesen Fragen wird durch das

Wissen nicht gesteigert, dass er in den 1930er Jahren zu einem Apologeten Hitlers wurde. Wie Oren Gross nach einer aufmerksamen Auslegung von Schmitts Theorie gezeigt hat, wurde aus einem intellektuellen Projekt, das Anfang der 1920er Jahre als ein Versuch begann, die Weimarer Reichsverfassung durch den Einsatz präsidialer Macht zu retten, Anfang der 1930er Jahre ein Vorhaben zur Rechtfertigung einer außerkonstitutionellen Diktatur.[40] Von einem Verteidiger des Präsidenten als eines Hüters der Verfassung wurde Schmitt am Ende zu einem Verteidiger der diktatorischen Macht um jeden Preis. Diese spätere Karriere lässt die Schwäche in seinem rechtlichen Realismus vermuten: Ja, Recht ist Politik – die Kodifikation oft schäbiger Kompromisse zwischen konkurrierenden Gruppen im Bereich der Politik –, doch es ist nicht nur Politik. Das Gesetz sollte Recht ebenso einschließen wie Macht. Die Verpflichtungen des Rechts gegenüber der Menschenwürde und dem gleichen Schutz für alle sollen das Recht in die Lage versetzen, sich gegen die Macht durchzusetzen. Der moralische Gehalt des Rechts, den manche legalen Pragmatiker und Rechtspositivisten als gefährlich ansehen, weil er einen Vorwand für rechtliches Moralisieren und einen Eingriff in legislative Autorität bietet, ist, wenn man ihn vor dem Hintergrund der Katastrophe von Weimar betrachtet, ein entscheidendes Element in der Aufbietung moralischer und politischer Unterstützung für eine verfassungsmäßige Ordnung. Solche ethischen Elemente setzen an genau dem Punkt Grenzen, wo der entscheidende Einsatz exekutiver Autorität in eine außerverfassungsmäßige Diktatur abgleiten könnte. Schmitts Jurisprudenz fehlte in ihrer Verehrung einer starken Autorität jeder Begriff von einer Verfassung als einer moralischen Freiheitsordnung. Aus eigener Kraft können Verpflichtungen zu gleichem Schutz für alle und Menschenwürde eine Gesellschaft während eines Notstands nicht vor der Tyrannei retten. Doch diese Wertvorstellungen können als moralische Schatzkammer dienen, um Bürger, Richter und Politiker an die Grenzen zu erinnern, die eine Demokratie in einer Zeit der Prüfung leiten sollten.

In der Tradition des liberalen Konstitutionalismus, der sich von

Locke herleitet, lag der Schutz des Rechts letztlich in der Moral, in der Fähigkeit von Bürgern, sich zur Verteidigung des Rechts zu erheben, wenn die Moral eine ungerechte Anwendung des Rechts enthüllte. Bürger, Richter und Politiker haben sämtlich eine moralische Verpflichtung zum Schutz einer Verfassung, wenn diese Angriffen ausgesetzt ist. Lockes Eintreten für die Notwendigkeit von Vorrechten der Exekutive wurde durch das Recht des Volkes aufgewogen, die Regierung wieder selbst in die Hand zu nehmen, wenn die Freiheit usurpiert wurde. In einer These, die eine Hauptrechtfertigung für die amerikanische Revolution lieferte, schrieb Locke, wenn bevorrechtigte Macht ein Volk »zu versklaven oder zu vernichten« drohe, habe dieses das Recht, »an den Himmel zu appellieren«, und damit das Recht, zu den Waffen zu greifen, um seine Freiheit zu verteidigen.[41] Lockes Ausdruck »an den Himmel appellieren« implizierte eindeutig, dass die bewaffnete Verteidigung der Freiheit ein kleineres Übel war, das nur dann gerechtfertigt war, wenn es galt, das größere Übel der Tyrannei und der Versklavung abzuwenden. Die Locke'sche Ansicht ist mehr als eine Verteidigung der Revolution: Sie räumt Übeln einen klaren Vorrang ein und zieht die Risiken von Unruhen dem Despotismus vor. Diese moralische Rangordnung kontrastiert eklatant mit der von Schmitt, für den Unruhen und Bürgerkrieg das größere Übel waren, die Diktatur im Gegensatz dazu das kleinere.

1933 trafen viele, wenn auch nicht alle Deutschen die gleiche mentale Wahl wie Schmitt, da sie die Diktatur für ein kleineres Übel hielten als Kommunismus oder Bürgerkrieg. Doch sobald eine verfassungsmäßige Ordnung ihre Verpflichtung gegenüber der Freiheit opfert, opfert sie schnell auch alles andere. Die vom Rassenwahn beherrschte Rechtswissenschaft der Nazis raubte ganzen Kategorien deutscher Staatsbürger ihre Rechte, indem sie das Recht von jeder Verpflichtung zu gleichem Schutz und gleichen Rechten für alle trennte und so die albtraumhafte Rechtsordnung schuf, innerhalb derer sie ihren Opfern am Ende auch das Leben rauben konnte. Doch diese vom Rassenwahn beherrschte Rechtswissenschaft fand im Rechtspositivismus und im Rechtsrealismus, die in Deutschland

Tradition hatten, willige Komplizen, die sich bemühten, das Recht von der Moral zu befreien wie von einer Plage. Die Menschenrechte gingen aus dem Holocaust als eine Ablehnung des Rechtspositivismus hervor, als ein Versuch, Bürger mit einem unabhängigen moralischen Maßstab zu versehen, der sie für den Fall, dass das Recht ihres Landes verrückt wurde, in die Lage versetzte zu sagen: Dies mag vielleicht legal sein, aber es ist nicht recht.[42] Es ist dieser Glaube an die Existenz eines höheren Rechts, dem Statuten und Verfassungen letztlich verantwortlich sind und der in den leidenschaftlichen Rechtfertigungen von Männern wie Schmitt, dessen Theorie von bevorrechtigter Macht das Recht von der Moral trennte, so fehlte. Die Lektion scheint klar zu sein: Selbst in einem Notstand, selbst wenn einige Freiheiten aufgehoben werden müssen, muss ein konstitutioneller Staat sich vor dem höheren Recht verantworten, einer Reihe von rechtlichen Grundsätzen, welche die grundlegende Verpflichtung gegenüber der Würde jedes Menschen schützen.

V

Die Frage ist: welchem höheren Recht? In der amerikanischen Verfassungslehre gibt es darauf keine offenkundige Antwort. Es gibt kein höheres Recht als die amerikanische Verfassung, obwohl Richter des Obersten Bundesgerichts sich schon öfter auf Anforderungen der Moral, der natürlichen Gerechtigkeit und des höheren Rechts berufen haben, wenn sie ihre Interpretationen der Bill of Rights formulierten, der zehn Zusatzklauseln zu den Grundrechten.[43] Ein Argument, das sich auf das kleinere Übel beruft, würde hier nur eine bescheidene Forderung erheben: dass nämlich genau deshalb, weil Notstände das öffentliche Interesse so überwältigend auf die Seite der öffentlichen Sicherheit zu stellen scheinen, eine verfassungsmäßige Interpretation den Rechtsansprüchen derer besonderes Gewicht verleihen sollte, die davon bedroht sind, in Notstandszeiten festgenommen, eingesperrt oder ausgewiesen zu werden. Menschenrechtskonventionen, die vom

US-Kongress ratifiziert worden sind, stellen eine verbriefte Form dieses höheren Rechts dar, und gerade weil sie international sind, bieten sie einen Ausgangspunkt außerhalb des nationalen Rechtssystems eines Staates, was es Richtern und Politikern ermöglicht, Abstand zu nehmen von dem Solipsismus von Bedrohung und Opfertum, jenem kampfbereiten Gemütszustand, der oft zu übertriebenen, willkürlichen und missbräuchlichen Maßnahmen führt.

In Europa ist das höhere Recht ausdrücklicher in dem Rechtekatalog der Europäischen Menschenrechtskonvention festgeschrieben. Doch auch hier bleibt die Idee eines höheren Rechts unklar, weil viele grundlegende Menschenrechte nach den Vorschriften der Konvention in Notstandszeiten aufgehoben oder geschmälert werden können. Gemäß Artikel 15 der Konvention beispielsweise können Staaten die Menschenrechtsgarantien aussetzen, wenn sie sich »einem Krieg oder einem anderen öffentlichen Notstand gegenübersehen, der das Leben der Nation bedroht«. Die unscharfe Formulierung gewährt Regierungen einen weiten Spielraum bei der Entscheidung darüber, was einen öffentlichen Notstand ausmacht, doch sie sind gehalten, vor Gericht zu rechtfertigen, weshalb eine Situation einen Notstand darstellt, der die Aufhebung bürgerlicher Freiheitsrechte erfordert.[44] Im Vereinigten Königreich ist die Frage, ob die Aufhebung der bürgerlichen Freiheitsrechte durch die Regierung nach dem 11. September legal war, zur Prüfung an das Oberhaus weitergeleitet worden, und sie wird wahrscheinlich auch dem Europäischen Gerichtshof vorgelegt werden. Das europäische Menschenrechtssystem unternimmt somit den Versuch, die beiden Grundsätze der politischen Notwendigkeit und der kritischen Rechtfertigung ins Gleichgewicht zu bringen. Wenn eine Regierung die bürgerlichen Freiheitsrechte aufheben muss, muss sie ihr Handeln vor einem Gericht rechtfertigen und darüber hinaus auch vor einem Gericht außerhalb ihrer nationalen Grenzen. Dies ist keine leere Forderung. In einem 1997 gegen die Türkei erlassenen Urteil befand das Gericht, dass die Regierung berechtigt gewesen sei, bestimmte Rechte aufzuheben, um im Südosten des Landes einen Kurdenaufstand niederzuschlagen, dass sie aber nicht berechtigt gewesen sei, Verdächtige länger als vierzehn Tage in Haft zu halten, ohne ihnen einen Haftprüfungstermin vor einem Haftrichter zu gewähren.[45] Die zweite Einschränkung, welche die europäische Konvention auferlegt, besteht darin, dass es Staaten nicht gestattet ist, einige wenige »absolute« Rechte zu schmälern, wie das Recht auf Freiheit von Folter, außergerichtlicher Tötung, Sklaverei, Zwangsarbeit und Bestrafung ohne ordentliches Gerichtsverfahren.

Jedes Regime, das Rechte außer Kraft setzt, lässt sich schwer mit der angeblichen Rolle der Menschenrechte als einer Reihe bedingungsloser, universeller und unveränderbarer Verpflichtungen vereinbaren. Die Unterscheidung zwischen Rechten, die ausgesetzt werden können, und solchen, bei denen dies nicht möglich ist, impliziert eindeutig eine Hierarchie von Rechten. Auch dies widerspricht einer grundlegenden Prämisse der heutigen Menschenrechtslehre. Die Wiener Erklärung von 1993, die nach einem Treffen der Signatarstaaten der wichtigen Menschenrechtskonventionen verabschiedet wurde, lehnte den Gedanken einer Rechtehierarchie ab und bestätigte erneut, dass alle Rechte unteilbar und allgemein gültig seien.[46] Allgemeingültigkeit wird meist so definiert, dass Rechte auch über *Kulturgrenzen* hinweg allgemein gelten sollten. Doch es gibt einen gleichermaßen wichtigen Wortsinn, dem zufolge Menschenrechte unter allen Menschen und zu allen Zeiten universell gültig sein sollten, ob nun in normalen Zeiten oder bei einem Notstand. Terroristische Notstände setzen diese Universalität der Verpflichtungen einer Belastung aus. Wenn man behauptet, manche Rechte könnten ausgesetzt werden, andere hingegen nicht, behauptet man damit, dass manche Rechte wichtiger seien als andere und dass das Ganze kein unteilbares und miteinander verbundenes Geflecht von Rechten sei.[47]

Wir können glauben, dass die Menschenrechte in dem Sinn unteilbar sind, dass der Besitz eines Rechts eine Vorbedingung dafür ist, dass man auch ein anderes hat. Somit ermöglicht es ein Recht auf freie Meinungsäußerung und Versammlungsfreiheit, um ein berühmtes Beispiel von Amartya Sen zu gebrauchen, ein Recht auf den Lebensunterhalt zu verteidigen, da man ohne politische Rechte nicht in der Lage sein wird, sich Gehör zu verschaffen, wenn die Lebensmittel knapp werden.[48] Doch diese Bedeutung kausaler Interdependenz ist klar von der Idee zu trennen, dass alle Rechte in einer Zeit des Notstands gleich wichtig seien. Wir können immer noch argumentieren, dass die Rechte im Sinne von Sen analytisch unteilbar sind, während wir gleichzeitig zugeben, dass manche Rechte in gefährlichen Zeiten sich einfach als grundlegender erweisen als andere. Eine Schmälerung sucht zu retten, was von den Verkürzungen der Freiheit zu retten ist, vor allem das Habeas-Corpus-Privileg, die von der politischen Notwendigkeit vielleicht verlangt werden – während Folter, grausame und ungewöhnliche Bestrafungen, außergerichtliche Hinrichtungen sowie Zwangsarbeit weiterhin einem absoluten Verbot unterliegen.

Kein Verfechter der Menschenrechte, von einem liberalen Demokraten ganz zu schweigen, kann jedoch glücklich sein, wenn er entdeckt, dass sich die Rechte, die sich in einem Notstand einschränken lassen, als die Gesamtheit der politischen Rechte erweisen, die für die Bewahrung der Demokratie selbst wesentlich sind: Gedanken- und Meinungsfreiheit, Freiheit der Meinungsäußerung und Versammlungsfreiheit. Die Urheber der europäischen Konvention schufen diese Schmälerungsstruktur angesichts der nicht lange zurückliegenden Katastrophe der Weimarer Republik und des aufkommenden Nationalsozialismus sowie des Aufstiegs der kommunistischen Nachkriegsparteien in Italien und Frankreich.[49] Anscheinend genügte ihnen die Gefahr einer Wiederkehr von Nationalsozialismus oder Totalitarismus, um die Aussetzung demokratischer Rechte zu rechtfertigen, die verhindern sollte, dass politische Parteien durch Gewalt an die Macht kommen. Staaten, die sich vor eine solche Krise gestellt sehen, können demokratische Rechte aussetzen, vorausgesetzt, dass die Repressionsmittel, die zur Bewältigung der Herausforderung eingesetzt werden, nicht zur Verletzung der körperlichen Integrität internierter Verdächtiger führen. Somit können der Konvention zufolge Verdächtige auf unbestimmte Zeit in Haft gehalten werden, solange sie nicht gefoltert, getötet oder einer Zwangsarbeit unterworfen werden. Dies schützt sie vor dem Schlimmsten, errichtet aber dafür eine Hierarchie von Rechten mit »absoluten«, nicht schmälerbaren Schutzrechten, die nur hinsichtlich Beeinträchtigungen der körperlichen Integrität gelten, während alle anderen Rechte in der Schwebe bleiben, abhängig von dem Willen politischer Behörden.[50]

Es gibt jedoch gute Gründe dafür, auf der Unteilbarkeit von Rechten zu beharren. Wie sollen freie Bürger verhindern, dass ihre Freunde und Nachbarn, ihre Gewerkschaftsvertreter und Journalisten gefoltert, ohne Grund in Haft genommen, zu Zwangsarbeit verpflichtet oder ohne Verfahren hingerichtet werden, wenn sie nicht ihre ungeschmälerten Rechte der Versammlungsfreiheit und der Meinungsäußerung ausüben können? Eine Ausübung der schmälerbaren Rechte ist für den Schutz der nicht schmälerbaren von entscheidender Bedeutung. Das Überleben aller Rechte hängt davon ab, dass man seine Stimme erheben kann, von der Fähigkeit der Bürger, zu protestieren, anderer Meinung zu sein, zu organisieren und zu mobilisieren.[51] Wenn diese Rechte einmal ausgesetzt sind, bliebe dem Bürger nur noch eins, sie mit Gewalt zurückzuerobern, insbesondere, da der Europäische Gerichtshof für Menschenrechte, der die Konvention schützen soll, nicht die Macht hat, Staaten, die sich seinen Urteilen nicht beugen, zum Gehorsam zu zwingen.[52]

Die Gefahr eines gewaltsamen Umsturzes demokratischer Regierungen in Europa scheint sehr fern zu sein. Weit weniger fern jedoch ist die Möglichkeit, dass demokratische Regierungen selbst eine vermeintliche terroristische Bedrohung dazu missbrauchen könnten, eine Außerkraftsetzung grundlegender demokratischer Rechte zu rechtfertigen. Die Europäische Konvention in ihrer jetzigen Gestalt bietet einen nur unvollkommenen Schutz vor dieser Möglichkeit. Natürlich kann kein Gericht eine Demokratie allein durch Gerichtsentscheide vor Selbstzerstörung retten. Gerichte haben jedoch auch eine klare politische Funktion. Wenn ihre Entscheidungen in Notstandszeiten demokratische Rechte schützen, kann ihr deutliches Signal mithelfen, im Inland politische Unterstützung zur Verteidigung bürgerlicher Freiheitsrechte zu mobilisieren. Der Europäische Gerichtshof hat somit eine wichtige politische Rolle, indem er europäischen Staaten zu erkennen gibt, dass einer von ihnen dabei ist, von demokratischen in autoritäre Herrschaftsmuster zu verfallen. Es ist Aufgabe starker demokratischer Staaten, diese gerichtlichen Signale zu beachten und ihren politischen Einfluss geltend zu machen, um Staaten, die vielleicht in eine undemokratische Richtung taumeln, auf den demokratischen Pfad zurückzubringen. Die Türkei ist zwar noch kein Mitglied der Europäischen Union, bemüht sich aber mit aller Macht um die Mitgliedschaft, und das bietet ihr einen starken Anreiz, den Entscheidungen des Europäischen Gerichtshofs zu folgen, dessen Zuständigkeit sich auch auf die Türkei erstreckt. Als vor einigen Jahren in Österreich eine rechtsgerichtete Regierung gewählt wurde, drohten andere europäische Regierungen, die österreichische Mitgliedschaft zu suspendieren, falls die Österreicher Maßnahmen gegen Einwanderer ergriffen, die eine Verletzung europäischer Menschenrechtsnormen darstellten.[53] Hier spielte ein Druck von außen in Sachen Menschenrechte eine Rolle dabei, jede Form von Wiederholung der 1930er Jahre zu verhindern.

Doch politischer Wille ist unbeständig. Österreich ist ein kleines Land. Was würde geschehen, wenn Italien, die Türkei oder Russland in die Macht eines genialen Demagogen mit einer volkstümlichen Aura und einer Verachtung sowohl für Demokratie als auch für Gerichtswesen geriete?[54] Der Terrorismus würde einen solchen Führer leicht mit einem Vorwand dafür ausstatten, dass die Herrschaft des Rechts auf Dauer ausgesetzt werden müsse. In einem solchen Fall wäre entschiedenes politisches Handeln anderer europäischer Staaten notwendig, doch um ein solches Handeln zu erleichtern, müssten die europäischen Menschenrechtsnormen – die in jedem dieser Länder gesetzlich verbrieft sind – klar sein. Der Maßstab, nach dem definiert wird, wann Notstandsbefugnisse eingeführt werden können, sollte strenger angelegt sein. Er sollte sich nur auf eine wiederholte und konzertierte Kampagne der Gewalt beziehen, deren Zweck nicht nur eine politische Destabilisierung ist, sondern der Sturz der Verfassung mit Gewalt. Die Europäische Konvention sollte es schwerer machen, politische Rechte auszusetzen, und solche Maßnahmen ausschließ-

lich auf Parteien und Personen beschränken, die ausdrücklich die Anwendung von Gewalt befürworten. Während die Versammlungsfreiheit und freie Teilnahme am politischen Leben für die Bevölkerung
insgesamt niemals ausgesetzt werden sollte, könnte es erlaubt sein,
politische Parteien zu verbieten, wenn sie die Menschen aufwiegeln,
einschüchtern oder sich mit terroristischen Gruppen einlassen. Wer
verfassungsfeindliche Ansichten ausdrücken möchte, sollte die Freiheit behalten, für politische Parteien zu stimmen, vorausgesetzt, diese
wenden keine Gewalt an. In einem Notstand sollten die Behörden die
Befugnis haben, Personen aufgrund geringerer Verdachtsmomente in
Haft zu nehmen, als sie in einem Strafrechtsverfahren genügen würden, weil unter Bedingungen der Ungewissheit und einer möglichen
Bedrohung eine Haft der einzige Weg sein könnte zu bestimmen, ob
eine Verschwörung bevorsteht, die zu weiteren Attacken führt. Wer
aber auf diese Weise in Haft genommen wird, sollte immer das Recht
auf einen Anwalt behalten sowie eine Rechtsweggarantie, um seine
Haft einer schnellen rechtlichen Prüfung zu unterziehen.[55] Selbst
wenn eine vorbeugende Untersuchungshaft als ein kleineres Übel
gerechtfertigt werden kann, sollte sie nicht die Aussetzung von Ha-
beas-Corpus-Rechten einschließen.[56] Jeder, der beispielsweise länger
als vierzehn Tage in Haft sitzt, muss einem Untersuchungsrichter
vorgeführt werden, der die Haft bestätigen oder beenden kann.

Eine Aussetzung von Rechten sollte auch den Beweis erfordern,
dass man einige Freiheiten nur aussetzt, um *andere*, gleich wichtige
Rechte zu schützen. Wenn man nicht nachweisen kann, dass diese
Aussetzungen dem Recht der Mehrheit auf ein Leben in Sicherheit
dienen, dann sind sie nicht gerechtfertigt. Man kann Rechte nicht
einfach aussetzen, um der Öffentlichkeit das Gefühl zu geben, dass
sie nun sicherer sei, oder um ihrer Wut über einen Terroranschlag
Genüge zu tun oder um einen bequemen Sündenbock zu finden. Man
muss beweisen – vor einer gesetzgebenden Körperschaft, Gerichten
und der öffentlichen Meinung –, dass die Beschneidung einer bestimmten verfassungsmäßigen Freiheit die Freiheit und Sicherheit
der gesetzestreuen Bürger tatsächlich erhöht.

Was die Herrschaft des Rechts erfordert, so haben John Finn und andere Wissenschaftler argumentiert, ist nicht Unveränderlichkeit, sondern öffentliche Rechtfertigung.[57] Die Frage ist nicht, ob einige Einschränkungen bürgerlicher Freiheitsrechte in Notstandszeiten gerechtfertigt werden können, sondern ob diese Einschränkungen insgeheim und willkürlich vorgenommen werden oder einer genauen Untersuchung durch die Legislative unterworfen, den Wählern gegenüber mit guten Gründen gerechtfertigt und vor allem einer vollen juristischen Prüfung unterzogen werden. Der gleiche Grundsatz sollte auch bei jeder Beschneidung internationaler Menschenrechte gelten. Der Internationale Pakt über bürgerliche und politische Rechte erlaubt es Staaten, Rechte zu schmälern oder auszusetzen.[58] »Im Falle eines öffentlichen Notstandes, der das Leben der Nation bedroht«, können sie Rechte aufheben, vorausgesetzt, dass diese Maßnahmen nicht »wegen der Rasse, der Hautfarbe, des Geschlechts, der Sprache, der Religion oder der sozialen Herkunft« diskriminieren.[59] Die Urheber des Bundes hatten unverkennbar die Konzentrationslager der Nazis im Sinn, als sie eine Aussetzung gesetzlicher Garantien gegen grausame und ungewöhnliche Bestrafung, Zwangsarbeit und Folter ausschlossen; und angesichts der Nürnberger Rassengesetze schlossen sie jede Aussetzung des Rechts, vor dem Gesetz ein Mensch zu bleiben, grundsätzlich aus.

Nationen, die den Pakt unterzeichnen, müssen die von ihnen angeordneten Schmälerungen von Rechten den Vertragsbehörden der UNO öffentlich ankündigen und ihnen gegenüber rechtfertigen. Großbritannien bemühte sich 2001 darum, seine Verpflichtungen auszusetzen, nachdem das Land Gesetze verabschiedet hatte, welche die Regierung ermächtigten, auch weiterhin Terrorismusverdächtige aus fremden Staaten zu internieren, die nicht in ihre Heimatländer zurückgeschickt werden konnten, weil sie dort Gefahr liefen, verfolgt oder gefoltert zu werden.[60]

Dieses Vorgehen Großbritanniens scheint eine gerechtfertigte Ausübung des kleineren Übels zu sein. Die Regierung handelte nicht insgeheim. Sie rechtfertigte ihre Maßnahmen öffentlich. Angesichts zweier Weisen, die Menschenrechte von Verdächtigen zu gefährden, entschied sie sich für die weniger einschneidende Form. Eine solche Politik sucht zu retten, was von der Idee der Vorverpflichtung gerettet werden kann, indem sie sich darauf konzentriert, des Terrorismus Verdächtige vor Folter zu bewahren, und indem sie darauf beharrt, dass die ergriffenen Maßnahmen öffentlich gerechtfertigt und geprüft werden müssen.[61]

Hier sind zwei Punkte festzuhalten. Der eine ist, dass Ausnahmen den Status von Regeln nicht unbedingt gefährden, vorausgesetzt, dass die Ausnahmen einer kritischen Rechtfertigung unterliegen und dass die Ausnahmen hochspezifisch sind, auf namentlich benannte Einzelpersonen angewendet werden und keine Blankovorschriften darstellen, die auf große Bürgergruppen und Gruppen von Nichtbürgern angewendet werden. Der zweite ist, dass die relevanten Institutionen, vor denen Ausnahmen gerechtfertigt werden müssen, nicht einfach die des attackierten konstitutionellen Staates sind. Sie schließen die Institutionen des Völkerrechts ein. Indem Großbritannien ein förmliches Schmälerungsverfahren durchlief, akzeptierte das Land diesen zweiten Punkt. Die Vereinigten Staaten haben im Gegensatz dazu ihren Verpflichtungen gemäß dem Internationalen Pakt über bürgerliche und politische Rechte nicht formell abgeschworen.[62] Mit diesem Versäumnis haben die Vereinigten Staaten deutlich gezeigt, dass die Rechtfertigungspflicht, der sie in einem Krieg gegen den Terror unterliegen, ausschließlich gegenüber US-amerikanischen Einrichtungen besteht. In einem internationalen Krieg ist es jedoch nicht überzeugend zu behaupten, dass die nationale Souveränität vor internationalen Verpflichtungen Vorrang haben sollte. Die Vereinigten Staaten halten Staatenlose in Haft und verfolgen ihren Krieg über nationale Grenzen hinweg. Wenn das so ist, sollte das Völkerrecht angewendet werden, und die Pflicht zu kritischer Rechtfertigung, wie sie in diesem Buch skizziert worden ist, erstreckt sich über die nationalen Gerichtshöfe und gesetzgebenden Körperschaften hinaus auch auf Vertragsorgane der UNO.

VI

Ein Notstand ist genau das: ein vorübergehender Zustand und kein zeitlich unbegrenzter Widerruf der Herrschaft des Rechts mit offenem Ende. Das Problem bei Notständen besteht darin, dass nur die Exekutive über genügend Informationen verfügt, um zu wissen, ob sie weiterhin gerechtfertigt sind. Damit bleibt die schnelle Beendigung von Notständen eine immer wiederkehrende Schwierigkeit. Wähler und Parlamentarier bekommen von ihrer politischen Führung unfehlbar zu hören: »Wenn ihr nur wüsstet, was wir wissen …« Damit soll die fortdauernde Aussetzung bürgerlicher Freiheitsrechte gerechtfertigt werden. Doch das reicht nicht aus. Es liegt in der Natur der Demokratie, dass auch wir wissen *sollten*, was sie wissen. Es mag nicht immer möglich sein, sofort über alles Bescheid zu wissen: Eine Regierung kann das Recht haben, in einer sensiblen Angelegenheit Informationen zurückzuhalten, wenn eine Enthüllung Menschenleben tatsächlich in Gefahr bringen würde. Doch die Rechtfertigung für eine Geheimhaltung kann nur vorübergehend sein, nicht permanent. Geheimhaltung wird zu einem größeren Übel – einer Gefahr für die Demokratie selbst –, wenn sie dazu benutzt wird, den Prozess zu verhindern, von dem die verfassungsmäßige Freiheit abhängt, nämlich die kritische Rechtfertigung kleinerer Übel. Das ist der Grund, weshalb Zeitklauseln, vorherbestimmte Beschränkungen der Dauer von Notstandsgesetzen, die Hauptwaffe der Parlamentarier bei der Sicherstellung bleiben, dass Ausnahmen für den Notstand nicht zur Regel werden.

Doch selbst wenn Zeitklauseln gelten, bleiben Notstandsgesetze problematisch. Gesetzgebende Körperschaften reagieren unfehlbar auf Angriffe, indem sie der Polizei zusätzliche Vollmachten geben, ob diese sie nun braucht oder nicht. Eine vor kurzem erfolgte wissenschaftliche Bewertung von Kanadas Bill C-36, einem Gesetz, das nach dem 11. September in Kraft trat, um Kanadas Anti-Terror-Gesetzgebung zu verschärfen, stellte in Frage, ob dieses Gesetz überhaupt notwendig war, um der terroristischen Bedrohung zu begegnen. Die schon vorhandenen Strafrechtsvorschriften wären unter Umständen ausreichend gewesen. Das gleiche Argument hört man oft, wenn es um den US-amerikanischen Patriot Act geht.[63]

Die Herrschaft des Rechts wird nicht durch Notstände an sich gefährdet, sondern durch von der Politik konstruierte Risiken, mit denen Notstandsmaßnahmen gerechtfertigt werden sollen, die nicht wirklich notwendig sind, um der aktuellen Bedrohung zu begegnen. Es kommt entscheidend darauf an, die Einschätzung einer Bedrohung von moralischem Ekel zu unterscheiden, um ein ethisches Urteil von der versicherungsmathematischen Einschätzung von Gefahr zu trennen. Die Tatsache, dass Terrorismus einen Angriff auf den politischen Charakter der Gesellschaft darstellt, bedeutet nicht, dass Identität oder Zukunft der Gesellschaft in Frage gestellt werden. Wie ich im nächsten Kapitel darlegen werde, zeigt die Geschichte, dass Demokratien weder weniger rücksichtslos noch verlässlicher als autoritär geführte Staaten sind, wenn sie sich dem gegenübersehen, was sie für höchste Gefahr halten. Die Rücksichtslosigkeit leitet sich von der großen Stärke der Demokratie her, ihrer Fähigkeit, die Treue und Opferbereitschaft ihrer Bürger zu mobilisieren. Dieses Potential zur Rücksichtslosigkeit zu kontrollieren, ist zum Teil Sache einer guten Verfassung. Sicherungsmaßnahmen sind dazu da zu verhindern, dass eine Exekutive der Furcht nachgibt. Doch Verfassungen allein sind nie genug. Gute Institutionen sind ebenfalls nie genug. Letztlich geht der Schutz dieser Rechte in die Hände der Bürger selbst über.

Eine der Stärken der liberalen Tradition ist ihr befreiter Realismus, ihr Glaube, dass Machtmissbrauch unvermeidlich ist und dass keine Verfassung ihm Einhalt gebieten kann. Das ist auch der Grund, weshalb beispielsweise bei Locke und Jefferson ein klares Recht auf Revolution erhalten bleibt. Die liberale Theorie legt die endgültige Verteidigung der verfassungsmäßigen Freiheit in die Hände gewöhnlicher Bürger, in ihre Bereitschaft, wenn sie durch ein größeres Übel provoziert werden, sich zu erheben und ihre Regierung zu wechseln, wenn möglich mit friedlichen Mitteln, aber auch mit Gewalt, wenn alle Stricke reißen. Der zivile Ungehorsam nimmt in den Traditionen der liberalen Demokratie einen Ehrenplatz ein, gerade weil er die letzte mögliche Abwehr ist, wenn die konstitutionelle Identität der liberalen Demokratie in Gefahr ist.[64]

Es gibt keinen Grund zur Selbstzufriedenheit, was die Bereitschaft von Bürgern betrifft, für ihre Freiheiten zu kämpfen oder ihre Regierungen daran zu hindern, sie zu missbrauchen. Weniger als die Hälfte der Wahlberechtigten der USA machen sich die Mühe, bei Wahlen abzustimmen, ein Anzeichen, dass ihnen ihre Rechte nicht allzu viel wert sind, von den Rechten der Minderheiten in ihrer Mitte ganz zu schweigen. Wie wir schon gesehen haben, ist die Zahl der Menschen, die ihre Rechte an sich zu schätzen wissen, immer klein. Man darf nie unterschätzen, wozu eine rücksichtslose Regierung, die darauf aus ist, die Freiheiten einzuschränken, fähig ist, besonders nicht in einer Zeit, in der eine Regierung solche Macht hat, öffentliche Wahrnehmungen nach ihrem Willen zu formen und mit Hilfe der Medien Zustimmung herzustellen. Doch es ist auch gefährlich, zynisch zu werden und zu dem Schluss zu kommen, dass die Verteidigung der bürgerlichen Freiheitsrechte wegen der manipulierten Apathie der Mehrheit hoffnungslos ist. Die Bürgerrechtsbewegung in den Vereinigten Staaten war ein einziger langer Kampf gegen manipulierte Apathie – und konzertierten rassistischen Widerstand –, den eine Hand voll Aktivisten auskämpften. Nur aus heutiger Sicht scheint ihr Sieg unvermeidlich gewesen zu sein. Damals erschien ihr Kampf oft als eine hoffnungslose Sache. Doch es ist immer so gewesen, dass die Kraft, welche die Freiheit der vielen am Leben erhält, der unnachgiebige Mut der wenigen gewesen ist.

Es ist schwer, an der Idee von Rechten als Vorverpflichtungen festzuhalten, wenn eine liberale Demokratie bedroht ist. Rechte geben dieser Anerkennung Ausdruck, diesem Wissen, dass wir uns in Zeiten der Ruhe vorverpflichten müssen, um wie Odysseus zu verhindern, dass wir in Zeiten der Gefahr erliegen. Eine Vorverpflichtung ist keine Verpflichtung zu Unveränderlichkeit oder dazu, dass man niemals und unter keinen Umständen das Recht ändert, sondern vielmehr eine Verpflichtung zu kritischer Rechtfertigung, und zwar innerhalb eines Rahmens, der sowohl in Zeiten der Sicherheit als auch in Zeiten der Gefahr die Maßstäbe von Gleichheit und Menschenwürde aufrechterhält. Eine Verteidigung der liberalen Gesellschaft ungeachtet dieser Vorverpflichtungen hieße die Ordnung verraten, die verteidigt wird, aber auch die Bürger verraten, deren Sicherheit von ebendieser Ordnung abhängt.

DRITTES KAPITEL

Die Schwäche der Starken

I

Eine der immer wiederkehrenden Schwierigkeiten, wenn man klar über Terrorismus nachdenken will, besteht darin, wie man die tatsächlich von ihm ausgehende Bedrohung einschätzen soll. In diesem Kapitel blicke ich auf die historischen Belege dafür zurück, wie ernst der Terrorismus seit Mitte des neunzehnten Jahrhunderts die liberale Demokratie bedroht hat, erkläre, weshalb liberale Demokratien die Bedrohung oft übertrieben haben, und mache Vorschläge dazu, was wir tun können, um Risiko und Reaktion in ein besseres Gleichgewicht zu bringen.

Werden terroristische Notstände verkündet, so sind Einschränkungen der Freiheit gerechtfertigt, wenn bestätigt wird, dass »das Leben einer Nation« in Gefahr ist.[1] Wenn Spitzenpolitiker einen »Krieg gegen den Terror« erklären, unterstellen sie damit, dass der Terrorismus eine einem Krieg gleichwertige Bedrohung darstellt. Doch es gibt einen himmelweiten Unterschied zwischen der Bedrohung durch einen bewaffneten Angriff eines anderen Staates und einem Terroranschlag. Selbst wenn die Maschine, die in Pennsylvania abgestürzt ist, das Weiße Haus oder das Capitol getroffen hätte, hätten die Angriffe des 11. September weder die Gesellschaftsordnung der Vereinigten Staaten in Gefahr gebracht, noch hätte der Zusammenbruch ihrer Demokratie gedroht.[2] Selbst wenn das Büro des Präsidenten mit Erfolg getroffen worden wäre, wären die Regierungsfunktionen normal weitergegangen, wie es auch nach der Ermordung früherer Präsidenten der Fall gewesen ist, von Lincoln bis Kennedy. Während man den 11. September oft mit Pearl Harbor vergleicht, hat Al Qaida mit Sicherheit nicht annähernd solche Ressourcen wie das Kaiserreich Japan. Wenn wir über Terror klar nachdenken wollen, müssen wir eine moralische Verurteilung von einer Einschätzung der Bedrohung unterscheiden, müssen wir versuchen, den Zorn, den wir empfinden, von der Gefahr zu trennen, die Terroristen tatsächlich darstellen. Terroranschläge mögen abstoßend sein und Besorgnis erregende Mängel im System der nationalen Verteidigung erkennen lassen, bedrohen uns aber nicht unbedingt mit Niederlage, Zusammenbruch oder Kapitulation. Tatsächlich laufen Regierungsstellen Gefahr, wenn sie eine terroristische Bedrohung übertreiben, gerade die Panik auszulösen, die von Terroristen gewünscht wird.[3] Die Behörden neigen auch dazu, Maßnahmen zu ergreifen, welche die Demokratie später bedauert.

Doch es ist nur aus nachträglicher Sicht einfach, Risiko und Reaktion in ein angemessenes Verhältnis zu setzen. Die Herausforderung besteht darin, dies zu tun, wenn eine Bedrohung unmittelbar bevorsteht und – was immer so ist – den Behörden genaue Informationen darüber fehlen, als wie ernst sie sich erweisen wird. In der amerikanischen Geschichte lassen die Ereignisse des 11. September nicht in erster Linie an Pearl Harbor denken, sondern an die Kommunistenfurcht von 1919. Aus heutiger Sicht ist die Kommunistenfurcht ein Lehrbuchbeispiel für unnötige Übertreibung und Panik in Reaktion auf eine relativ triviale Sicherheitsbedrohung.[4] Doch wenn man die Reaktion vom sicheren Standpunkt nachträglicher Sicht aus betrachtet, übersieht man die entscheidende Tatsache, dass die Behörden damals gute Gründe dafür hatten, angesichts des Musters, das sie auftauchen sahen, besorgt zu sein. Wir brauchen uns nur die Entwicklung der Ereignisse anzusehen, um zu verstehen, weshalb Bundes- und Bundesstaatsbehörden der USA glaubten, vor einer globalen terroristischen Verschwörung zu stehen, die der von Al Qaida heute gleichkommt. Zunächst war 1917 ein riesiges multinationales Reich – Russland – von einer kleinen Gruppe von Revolutionären und terroristischen Agitatoren zu Fall gebracht worden. Dann wurden in kurzer Folge ähnliche Versuche unternommen, sich das Chaos am Ende des Ersten Weltkriegs mit einer Revolution in Deutschland zunutze zu machen. Die Revolution dort wurde nur mit Hilfe rücksichtsloser Maßnahmen abgewendet. Selbst nach Niederschlagung der Revolution in Deutschland drängten die sowjetischen Revolutionäre die Arbeiter der Welt, besonders die Millionen demobilisierter Soldaten, die aus ihrem Dienst im Ersten Weltkrieg entlassen worden waren, sich ihrer Sache anzuschließen. Die amerikanischen Behörden wussten, wie viele unzufriedene arbeitslose Soldaten in den Vereinigten Staaten diesem Ruf eventuell folgen würden, und 1919 wussten sie, dass sie sich nicht länger den Luxus leisten konnten zu glauben, der revolutionäre Kommunismus sei auf Europa beschränkt. Inzwischen gab es Generalstreiks im kanadischen Winnipeg und in Seattle im US-Staat Washington. Eine Welle von Streiks in lebenswichtigen Industrien wie Kohle und Stahl rollte im Sommer 1919 über das Land; sogar die Bostoner Polizei legte die Arbeit nieder. An manchen Orten gab es blutige Konflikte zwischen Streikenden und der Polizei. Am ernstesten war jedoch, dass überall im Land Bomben vor den Häusern und Büros von Bürgermeistern, Richtern und anderen Beamten zu explodieren begannen, eine davon bei einem Selbstmordanschlag, der das Haus des amerikanischen Justizministers Mitchell Palmer beschädigte. Nachrichtendienstliche Operationen seines Ministeriums, die von J. Edgar Hoover geleitet wurden, entdeckten Beweise dafür, dass erhebliche Zahlen von Einwanderern Parteien angehörten, die mit der Sache der revolutionären Kommunisten sympathisierten, und dass einige dieser Parteien terroristische Methoden unterstützten.

Dies war das Umfeld, das Palmer dazu brachte, die berüchtigten Razzien vom November 1919 und Januar 1920 anzuordnen, bei denen fünftausend Ausländer festgenommen und viele von ihnen ausgewiesen wurden. Dieses Umfeld brachte fünf ungewöhnliche Elemente zusammen: 1. eine internationale revolutionäre Bewegung, 2. terroristische Aktivität im Inland, 3. eine politische Organisation von Ausländern, 4. eine hohe Arbeitslosigkeit und erhebliche ökonomische Unsicherheit nach einem Krieg sowie 5. die Erfahrung aus der Kriegszeit, dass die bürgerlichen Freiheitsrechte eingeschränkt worden waren. Das letzte Merkmal ist wichtig. Zur Zeit der Palmer-Razzien war ein ordnungsgemäß gewählter Kongressabgeordneter namens Victor Berger aufgrund des Espionage Act wegen Ablehnung des Krieges verurteilt worden; man verweigerte ihm seinen Sitz im Repräsentantenhaus; ein Präsidentschaftskandidat namens Eugene Victor Debs hatte eine Gefängnisstrafe erhalten, weil er sich gegen die amerikanische Teilnahme am Krieg ausgesprochen und seine Zuhörer gedrängt hatte, die Einberufungsbescheide zu ignorieren; Oliver Wendell Holmes vom Obersten Bundesgericht der USA hatte im Fall Schenck entschieden, dass Äußerungen, die zum Widerstand gegen die Einberufung aufforderten, eine »klare und gegenwärtige Gefahr« darstellten und gemäß dem ersten Verfassungszusatz keinen Schutz genössen. Alle diese Entscheidungen der Kriegszeit, die aus heutiger Sicht so klare Verletzungen grundlegender bürgerlicher Freiheitsrechte darstellen, schufen das freizügige Umfeld für die Verletzung der Rechte von Ausländern in den Friedensjahren 1919 bis 1920.

Es stellte sich heraus, dass der kommunistische Radikalismus keine klare und gegenwärtige Gefahr für die Vereinigten Staaten darstellte. Die politischen Organisationen, die durch die Palmer-Razzien zerschlagen wurden, erwiesen sich als harmlos. Die Terroristenanschläge der Jahre 1919 und 1920 forderten fast einhundert Menschenleben, bedrohten jedoch nicht die demokratischen Institutionen des Landes.

Trotz der fast allgemeinen Schande, die heute mit den Palmer-Razzien verbunden ist, bleibt die Schwierigkeit, sie ehrlich zu bewerten, bestehen. Als der Einfluss von Justizminister Palmer am größten war, fanden seine Maßnahmen fast überall Zustimmung: Die demokratische Mehrheit stand eindeutig hinter ihm. Selbst Verfechter der bürgerlichen Freiheitsrechte äußerten sich erst wieder gegen Ende der Krise.[5] Das gibt der Mehrheit jedoch noch nicht Recht: Eine Hysterie ist nicht schon allein deshalb weniger irrational, weil alle von ihr befallen werden. Aber die Tatsache, dass sich Maßnahmen als

unverhältnismäßig und unnötig erweisen, während eine terroristische
Bedrohung herrscht, beweist noch nicht, dass sie zur fraglichen Zeit
nicht gerechtfertigt waren. Palmer und Hoover wussten nicht, was wir
wissen, und die Behauptung, sie hätten es gewusst und hätten ohnehin
so gehandelt, wie sie es dann taten – weil sie den Radikalismus aus eigenen politischen Gründen zerschmettern wollten –, ist eine Vermutung über ihre wahren Absichten, die sich unmöglich beweisen lässt.
Es stimmt zwar, dass die Razzien sowie andere Formen der Verfolgung radikaler und kommunistischer Meinungsäußerungen der Entwicklung einer radikalen Linken in den Vereinigten Staaten entschieden Einhalt geboten. Doch diese Konsequenzen beweisen nichts, was
die wahren Absichten derer angeht, die 1919 auf eine terroristische
Bedrohung reagierten. Welche anderen politischen Absichten Palmer
und Hoover auch gehabt haben mögen, so war der Terrorismus doch
nicht nur ein Vorwand. Diese Bedrohung war echt, wenn man sie
vom Standpunkt der damaligen Zeit betrachtet, und die Maßnahmen
sehen nur dann unverhältnismäßig und illiberal aus, wenn man sie
vor dem Hintergrund der späteren Entdeckung betrachtet, dass die
Bedrohung minimal war. Die Zeit hat über Palmer ein hartes Urteil
gesprochen, wie es auch bei den Maßnahmen anderer Justizminister
der Fall sein kann. Aber Entscheidungen über Risiken werden nicht
aus der sicheren Allwissenheit nachträglicher Sicht getroffen.

Wenn dies so ist, entstehen Zweifel darüber, ob Risiko und Reaktion je in einem angemessenen Verhältnis zueinander stehen werden.
Alle Reaktionen neigen zu Übertreibungen, und wie wir sehen werden, scheinen die historischen Belege aus anderen Gesellschaften zu
zeigen, dass nur wenige Länder der terroristischen Bedrohung begegnet sind, ohne überhastete Maßnahmen zu ergreifen, die sie bei
genauer Betrachtung bereut haben.

Dies ist genau der Grund, weshalb die Strategien der Vorverpflichtung, wie ich sie im vorangegangenen Kapitel dargestellt habe, und
das im ersten Kapitel umrissene konservative Prinzip so wichtig sind.
In jeder Situation, in der das Risiko tatsächlich ungewiss ist, müssen wir unsere berechtigten Ängste mit Verpflichtungen zügeln, die

Maßstäbe der Gleichheit und Menschenwürde zu respektieren und an unseren bewährten und erprobten Maßstäben rechtsstaatlicher Verfahren so wenige Änderungen wie nur möglich vorzunehmen. Wir müssen auch aus der Geschichte lernen. Diese Maßstäbe mögen bewährt und erprobt sein, doch sie sind in vergangenen Notständen auch gebeugt und verdreht worden, und wir müssen aufrichtig über den Preis nachdenken, den wir in der Vergangenheit für unnötige und unkluge Beschränkungen der bürgerlichen Freiheitsrechte bezahlt haben. Wenn die Palmer-Razzien bewiesen haben, dass wahlloses Zusammentreiben von Ausländern eine terroristische Bedrohung mit hoher Wahrscheinlichkeit nicht verringert, hätte diese Lektion auch auf die zahlreichen Festnahmen nach dem 11. September angewandt werden sollen, die, was vorhersehbar war, das gleiche Ergebnis brachten.

Ein Grund, weshalb wir Bedrohung und Reaktion nur schlecht in ein Gleichgewicht bringen, besteht darin, dass der politische Preis für Unterreaktionen immer höher sein wird als der Preis für Überreaktionen. Spitzenpolitiker, die es nach einem anfänglichen Angriff nicht schaffen, angemessene Vorsichtsmaßnahmen zu ergreifen, werden nach einem zweiten Angriff schwer büßen, während diejenigen, die zusätzliche Maßnahmen ergreifen und denen es dennoch nicht gelingt, den nächsten Angriff abzuwenden, es vielleicht schaffen, mit der Behauptung zu überleben, sie hätten nach bestem Vermögen gehandelt. Da niemand im Voraus wissen kann, welche Strategie am besten geeignet ist, eine Attacke abzuwehren, geht der Politiker, der hart zuschlägt – mit Sicherheitsfestnahmen und vorbeugenden Inhaftierungen –, in Bezug auf seine politische Zukunft einen sichereren Weg als derjenige, der die vorbeugende Strategie verfolgt: »in erster Linie keinen Schaden anrichten«.

Es gibt aber noch weitere Gründe, weshalb Demokratien auf terroristische Bedrohungen mit Überreaktionen antworten. Demokratische Gesellschaften gewähren den eigenen Staatsbürgern ebenso wie Nicht-Bürgern viele Freiheiten. Schläferzellen wie diejenigen, welche die Anschläge vom 11. September verübten, nutzten die Freiheiten des amerikanischen Lebens und das Vertrauen der Bürger des Landes aus, um unbemerkt zu bleiben. Nach den Anschlägen hatten die Bürger das Gefühl, dass ihr Vertrauen missbraucht worden war, und bereuen es als eine Art von Leichtgläubigkeit. Die institutionellen Freiheiten, die dieses Vertrauen unterstreichen – relativ offene Grenzen, ein relativ niedriges Niveau polizeilicher Überwachung im Inland –, wurden dann als törichte Nachlässigkeit wahrgenommen, die in Friedenszeiten zwar erlaubt, in Kriegszeiten jedoch ungeeignet sei. Das einladende Gesicht, das Gesellschaften, die auf Einwanderung gegründet sind, Ausländern in Zeiten des Wohlstands und des Friedens zuwenden, kann im Bruchteil einer Sekunde einer feindseligen Haltung und einem Gefühl von verratenem Vertrauen weichen. Eine Schmälerung der bürgerlichen Freiheitsrechte der unschuldigen Mehrheit der Ausländer schlägt Kapital aus dem Zorn über die Perfidie der winzigen Minderheit, die für die Anschläge verantwortlich ist.

Das zu tun ist überdies relativ einfach, weil eine Mehrheit der Bürger wahrscheinlich nichts von den direkten Kosten dieser Schmälerung tragen wird und weil auch nur wenige Bürger der Verpflichtung gegenüber der Menschenwürde, die in diesen Rechten zum Ausdruck kommt, einen unabhängigen ethischen Wert beimessen. Befürworter der bürgerlichen Freiheitsrechte erklären die Art und Weise, wie eine Gesellschaft mit dem Terror umgeht, zur Probe ihrer Identität, während die meisten Bürger einfach nur daran interessiert sind, dem Terror Einhalt zu gebieten. Also wird eine Mehrheit der Bürger wahrscheinlich glauben, dass das Risiko schwerer wiegt als die Rechte, während nur eine Minderheit von Befürwortern der bürgerlichen Freiheitsrechte je glauben wird, dass Rechte schwerer wiegen sollten als Risiken.

Wenn Anhänger der bürgerlichen Freiheitsrechte zu erklären versuchen, weshalb ihre Regierung zu repressiven Maßnahmen greift, geben sie oft skrupellosen Politikern die Schuld, die den Terrorismus ausnutzen würden, um eigene Ziele zu verfolgen. Damit ist jedoch nicht erklärt, warum diese Politiker gewöhnlich damit durchkommen.[6] Fast alle liberalen Demokratien haben die Anschläge des 11. September 2001 dazu benutzt, die Zwangsvollmachten von Strafrecht und Polizei beträchtlich zu erweitern. Was einer Erklärung bedarf, ist nicht die Tatsache, dass Politiker Notstände für ihre eigenen Zwecke ausnutzen, da sie das immer tun werden, sondern warum sie meist auf beträchtliche Unterstützung durch die Öffentlichkeit zählen konnen.[7] Wenn wir nicht gerade davon ausgehen, dass die Allgemeinheit aus lauter Dummköpfen besteht, müssen wir die Möglichkeit in Betracht ziehen, dass starke Maßnahmen, die den bürgerlichen Freiheitsrechten schaden, der Mehrheitsmeinung tatsächlich zusagen.

Eine Unterstützung durch die Öffentlichkeit macht diese Position natürlich nicht richtig, und die Gründe der Bürgerrechtsanhänger dagegen sind stark. Auf die Rechte kommt es nicht nur deshalb an, weil sie ethische Werte ausdrücken, sondern auch, weil die Achtung dieser Werte hilft, törichten Exzessen vorzubeugen. Die Argumente für die Bürgerrechte besagen nicht nur, dass die Schmälerungen dieser Rechte ungerecht, sondern auch unnötig sind. Durch ein aufrichtigeres Bemühen, Ungerechtigkeit zu vermeiden, könnten auch Maßnahmen umgangen werden, die sich als unnötig erweisen.

Der Terrorismus schadet der Demokratie hauptsächlich dadurch – so das berechtigte Argument der Bürgerrechtsanhänger –, dass er eine Mehrheit von Bürgern glauben lässt, ihre Freiheiten seien eher eine Quelle der Schwäche als der Stärke. Die Vermeidung dieses Schadens in der Zukunft erfordert eine neue Verpflichtung auf den Wert der Freiheiten sowohl in ihrer Eigenschaft als Garanten der Gerechtigkeit als auch als Bollwerke gegen Panik, Zorn und Fehleinschätzungen in der allgemeinen Politik.

Historisch haben sich liberale Demokratien angesichts von terroristischen Notstandssituationen auf zwei verschiedene Weisen selbst Schaden zugefügt, erstens durch die Beschränkung politischer Freiheiten und zweitens durch die Beschränkung privater Rechte. Demokratien in Lateinamerika haben Wahlen ausgesetzt, sie haben die Herrschaft nach Recht und Gesetz durch die Herrschaft mittels Dekreten sowie demokratisch gewählte Regierungen durch Militärjuntas ersetzt und die Versammlungsfreiheit und Freiheit der Mei-

nungsäußerung aufgehoben. Andere Demokratien haben politische
Parteien verboten, die mit bewaffnetem Kampf oder Terroranschlägen in Verbindung gebracht wurden. Doch ein Krieg gegen den Terror kann auch den privaten Rechten dauerhaften Schaden zufügen.
Willkürliche Hausdurchsuchungen und Festnahmen, Inhaftierungen
ohne Prozess, Beschlagnahme von Eigentum, Verletzungen der Privatsphäre, Ausweisung gesetzestreuer Ausländer: All das kann ein
Teil des Preises sein, den eine Demokratie zahlt, um eine terroristische Zelle in ihrer Mitte unschädlich zu machen.

Die Auswirkung eines Kriegs gegen den Terror auf politische Rechte muss von der Auswirkung auf private Rechte unterschieden werden, da es der Demokratie gelingen kann, ihr politisches System funktionsfähig zu halten, während sie es nicht schafft, die privaten Rechte
in vollem Umfang zu bewahren.[8] Den Anschlägen vom 11. September 2001 sind in den Vereinigten Staaten keine Einschränkungen
demokratischer Rechte gefolgt, und es scheinen auch keine bevorzu-
stehen. Dies ist ein markanter Gegensatz zum Ersten Weltkrieg, als,
wie wir soeben gesehen haben, die Espionage and Sedition Acts dazu
benutzt wurden, gewählte Politiker zu verurteilen, die von dem Recht
auf freie Meinungsäußerung Gebrauch gemacht hatten, um ihnen
ihre Sitze im Kongress zu verweigern, und andere Personen zu verurteilen, die sich der amerikanischen Teilnahme am Krieg widersetz-
ten. Wenn dies ein Anzeichen dafür ist, dass der verfassungsmäßige
Schutz politischer Äußerungen und der freien Meinungsäußerung
seit dem Ersten Weltkrieg stärker geworden ist und dem Handeln der
Regierung in Notstandszeiten strengere Grenzen auferlegt, wäre das
eine willkommene Entwicklung. Im Krieg gegen den Terror sind die
Rechte, die das politische System garantieren, bis heute unangetastet
geblieben, doch ist dafür ein Preis gezahlt worden. Während die Freiheit der Meinungsäußerung und die politischen Rechte amerikani-
scher Bürger nicht in Mitleidenschaft gezogen worden sind, sind die
Rechte von Ausländern, feindlichen Kombattanten und anderen des
Terrorismus Verdächtigen geschmälert worden.

Ähnliche Verluste zeigen sich auch in anderen Ländern. Die britische Regierung hat das demokratische System in Nordirland funktionsfähig erhalten, jedoch nur durch Schmälerung privater Rechte, etwa durch Internierungen, Aussetzung von Verfahren vor Geschworenengerichten, sowie des Rechts, in einem Polizeiverhör zu schweigen. Als Reaktion auf die Anschläge vom 11. September hat die britische Regierung die demokratischen Rechte und die Freiheit der Meinungsäußerung für die Mehrheit unverändert gelassen, während sie Ausländer in Untersuchungshaft nehmen und ausweisen kann.

Dieser stillschweigende Tauschhandel – Mehrheitsrechte aufrechtzuerhalten, während Minderheitenrechte eingeschränkt werden – hat sich in politischer Hinsicht als erfolgreich erwiesen, da er jede Kritik an den Kosten der seit dem 11. September getroffenen Maßnahmen hat verstummen lassen. Doch dieser Erfolg hat seinen Preis. Die Tatsache, dass die Rechte der Mehrheit nicht beschädigt worden sind und die Demokratie selbst auch nach Terror-Notständen wie dem 11. September funktioniert hat, bedeutet nicht, dass diese Notstände auf lange Sicht keinen institutionellen Schaden anrichten. Terrorismus ist eine der Belastungen, die zu mehr heimlichen Regierungsmaßnahmen, zu mehr Polizeibefugnissen und einer zunehmenden Autorität der Exekutive geführt haben, und zwar auf Kosten der anderen Teile der Regierung. Der Terrorismus ist die Nemesis der liberalen Demokratie, die sie belagert und selbst dann deformiert, wenn der Terrorismus am Ende unterliegt. In all diesen Fällen ist es die Reaktion auf den Terrorismus und nicht der Terrorismus selbst, die der Demokratie den größten Schaden zufügt.

Diese Schädigungen sind genau das – und das sollte jedem klar sein –, was eine bestimmte Art von Terrorismus beabsichtigt. Die Franzosen haben einen hervorragenden Ausdruck – *la politique du pire*, buchstäblich die Politik des Schlimmsten –, der die Logik des Terrorismus einschließt. Der Terrorismus verfolgt das Ziel, die Dinge schlimmer zu machen, so dass sie nicht besser werden können. Die ersten Theoretiker dieser Strategie waren die marxistischen Revolutionäre des neunzehnten Jahrhunderts. Marxisten war schon immer klar, dass dort, wo es an der Unterstützung der Massen für die Revolution fehlte, das Tempo der Veränderung durch Akte wahlloser Gewalt beschleunigt werden konnte, die darauf angelegt waren, das konstitutionelle System dazu zu provozieren, »die Maske der bürgerlichen Legalität« abzuwerfen und sich den Bauern und Arbeitern als ein System organisierter Gewalt zu enthüllen.

Marxistische Revolutionstheorien des Terrorismus mögen heute kaum noch von direkter Relevanz sein, doch die Theoretiker von Al Qaida haben mit Sicherheit tief über *la politique du pire* nachgedacht.[9] Sie glauben, sie könnten die USA und ihre arabischen Verbündeten sozusagen zu Werbern für ihre Sache machen, wenn sie sie zu wahllosen Unterdrückungsakten provozieren. Sie haben verstanden, dass die Wirkung des Terrorismus dialektischer Natur ist. Der Erfolg hängt weniger von dem anfänglichen Angriff ab, als davon, dass eine Spirale der Eskalation in Gang gesetzt wird, die nicht von den Kräften der Ordnung kontrolliert wird, sondern von den Terroristen. Wenn Terroristen Demokratien mit Erfolg in diese Spirale hineinziehen und deren Beschleunigung kontrollieren können, werden sie damit beginnen, die Bedingungen des Zusammentreffens zu diktieren. Erfolg wird zu einer Frage, wem es gelingt, dem Gegner Verluste und dauerhafte Schäden beizubringen, und darauf zu bauen, dass der Feind weniger Ausdauer hat als man selbst. Da ein Staat immer zu stark sein wird, um von einer Zelle aus Einzelpersonen in einer offenen Schlacht besiegt zu werden, muss er sich selbst besiegen. Wenn Terroristen den Staat zu Gräueltaten provozieren können, wird dies die Bereitschaft einer demokratischen Öffentlichkeit zur Fortsetzung des Kampfes zunehmend untergraben. Demokratien mögen zwar Lust auf gelegentliche Gräueltaten haben, doch langfristig ist eine Politik der Grausamkeit nicht aufrechtzuerhalten. Für liberale Demokratien ist es wichtig, dieser Provokation nicht zu erliegen und nicht zuzulassen, dass Attacken zum Vorwand für die Preisgabe des Rechts insgesamt werden. Die Argumente für Zurückhaltung bei der Einschränkung bürgerlicher Freiheitsrechte beginnen bei grundlegenden Verpflichtungen gegenüber Rechten und schließen ferner das Argument ein, dass Selbstbeherrschung und Zurückhaltung die beste politische Strategie sind, um den Terroristen nicht in die Hände zu spielen. Wenn ein Kampf gegen den Terrorismus politisch ist, besteht die beste Möglichkeit zum Sieg darin, auf höherem Grund zu bleiben. In einem Krieg gegen den Terror ist der einzige Feind, der eine Demokratie besiegen kann, sie selbst.

Das Verbleiben auf höherem Boden hängt davon ab, dass man über die Risiken klar nachdenkt. Eine vernünftige Politik braucht den historischen Kontext: ein klares Gespür dafür, was uns die Geschichte über die Fähigkeit liberaler Demokratien verrät, sich dem Terror entgegenzustellen, ohne ihre Verfassungen zu gefährden. Auf die Geschichte kommt es an. Wenn es keinen Blick dafür gibt, dass eine liberale Demokratie durch eine terroristische Herausforderung in die Knie gezwungen werden kann, haben wir noch mehr Grund, an den konservativen Grundsätzen sowie den Maßstäben von Menschenwürde und Gleichheit festzuhalten.

Natürlich ist die Geschichte nicht immer ein verlässlicher Anhaltspunkt, weil die Zukunft Risiken bereithalten kann, die ohne historisches Vorbild sind. Falls künftige Terroristen chemische, biologische oder Atomwaffen erwerben sollten sowie die Fähigkeit entwickeln würden, diese zu miniaturisieren, zu verbergen und zu transportieren, könnten viele Lektionen der Vergangenheit unbrauchbar werden. Dieser Herausforderung muss man sich stellen, und im sechsten Kapitel, »Freiheit und Harmagedon«, befasse ich mich besonders mit diesem Thema. Für den Moment zumindest verwendet der Terrorismus, dem wir uns gegenübersehen, konventionelle Waffen, die schon seit mehr als hundert Jahren verfügbar sind. Deshalb bleibt die Geschichte zumindest jetzt noch ein verlässlicher Leitfaden.

II

Die erste Gesellschaft, die sich einer anhaltenden Terrorkampagne gegenübersah, welche den Staat in die Knie zwingen sollte, war das zaristische Russland.[10] Dessen Beispiel ist lehrreich, weil es eine sich reformierende Autokratie war, die sich nach Kräften bemühte, ein mittelalterliches politisches System an die Anforderungen einer modernen Wirtschaft und eines multinationalen Reiches anzupassen. Russische Nihilisten, wie Terroristen damals genannt wurden, waren die Schöpfer der Theorie, die dem aufständischen Terrorismus bis zum heutigen Tag als Anregung dient: dass man Gräueltaten dazu benutzen soll, Regime zu repressiven Aktionen zu zwingen, wodurch sie ihren Einfluss auf die Treue ihrer Bürger einbüßen und die Unzufriedenen dazu bringen, die Terroristen als ihre Vertreter anzuerkennen.[11] Diese Taktik entwickelte sich aus Enttäuschung über die Alternative: dass man sich direkt ans Volk wendet und eine allgemeine politische Basis für einen revolutionären Wandel erzeugt. Als letztere Versuche fehlschlugen, als die Bauern und Arbeiter die Revolution ablehnten, wandten sich die Revolutionäre dem Terror zu. Sie schlugen gegen das Regime nicht etwa deshalb zu, weil es in seiner feudalen Reaktion reglos befangen war, sondern weil es dabei war, sich zu reformieren. Die Nihilisten fürchteten, Reformen würden die Unterstützung des Regimes verbreitern und den revolutionären Wandel weniger beliebt machen. Mit diesem Ziel vor Augen gelang es den russischen Nihilisten im Jahre 1881, Alexander II. zu ermorden, genau den Zaren, der 1861 die Leibeigenschaft abgeschafft hatte. Ihn zu vernichten, galt als wesentliche Voraussetzung zur Beseitigung der Loyalität von Bauern und Arbeitern. Indem sie einen Reformer statt eines Reaktionärs töteten, suchten die Nihilisten den Glauben an die Möglichkeit eines friedlichen politischen Wandels zu zerstören.[12]

Die Ermordung Alexanders provozierte tatsächlich eine repressive Gesetzgebung gegen legitimen politischen Ausdruck und eine Verhärtung der Strafgesetzgebung gegen die Juden, denen man ihre Rolle bei der revolutionären Eskalation zum Vorwurf machte. Von da an setzten marxistische Revolutionäre Terroranschläge dazu ein, das Regime von seinem Reformkurs abzubringen und in die Reaktion zurückzuzwingen. Nach 1905, als Zar Nikolaus II. zögernd die Wahl von Russlands erster gesetzgebender Körperschaft, der Duma, zugestand, versuchten die Terroristen, das Regime zur Rücknahme dieser zögernden Reformen zu provozieren. Die letzten Jahre der Selbstherrschaft erlebten, wie die Reformer in ihren Versuchen wetteiferten, das Regime in einer konstitutionellen Freiheit zu verankern, während terroristische Revolutionäre sich bemühten, die Reaktion zu provozieren. Die Reaktionäre taten ihnen törichterweise den Gefallen, sich provozieren zu lassen. Die Landreformen von Ministerpräsident Stolypin – eine Anstrengung, auf dem Land eine kapitalistische Bauernschicht zu schaffen – markierten den höchsten Stand der reformerischen Hoffnungen. Als Stolypin 1911 ermordet wurde, verlor das Regime seine letzte Chance, sich von innen zu erneuern.[13]

Der Terrorismus hat dem Ancien Régime in Russland ungeheuren Schaden zugefügt. Er spaltete die herrschende Klasse in Reformer und Reaktionäre. Er schuf einen noch tieferen Graben zwischen Staat und Gesellschaft. »Die fast vollständige Unfähigkeit der gebildeten Schichten, die Regierung zu unterstützen«, wie es in einem Bericht klagend hieß, isolierte den Zaren weiter von seiner Elite.[14] Der Terrorismus schadete allen fortschrittlichen Zielen, angefangen bei der Organisation von Arbeitern in Gewerkschaften bis hin zur Schaffung des *Semstvo* (des ländlichen Ratssystems), indem er es einer reaktionären Regierung leichter machte, solche Bemühungen mit Subversion gleichzusetzen.[15] Es gelang den Aufständischen und Terroristen tatsächlich, die Regierung zu immer törichteren Maßnahmen der Gegenreaktion greifen zu lassen, wie etwa am Blutsonntag von 1905, als Soldaten auf unbewaffnete Arbeiter und Bauern schossen. Auf dem Platz vor dem Winterpalais wurden dabei mehrere hundert Menschen getötet.

Das russische Beispiel erteilt heutigen Gesellschaften, die mit Terror zu kämpfen haben, eine auf der Hand liegende Lektion. Es gelang den Terroristen tatsächlich, den Zyklus von Reaktion und Gegenreaktion der zaristischen Behörden unter Kontrolle zu bekommen, und verfassungstreue Monarchisten und Liberale waren nie wieder in der Lage, die politische Initiative zu gewinnen und zu behalten. Heutige Ancien Régimes wie Pakistan, Ägypten und Saudi-Arabien sollten es sich merken: Die politische Initiative verlagert sich wieder

zurück zu der fatalen Dialektik zwischen terroristischer Gewalt und
Reaktion der Regierung, wenn diese nicht mit Reformen und einer
Liberalisierung den Terroristen zuvorkommt. Die Regierung läuft
dann Gefahr, ihren restlichen Einfluss auf das Volk zu verlieren.
Nichts davon ändert etwas an der Tatsache, dass es dem Terror
selbst nicht gelungen ist, das zaristische Regime zu stürzen. Trotz all
ihrer institutionellen Rückständigkeit machte die russische Gesellschaft bis 1914 ein explosives Wirtschafts-, technisches und kultu-
relles Wachstum durch. Es war der Erste Weltkrieg mit dem damit
zusammenhängenden militärischen und institutionellen Zusammenbruch, der das Regime stürzte, und nicht der Terrorismus. Wie Theda
Skocpol schreibt, »entwickelten sich die revolutionären Krisen, als die
Ancien-Régime-Staaten unfähig wurden, den Herausforderungen
der sich entwickelnden internationalen Situationen zu begegnen«.[16]
Nur dann werden Regime durch terroristische Bedrohungen wahrhaft verwundbar.

III

Ein zweites Beispiel für ein Regime, das mit politischer Gewalt und
Terrorismus zu kämpfen hatte, war die Weimarer Republik.[17] Zwischen 1918 und 1924 wurde die junge demokratische Republik durch
Putsche und Aufstände attackiert, angefangen bei Rosa Luxemburgs
Spartakisten auf der linken bis hin zu Adolf Hitlers Nationalsozialis-
ten auf der rechten Seite. Obwohl Rosa Luxemburg 1919 durch rechte Schläger ermordet wurde und Hitlers Marsch auf die Feldherrn-
halle ohne Erfolg blieb, überlebte die junge Republik nur mit knapper
Not.[18] Demokratische Politiker wie Walther Rathenau starben durch
die Hand von Mördern, und zwischen 1919 und 1922 gab es nicht
weniger als 376 politische Morde.[19] Doch in den 1920er Jahren setzte sich weder der kommunistische noch der nationalsozialistische
Extremismus durch, und die Weimarer Regierung war in der Lage,
sich die Loyalität von Polizei und Reichswehr zu erhalten und die

konstitutionelle Herrschaft zu konsolidieren. Tatsächlich ging in den Jahren 1924 bis 1929 unter Gustav Stresemann die Unterstützung sowohl für die Nazis als auch die Kommunisten zurück, während die Bindung an die konstitutionelle Demokratie stärker wurde und die Wirtschaft sich erholte.

Damit soll jedoch nicht geleugnet werden, dass die Weimarer Reichsverfassung Schwächen hatte. Sie war sowohl zu demokratisch – weil sie kleine Parteien an den Rändern ohne Bindung an die Verfassungsmäßigkeit zuließ – als auch zu autoritär. Artikel 48 der Reichsverfassung stattete den Präsidenten mit diktatorischen Vollmachten aus, um terroristische politische Gewalt abzuwehren. Indem die Verfassung dem Reichspräsidenten so viel Macht gewährte, erlaubte sie es einem skrupellosen Politiker wie Hitler, sich mit verfassungsmäßigen Mitteln an die Macht zu manövrieren und Diktator zu werden. Doch ohne diese exekutiven Vollmachten hätte die Weimarer Republik nicht so lange überlebt, wie sie es dann schaffte. Stresemann nutzte Dekrete des Präsidenten, um die deutsche Hyperinflation unter Kontrolle zu bringen, und sein Erfolg ebnete der politischen Stabilität bis in die späten 1920er Jahre hinein den Weg. Ein schwerer Defekt der Weimarer Reichsverfassung war, dass sie die politische Arbeit von Parteien wie der NSDAP erlaubte, die kein Geheimnis aus ihrem Wunsch machten, eine Diktatur zu errichten. Hinter den Schwächen der Verfassung standen, wie Richard J. Evans gezeigt hat, die Beamtenschaft, die Justiz und die Reichswehr, sämtlich Überbleibsel des Kaiserreichs, und nur wenige von ihnen gaben dem neuen Regime ihre ungeteilte Unterstützung.[20]

1930, als Hitlers Aufstieg zur Macht begann, hatte die Weimarer Republik sowohl den Willen als auch die Fähigkeit verloren, den Braunhemden der Nazis auf den Straßen Einhalt zu gebieten. Hier war das Kernproblem nicht die demokratische Verfassungsmäßigkeit, sondern vielmehr die Isolation und Uneinigkeit derer, die mit ihrer Verteidigung betraut waren. Angesichts des Nationalsozialismus auf der rechten und des Totalitarismus auf der linken Seite zersplitterten sich die Verteidiger der liberalen Verfassungsmäßigkeit und brachen zusammen. Das Weimarer Beispiel legt die Vermutung nahe, dass die liberale Demokratie am meisten Gefahr läuft, sich das eigene Grab zu schaufeln, wenn sie sich vor eine verfassungsfeindliche Herausforderung von der extremen Linken und der extremen Rechten zur gleichen Zeit gestellt sieht. Damit bleiben die Liberalen in der Mitte isoliert und gefährdet, unfähig, die notwendige Einheit aufrechtzuerhalten, die allein entschiedene Maßnahmen gegen Gewalt der beiden Extreme ermöglicht.

Es wäre jedoch ein Fehler, Hitlers Aufstieg zur Macht ausschließlich auf die Schwäche der deutschen Demokratie oder die Unentschlossenheit der sie verteidigenden Elite zurückzuführen. Ohne die Weltwirtschaftskrise von 1929 und deren katastrophale Auswirkungen auf die politische Stabilität in Deutschland wäre Hitler höchstwahrscheinlich nicht an die Macht gekommen, da seine Machtbasis an Unterstützung im Volk vor der Weltwirtschaftskrise stetig abnahm. Weimar führt uns genau wie das zaristische Russland vor Augen, dass politischer Terror ein Regime höchstwahrscheinlich nicht stürzen kann, wenn nicht gleichzeitig eine Wirtschaftskrise dessen tragende Säulen zum Einsturz bringt.

IV

Ein drittes Beispiel für die Wirkung von Terrorismus auf verfassungsmäßige Regime ist Lateinamerika im zwanzigsten Jahrhundert.[21] In den 1970er Jahren gelang es marxistischem Terrorismus in Argentinien, die herrschende Elite zu wahlloser Repression zu provozieren, was die Errichtung einer Militärdiktatur beschleunigte. Auch hier spielte die andauernde Schwäche der argentinischen Wirtschaft eine Schlüsselrolle dabei, dass die Unterstützung für verfassungsmäßige Regime dahinschwand. Das Militär nutzte den Vorwand von Wirtschaftskrise und terroristischen Aufständen, um in Argentinien ein Terrorregime einzuführen, dessen tragende Säulen Folter und Verschleppung von Menschen waren. Die demokratische Herrschaft wurde erst in den

1980er Jahren wiederhergestellt, als ein verhängnisvolles militärisches Abenteuer zur Rückeroberung der Falkland-Inseln, zunehmender Groll über illegale Methoden und die Unfähigkeit des Militärs, die Wirtschaftsprobleme des Landes zu lösen, zum Sturz der Junta führten. Der Fall Argentinien ist tatsächlich ein Fall von Terrorismus als *la politique du pire*, doch die Geschichte entwickelte sich nicht so, wie die Terroristen es beabsichtigten. Sie suchten alles schlimmer zu machen, sodass nichts besser werden konnte, doch statt einen revolutionären Wandel auszulösen, schafften sie es nur, dem Militär in die Hände zu spielen, was sowohl für sie selbst als auch für die argentinische Gesellschaft katastrophale Konsequenzen hatte.

Eine ähnliche Dynamik entwickelte sich in Peru. Eine marxistische Gruppe, Sendero Luminoso (der Leuchtende Pfad), tötete Dorfbewohner und Sympathisanten der Regierung, um zu demonstrieren, dass die Regierung auf dem Land keine Kontrolle mehr ausübte, und um die Bevölkerung einzuschüchtern und zu einer Unterstützung der Revolution zu zwingen. Diese Taktik kostete Tausende von Menschenleben, doch die Strategie hatte keinen Erfolg. Stattdessen lieferte der Terrorismus einem demokratisch gewählten Präsidenten, nämlich Alberto Fujimori, den Vorwand, eine erfolgreiche Anti-Terror-Kampagne auszunutzen und in ein Mandat für eine autoritäre Herrschaft zu verwandeln.[22]

Auch in Kolumbien hat die aufständische Gruppe FARC Terror dazu benutzt, Teile der ländlichen Gebiete zu halten, während die Regierung den Gegenterror paramilitärischer Einheiten erlaubt, wobei sie gleichzeitig leugnet, dass sie dies tut, um das von ihr beherrschte Territorium zu halten.[23] Der Terrorismus hat weder den kolumbianischen Staat zum Einsturz gebracht noch in den von FARC kontrollierten Gebieten die Revolution eingeläutet. Der Terrorismus hat nur eins erreicht: Er hat der Struktur der verfassungsmäßigen Politik dauerhaften Schaden zugefügt, erstens durch die Zulassung einer autoritären Führung und eines rücksichtslosen Gegenterrors, und zweitens, indem er den terroristischen Notstand in ein permanentes System verfassungsmäßiger Ordnung verwandelte.

Um es an dieser Stelle einmal zusammenzufassen: *La politique du pire* ist als Taktik oft erfolgreich, da sie Regime zu verfassungswidrigen Maßnahmen provoziert, doch als Strategie hat sie nie Erfolg gehabt. Terroristen sind so noch nie an die Macht gekommen. Meistens ist das Ergebnis eine strategische Pattsituation: Terroristen und verfassungsmäßige Staaten blockieren sich in einem Kampf, den keine Seite für sich entscheiden kann, gegenseitig.

Wo der Terror Erfolg gehabt hat, ist er so etwas wie eine Nebentaktik in einer allgemeineren politischen Strategie gewesen, die auf die revolutionäre Machtergreifung abzielte. Der Putsch von Lenins Bolschewiki 1917 und Hitlers Zugang zur Kanzlerschaft 1933 stellten einen Triumph eines Jahrzehnts von aufständischer und antiparlamentarischer Gewalt und Terrorismus dar, aber selbst in diesen Fällen funktionierten die terroristischen Methoden nur dort, wo der verfassungsmäßige Staat schon durch andere Faktoren geschwächt worden war, etwa durch eine militärische Niederlage oder eine Wirtschaftskrise.

Wenn solche terroristischen Methoden benutzt werden, um Macht zu gewinnen, werden sie zu einem Hauptbestandteil der regulären Herrschaft. Hitlers Säuberung der SA im Jahr 1934, in der so genannten »Nacht der langen Messer«, stellte die Fortsetzung des Terrorismus dar, der sich jetzt gegen die SA-Führung richtete, eine Untergliederung der NSDAP. Lenins Liquidierung seiner Rivalen unter den sozialistischen Revolutionären im Jahr 1918 nach einem fehlgeschlagenen Attentat auf sein Leben ist ein zweites Beispiel der Institutionalisierung des Terrors. Regime, die Terror einsetzen, um einen Staat unter Kontrolle zu bringen, neigen dazu, sich mit den gleichen Methoden an der Macht zu halten.

Wenn wir uns dem Süden Asiens zuwenden und Sri Lanka untersuchen, finden wir weitere Belege dafür, dass der Terrorismus als Taktik vielleicht funktioniert, während er als Strategie versagt. Zwanzig Jahre lang verübten die »Tamilischen Tiger« Selbstmordanschläge mit dem Ziel, den Willen der singalesischen Mehrheitsregierung in Colombo zu brechen und sie zu zwingen, einen separaten Tamilenstaat anzuerkennen. Gemäßigte Tamilen, die bereit waren, mit der Regierung zu verhandeln, waren besondere Angriffsziele. Mit diesen Attacken verfolgte man das Ziel, die tamilische Minderheit zu zwingen, der Terroristengruppe zu gehorchen, und das Zustandekommen einer Verhandlungslösung zu verhindern, die auf Dezentralisierung baute. Doch das Ergebnis war nur eine blutige Pattsituation. Der tamilische Terrorismus schaffte es nicht, den Widerstandswillen der singalesischen Führung zu brechen. Der Terrorismus hat die Gesellschaft von Sri Lanka zwar einen schrecklichen Preis gekostet: sechzigtausend Tote, Hunderttausende vertriebener Menschen und eine ökonomische Lähmung in einem Land, das eine der wettbewerbsfähigsten Volkswirtschaften Asiens hätte sein können. Doch sein Hauptziel erreichte der Terrorismus nicht, nämlich die Spaltung der Insel in zwei Teile.[24]

Terrorismus ist die Politik der Abkürzung, ein Griff zur Gewalt, wenn friedliche Mittel der politischen Mobilisierung nur einen langwierigen und unsicheren Weg zum Sieg bieten. Doch über die Abkürzung wird nur selten das Ziel erreicht. Die Mittel beflecken die Zwecke, um die man sich bemüht, und wenn sie sich gegen einen starken und demokratischen Gegner richten, haben sie nur selten Erfolg.

Der israelisch-palästinensische Konflikt bietet eine letzte Bestätigung dafür. Die Selbstmordanschläge werden als eine Politik der Verzweiflung ausgegeben, zu der man nur gegriffen habe, weil eine friedliche Verhandlungslösung mit den Israelis hoffnungslos sei. In Wahrheit handelt es sich auch hier um eine Politik der Abkürzung, die einen friedlichen Dialog auf der Grundlage einer Zwei-Staaten-Lösung unmöglich machen soll. Der weitere Zweck der Selbstmordanschläge besteht darin, die israelische Gesellschaft so zu demoralisieren, dass sie ihre Niederlage eingesteht. Doch zwei Jahre mit solchen Anschlägen haben Israel nicht zur Kapitulation oder einem »Appeasement« gezwungen und es auch nicht geschafft, seine demokratische Struktur zu zerstören.[25] Normale Bürger unter den Reservisten des Militärs, selbst diejenigen, die angesichts der Besetzung tiefe Zweifel hegen, haben ihre verfassungsmäßige Pflicht zum Wehrdienst erfüllt.[26] Mit der Ausnahme einiger arabisch-israelischer Politiker, die jetzt in Haft sind, bleiben die meisten arabischen Israelis, obwohl sie der israelischen Politik zutiefst ablehnend gegenüberstehen und durch ihren zweitklassigen Status zunehmend entfremdet werden, dem israelischen Staat weiterhin treu. Unter der Mehrheit der israelischen Bevölkerung gibt es sowohl einen nationalen Konsens, der eine Verhandlung mit Terroristen ablehnt, als auch eine ungehinderte nationale Debatte darüber, wie man Sicherheit und Überleben miteinander in Einklang bringen kann. Die Geheimdienste und die israelischen Streitkräfte führen einen erbarmungslosen und brutalen Feldzug gegen die Terroristen von Hamas und Fatah. Die Zerstörung von Häusern, die zielgerichtete Tötung von Terroristen und der Bau einer Sicherheitsmauer, die auf enteignetem palästinensischem Land steht, haben alle unablässige Kontroversen ausgelöst, sowohl innerhalb als auch außerhalb Israels. Im Lande selbst jedoch bleibt der Feldzug unter demokratischer Autorisierung und unterliegt auch einer rechtlichen Prüfung. Generäle zweifeln die Wirksamkeit des Kampfes öffentlich an, Piloten äußern moralische und taktische Bedenken über bestimmte Operationen, Zeitungskommentatoren beharren darauf, dass diese Operationen Israel unsicherer und nicht sicherer machen usw. Trotz alledem übersteht die israelische Demokratie diese Prüfung. Der Terrorismus hat schrecklichen Schaden angerichtet: Er fügt der Volkswirtschaft schweren Schaden zu, zwingt eine Gesellschaft, Geldmittel für Sicherheit und Verteidigung abzuzweigen, die besser für Krankenhäuser, Straßen und Schulen ausgegeben werden sollten, und stärkt die geheimen Sicherheitsorgane und das Militär. Doch er hat es weder geschafft, Israel zur Kapitulation zu zwingen, noch hat er dessen politisches System kippen lassen. Aus der Demokratie ist keine autoritäre Herrschaft geworden. Die landesweiten Wahlen sind trotz des anhaltenden Notstands abgehalten worden, und es hat friedliche Regierungswechsel gegeben.

V

Eine andere Geschichte – wenn auch das gleiche Muster des Fehl-
schlags – zeigt sich in den Versuchen von Terroristen, das politische
System liberaler Demokratien des Westens zu zerstören, nämlich in
Italien, Deutschland, Spanien und Großbritannien.
Während der 1970er Jahre führten Terroristen in Italien und
Deutschland einen groß angelegten Angriff auf die liberale Demokratie und versuchten, die friedliche Integration des kommunistischen und sozialistischen Radikalismus in die normale parlamen-
tarische Politik vorwegzunehmen.[27] In Italien wandelte sich die
Kommunistische Partei allmählich in Richtung Eurokommunismus
und einer vollen Teilnahme am demokratischen System. In Deutschland waren die nach 1968 geweckten Hoffnungen auf einen radikalen Wandel der Integration der deutschen Sozialdemokratie in den
zwischen Kapital und Arbeit geschlossenen wirtschaftsfreundlichen
Handel gewichen. Eine winzige marxistische Vorhut machte sich auf,
die Entstehung eines sozialdemokratischen Zentrismus zu sabotie-
ren und den Zwangsapparat des liberalen demokratischen Staats zu
zwingen, »seine Maske bürgerlicher Legalität abzuwerfen« und zu
außergesetzlicher Repression zu greifen.[28] In diesem Sinne schlug bei
der Baader-Meinhof-Bande wieder das Gedankengut der Nihilisten
des neunzehnten Jahrhunderts durch, doch sie verbanden die »Propaganda der Tat« mit einer Sensibilität für die modernen Medien,
indem sie annahmen – fälschlicherweise, wie sich herausstellte –,
dass spektakuläre terroristische Aktionen wie die Entführung und
Ermordung eines prominenten deutschen Industriellen die an den
Rand Gedrängten und Unzufriedenen mobilisieren würden, wo her-
kömmliche, nichtgewalttätige Formen der politischen Organisation
versagt hatten.
Diese Strategie blieb erfolglos. Die Terroristen, die gehofft hatten,
dass die nachfolgende Gewalt Arbeiter, Intellektuelle und Studenten auf den Straßen anziehen und dazu bringen würde, die liberale Demokratie herauszufordern, waren am Ende entweder tot oder

schworen im Gefängnis dem Terrorismus ab. Die Demokratie in Deutschland und Italien überlebte, und die Terroristen sind in der Erinnerung der Menschen keine Märtyrer, sondern Kriminelle. In einem umfassenderen Sinn stellte die entscheidende Niederlage des aufständischen Marxismus im Verein mit dem endgültigen Niedergang des Sowjetkommunismus nach 1989 sicher, dass die radikale und kommunistische Linke in Italien und Deutschland am Ende akzeptierte, dass auch sie ein Bestandteil der friedlichen parlamentarischen Politik war.

Deutschland wie Italien entwickelten wirkungsvolle Anti-Terror-Einheiten und nutzten Amnestiegesetze, die Immunität von strafrechtlicher Verfolgung anboten, um Terroristenzellen zu unterwandern und aufzubrechen.[29] Und obwohl beide Länder allen Grund hatten, sich zum Überleben ihrer Demokratie zu gratulieren, hatten sie weniger Grund, angesichts der Auswirkungen des Terrorismus auf die bürgerlichen Freiheitsrechte und die privaten Rechte gleichmütig zu sein. Beide Länder erweiterten die Befugnisse der Polizei, Verdächtige in Haft zu nehmen oder vorläufig festzunehmen. Die harte Behandlung der deutschen revolutionären Häftlinge im Gefängnis, die mit ihren Selbstmorden endete, überzeugte viele Deutsche, die den Zielen der Terroristen im Übrigen nicht mit Sympathie begegneten, dass die Regierung ihre Grenzen überschritten hatte. Das deutsche Beispiel zeigt, dass Demokratien den Terror besiegen können, dies jedoch immer auf Kosten ihrer Verpflichtung gegenüber der Menschenwürde und der Achtung vor Rechten geht.

Während Italiener und Deutsche den aufständischen Marxismus besiegten, haben Großbritannien und Spanien im gleichen Zeitraum gezeigt, wie man den Terrorismus im Namen eines Selbstbestimmungsanspruchs einer Minderheit abweist.[30] Der baskische Terror ist nicht entstanden, weil den Basken ein friedlicher Weg zur Förderung einer verfassungsmäßigen Veränderung verweigert wurde, sondern weil man ihnen einen eröffnete. Der Attentatsfeldzug beschleunigte sich sogar, als Spanien die Franco-Diktatur hinter sich ließ und in die Ära der konstitutionellen Demokratie eintrat.[31] Im Baskenland

war der Terrorismus eine Strategie, um einer friedlichen Verfassungs-
reform vorzubeugen. Die Terroristen suchten die baskischen Wähler
einzuschüchtern, damit sie gezwungen wären, sich um die volle Unabhängigkeit außerhalb des konstitutionellen spanischen Regimes zu
bemühen. Es war diese Herausforderung, die spanische Demokraten
seit dem Ende der 1970er Jahre abzuwehren versuchten. Sie haben
die Bedrohung zwar nicht beseitigt, haben sie aber mit militärischem
und polizeilichem Gegenterror in Verbindung mit verschiedenen de-
zentralisierenden Reformen und Geldtransfers bekämpft und zum
Stillstand gebracht, um Herzen und Köpfe der gesetzestreuen Mehrheit zu gewinnen. Das Baskenland bleibt jedoch weiterhin instabil.
Basken, die sich weigern, die Unabhängigkeit zu unterstützen, werden
insgeheim eingeschüchtert, und das regierungsamtliche Verbot von
Separatistenparteien und ihren Zeitungen besteht weiter. Dies legt
die Vermutung nahe, dass bei Kriegen gegen den Terror ein abschlie-
ßender Sieg nicht immer möglich ist. Während die Bedrohung durch
heimischen Terrorismus in Deutschland und Italien zurückgeschlagen zu sein scheint, bleibt sie im Baskenland bestehen.

Die Briten sahen sich in Nordirland einer ähnlichen Herausforderung durch eine kleine terroristische Minderheit gegenüber, die
Gewalt gebrauchte, um eine nationalistische Gemeinschaft von einer friedlichen, konstitutionellen Politik in Richtung Aufstand zu
treiben. Vom Blutsonntag abgesehen, an dem britische Soldaten
unschuldige Zivilisten töteten, die einen friedlichen Protestmarsch
veranstalteten, und abgesehen von der Inhaftierung nationalistischer
Sympathisanten und des Terrors Verdächtiger ohne Prozess, schafften es die Briten, ihre Anti-Terror-Kampagne innerhalb der Grenzen der verfassungsmäßigen Korrektheit zu halten. Als Terroristen
Geschworene einschüchterten, setzten die Briten Sondergerichte ein,
wo Strafverfahren vor einem Richter stattfanden. Als Nationalisten
argumentierten, die britische Militärpräsenz sei so etwas wie eine
Besetzung, beharrten die Briten darauf, die Truppen seien lediglich
da, »um der Zivilverwaltung zu helfen«. Diese Entschlossenheit, die
konstitutionelle Normalität zu bewahren, erwies sich für die Siche

rung der politischen Kontrolle über die Provinz als entscheidend. Ohne eine sorgfältige Kontrolle von Militär und Polizeimacht hätten die Briten die Schlacht um die gemäßigte nationalistische Volksmeinung in Ulster verlieren können.[32] Während die Briten sich die Loyalität einer Mehrheit von sowohl Unionisten als auch Nationalisten in der Provinz Ulster gesichert haben, sollte man jedoch diesen Erfolg nicht überbewerten oder davon ausgehen, dass er von Dauer sein wird. Ebenso wenig sind die Sicherheitskräfte jederzeit unter wirksamer Kontrolle. Vor kurzem durchgeführte richterliche Untersuchungen haben bestätigt, dass das Royal Ulster Constabulary, die wichtigste Sicherheitseinheit in der Provinz, geheime Absprachen mit paramilitärischen protestantischen Gruppen getroffen und in den 1980er Jahren aktive Kenntnis von paramilitärischen Morden an nationalistischen Politikern und Anwälten gehabt hatte.[33] Die Aufrechterhaltung einer effektiven politischen Kontrolle über die Undercover-Tätigkeit der Polizei, und zwar zu jeder Zeit, ist für den Erhalt der politischen Legitimität der Kampagne zur Bekämpfung des Terrorismus von entscheidender Bedeutung, und dies hat sich nicht als leicht erwiesen.

Spanier wie Briten haben es – mit knapper Not – geschafft, in zwei unruhigen Regionen eine nicht gewalttätige demokratische Politik beizubehalten, doch der demokratische Prozess bleibt auch weiterhin verwundbar durch die Bedrohung durch politische Gewalt bewaffneter nationalistischer Gruppen. Vor kurzem hat die spanische Regierung die politische Partei der Basken für illegal erklärt, den so genannten politischen Flügel der wichtigsten baskischen Terroristenvereinigung.[34] Großbritannien hat die regionale Selbstverwaltung in Nordirland aufgehoben, weil es den Verdacht hatte, der politische Flügel der IRA könnte sicherheitsempfindliche Informationen an Terroristen weitergegeben haben.[35]

Wenn wir das bisher Gesagte zusammenfassen, können wir zu dem Schluss kommen, dass der Terrorismus liberale Demokratien beschädigt hat, dass es ihm aber nie gelungen ist, deren politische Systeme zu zerstören. Es stellt sich heraus, dass liberale Staaten weit weniger schwach sind, als sie sich selbst wahrnehmen; tatsächlich besteht ihre Hauptschwäche darin, dass sie ihre Stärken unterschätzen.

VI

Eine weitere Annahme der Terroristen hat sich als falsch erwiesen: dass demokratischen Völkern der Wille fehle, für die Demokratie zu kämpfen. Es ist ein Gemeinplatz sowohl von Konservativen Burke'scher Prägung als auch von linksgerichteten Anhängern der kommunistischen Genossenschaftsidee, den Mangel an Bürgergeist zu beklagen, die Langeweile und Illusionslosigkeit von Eliten und Wählern in kapitalistischen Demokratien gleichermaßen.[36] Diesen Demokratien, heißt es, fehle ein gemeinsames Ziel oder ein einigender bürgerlicher Zweck. Terroristische Notstände haben ganz im Gegenteil gezeigt, dass demokratische Eliten und Allgemeinheit gleichermaßen eine überraschende Beharrlichkeit an den Tag legen können, wenn sie angegriffen werden. Selbst in Italien mit seinen relativ schwachen Koalitionsregierungen und einer Bürokratie, die nicht gerade für ihre Effizienz bekannt ist, haben sich Polizei und Militär in den 1970er Jahren beim Kampf gegen den Terrorismus der Roten Brigaden als höchst energisch erwiesen. Richter und Geschworene zögerten nicht, Angeklagte zu verurteilen. Die Öffentlichkeit unterstützte die Verteidigung der konstitutionellen Freiheit mit Nachdruck.[37] Theoretiker, die davon ausgehen, dass die liberale Demokratie durch den kapitalistischen Individualismus geschwächt worden sei, unfähig, den Bürgerwillen zum Zusammenstehen zu mobilisieren, sollten sich terroristische Notstandssituationen ansehen und ihren Standpunkt überdenken. Um nur ein Beispiel zu nennen, das ich 1988 selbst als Zeuge miterlebt habe: Nachdem eine baskische Gruppe auf einen Supermarkt in Barcelona einen Bombenanschlag verübt hatte, bei dem mehrere unschuldige Kunden getötet worden waren, fand eine riesige Demonstration in den Straßen statt. Hunderttausende von Bürgern, Gewerkschaften und Berufsorganisationen trugen alle ihre Transparente, die nach unten geneigt waren. Sie marschierten in absoluter Stille, um ihrer Solidarität und ihrem Ekel Ausdruck zu verleihen. Solche kollektiven Aktionen haben eine reale politische Wirkung und ziehen jenen Mitläufern den Boden unter den Füßen weg, die dazu neigen zu sagen, sie unterstützten die Ziele der Terroristen, aber nicht ihre Mittel. Hier war eine Gelegenheit, bei der die Bürger allein durch ihr Schweigen in Massen zu sagen schienen, dass manche Mittel die Ziele unwiderruflich beflecken.

Die amerikanische Reaktion auf die Katastrophe des 11. September 2001 passt in das gleiche Muster. Der Mut der Polizisten und Feuerwehrleute, die sich in die oberen Stockwerke des brennenden World Trade Center vorwagten, um ihren Mitbürgern zu helfen, enthüllte das wahre Ausmaß der Solidarität, auf die Demokratien zählen können, wenn sie angegriffen werden. Dieses Beispiel führte zu Mahnwachen mit brennenden Kerzen, einer Flut von Bewerbungen bei öffentlichen Dienstleistungsbetrieben und einer Vielzahl anderer Formen von Bürgeraktivität und Engagement. Wir hatten vergessen, dass Demokratien auch Opfergemeinschaften sind. Der 11. September bewies, dass diese Opferbereitschaft – ebenso wie Zivilcourage, Einfallsreichtum und Trotz – so stark war wie eh und je.

Wir wissen nicht genau, welches Bild von liberaler Demokratie die Al-Qaida-Führer im Kopf haben, doch wir können mit einiger Sicherheit davon ausgehen, dass es eine Vorstellung von Dekadenz einschließt, eine Überzeugung, dass Menschen im Westen unfähig sind, ihrer technologischen Überlegenheit einen Willen zum Kampf an die Seite zu stellen, wenn sie angegriffen werden. Diese Annahme hat sich mit Sicherheit als falsch erwiesen. Bestimmte Tugenden – besonders die Fähigkeit zu improvisieren, von unten zu führen, wie bei dem heroischen Verhalten der Passagiere des Flugs 93 von American Airlines – scheinen auf demokratischem Boden zu wachsen. In autoritäreren Gesellschaften wird man sie wahrscheinlich seltener zu sehen bekommen. Wie Elaine Scarry betont hat, wurde der wirksamste einzelne Akt nationalen Widerstands während der Anschläge des 11. September nicht von den Streitkräften ausgeführt, sondern von normalen Bürgern, die das Cockpit der auf Washington zufliegenden Maschine stürmten und es schafften, ihren Kurs zu ändern, sodass sie in Pennsylvania auf ein Feld stürzte. Alle an Bord wurden getötet, doch das Weiße Haus und das Capitol wurden verschont.[38]

Folglich ist es für Terroristen bezeichnend, dass sie den Willen demokratischer Wähler unterschätzen, ihrem Land und seinem politischen System zu Hilfe zu kommen. Aber gerade diese Stärke des Nationalgefühls ist nicht immer hilfreich für den Rechtsrahmen des Schutzes von Individualrechten. Der gleiche Bürgergeist, der die Menschen sich um die Flagge scharen lässt, kann auch Maßnahmen unterstützen, mit denen die Rechte von Ausländern und Mitbürgern, die verdächtigt werden, Straftaten begangen zu haben, aufgehoben werden. Politiker werden sich in den Mantel der nationalen Tragödie hüllen, um ihre Zwangsmaßnahmen zu rechtfertigen. So kann der Gemeinschaftsgeist, der das Herzblut einer Demokratie ist, zu einer Bedrohung für ihre Freiheit werden. Ein Terroranschlag kann bürgerliche Opferbereitschaft und Chauvinismus in fast gleichem Umfang stimulieren.[39] Wie ich bisher durchgängig argumentiert habe, entsteht durch terroristische Notstände ein Riss zwischen der Demokratie, die als Mehrheitsherrschaft definiert wird, und der Demokratie, die sich über Minderheitenrechte definiert. Wenn eine nationale Gemeinschaft angegriffen wird, gibt sie natürlich den Mehrheitsinteressen den Vorzug vor den Minderheitenrechten, und ihre Reaktion auf eine Bedrohung macht sich alles zunutze – gemeinsame Erinnerungen und Symbole ebenso sehr wie konstitutionelle Traditionen, die diese Mehrheitsinteressen behaupten. Wissenschaftler haben zwischen den »bürgerlichen« und »ethnischen« Elementen der nationalen Identität unterschieden, zwischen Stolz auf verfassungsmäßige Rechte auf der einen und Stolz auf Kultur, Sprache, Geschichte und ein gemeinsames Zugehörigkeitsgefühl zu einem Volk oder einer Rasse auf der anderen Seite.[40] Der 11. September 2001 zeigt, wie tief diese Elemente miteinander verschmelzen, wenn eine Nation angegriffen wird.

Wie der daraus resultierende Patriotismus einen Krieg gegen den Terror beeinflusst, hängt entscheidend davon ab, welchen Gebrauch

die politische Führung von ihm macht. Und welchen Gebrauch sie
von ihm machen kann, hängt davon ab, wie die nationale Gemeinschaft definiert ist. Was die politische Führung daran gehindert hat,
die Mehrheit gegen ethnische oder religiöse Minderheiten in unserer
Mitte zu hetzen, ist, dass die Definition der nationalen Gemeinschaft
der Amerikaner – und der meisten liberalen Demokratien – zunehmend alle einschließt, die innerhalb der Grenzen eines Landes leben.
Damit sind der Stigmatisierung von Gruppen in Zeiten einer Krise
praktische politische Grenzen gesetzt. 1919 und dann wieder 1942
konnte die amerikanische Führung mit diskriminierenden Maßnahmen gegen Ausländer und Einwanderer, aber auch gegen gutgläu-
bige Bürger – die japanischen Amerikaner beispielsweise – durchkommen, weil die angegriffene nationale Gemeinschaft so definiert
werden konnte, dass man manche Menschen ausschloss.[41] Heutzu-
tage ist dies schwieriger. Die Massenmigration hat die Regeln des
politischen Aufrufs verändert, und es wird einem Spitzenpolitiker
nicht leicht fallen, Paranoia und Ängste auf Einwanderer, Ausländer
oder erst vor kurzem nationalisierte Bürger zu lenken. Im Fall von
Staatsbürgern oder Ausländern islamischer Herkunft ist ein weiterer
entscheidender Faktor ihr zunehmender politischer Einfluss in ihrer
Heimat und ihre Zugehörigkeit zu einer ungeheuer mächtigen globalen Religion. Jeder, der sich versucht fühlte, einen Krieg gegen den
Terrorismus in einen antiislamischen Kreuzzug zu verwandeln, hat
mit den politischen Konsequenzen zu rechnen, die es mit sich bringt,
wenn man sich gegen eine Gemeinschaft wendet, die weltweit mehr
als eine Milliarde Gläubige umfasst. Infolgedessen haben es Spitzenpolitiker mit einigen Ausnahmen nach dem 11. September 2001
sorgfältig vermieden, Islam-feindliche Beleidigungen zu äußern, und
stattdessen lieber über die gemeinsame Treue zu verfassungsmäßigen
und nationalen Werten gesprochen, unabhängig von der Herkunft
der Menschen. Ob die Botschaften von bürgerlicher und politischer
Zugehörigkeit, wie sie Präsidenten und Ministerpräsidenten äußern,
ernst gemeint sind oder nicht, so muss es doch wahr sein, dass keiner
von ihnen irgendein Interesse daran hat, einen Krieg gegen den Terror

in einen Krieg zwischen Religionen zu verwandeln. Damit soll nicht geleugnet werden, dass es Fälle von Missbrauch und Justizirrtümern gegeben hat. Hunderte von illegal in den USA lebenden Ausländern, die meisten islamischer oder arabischer Herkunft, sind inhaftiert und ausgewiesen worden, und während diese Maßnahmen ebenso ungerecht wie unnötig waren, waren sie doch weniger streng als die 1919 und 1942 getroffenen Maßnahmen. Dies ist kein Grund, den Behörden zu gratulieren, oder eine Einladung zur Selbstzufriedenheit, sondern ein Hinweis darauf, dass die Parameter erlaubter Ungerechtigkeit nicht mehr das sind, was sie einmal waren.

VII

Selbst wenn man behaupten kann, dass der Pluralismus moderner Gesellschaften es schwieriger macht, arabische und islamische Gruppen zu stigmatisieren, als es nach 1919 war, italienische und slawische Anarchisten zu stigmatisieren, und nach 1942 Amerikaner japanischer Herkunft, kann ein Krieg gegen den Terror der Demokratie noch immer schweren Schaden zufügen. Die meisten Anti-Terroristen-Feldzüge erfordern die Schaffung geheimer, bestens ausgebildeter Einheiten entweder in der Polizei oder bei den Streitkräften, deren Aufgabe es ist, Flugzeugentführungen und Geiselnahmen zu bekämpfen und den Krieg ins Lager des Feindes zu tragen, und zwar mit gezielten Ermordungen, Massen- und Einzelfestnahmen. Eine zentrale politische Herausforderung in einem Krieg gegen den Terror besteht darin, solche Einheiten unter Kontrolle zu halten.

In dem Feldzug gegen den baskischen Terror wurde die spanische Polizei wiederholt zum Ziel von Angriffen. Gekränkt durch ihre Verluste und erzürnt über das, was sie als ungenügend nachdrückliche Unterstützung der Politiker ansah, schuf die spanische Polizei ein Mordkommando aus Elitebeamten, die GAL, die dann eine Reihe baskischer Aktivisten und Agenten liquidierten, die in Frankreich untergetaucht waren. Diese illegalen Aktionen wurden von dem spanischen Innenminister stillschweigend unterstützt. Die Morde machten dem baskischen Terrorismus jedoch kein Ende: Sie dienten nur dazu, die Kompetenz und Ehrlichkeit der demokratischen Regierung Spaniens in den Augen der Basken in Frage zu stellen. Zum Glück wurde das Ausmaß des schmutzigen Krieges von der spanischen Presse und einigen Untersuchungsrichtern ans Licht gebracht, und einige der schuldigen Politiker und Polizeiagenten wurden zu Gefängnisstrafen verurteilt.[42]

Demokratien sollten mit lizenzierten Todesschwadronen nichts zu tun haben. Die Briten schickten eine Anti-Terror-Einheit der Armee nach Gibraltar, um dort eine aktive Einheit der IRA festzunehmen. Weil die Einheit und die örtliche Polizei nicht in vollem Umfang kooperierten, wurde die Operation verpfuscht, und die Briten richteten die drei IRA-Agenten auf offener Straße hin. Der daraus resultierende Skandal – Tod in Gibraltar – ließ die irisch-republikanische Öffentlichkeit von einer Zusammenarbeit mit den Briten abrücken und trug diesen eine Verurteilung durch den Europäischen Gerichtshof für Menschenrechte ein.[43] In jüngster Zeit kam bei einer britischen Untersuchung ans Licht, dass Sicherheitskräfte mit paramilitärischen Einheiten der Protestanten unter einer Decke steckten und vorhatten, einen prominenten nationalistischen Politiker hinzurichten.

Diese Beispiele zeigen, wie schwierig es ist, Anti-Terror-Einheiten davon abzuhalten, das Recht in die eigenen Hände zu nehmen. Was die Verantwortlichkeit lockert, ist ein unheilvolles Zusammenwirken von Wut und Furcht in der Öffentlichkeit ganz allgemein, was die Botschaft an die politischen Eliten und deren Geheimdienste weiterreicht, dass alles erlaubt ist, solange es Ergebnisse erzielt. Ferner tragen zunehmend ungehindert operierende Behörden dazu bei, die – weil sie eine effektive Aufsicht und Kontrolle des Parlaments oder der Gerichte nicht länger fürchten – der Meinung sind, sie kämen damit durch, wenn sie ohne Rücksicht auf Verluste vorgehen.

Die Erfahrungen in Italien, Großbritannien und Deutschland zeigen, dass es effektiver ist, die Befehlsgewalt und Kontrolle von Anti-Terror-Operationen zu verbessern, als diesen Einheiten größere

Vollmachten zu Durchsuchungen und Festnahmen zu geben oder die Freiheiten von Bürgern weiter einzuschränken. Die entscheidenden Instrumente einer effektiven Anti-Terror-Operation sind Eliteeinheiten, die nachrichtendienstliche Fähigkeiten und Schlagkraft in sich vereinen, einem Kommando unterstehen und Gerichten und Parlamenten gegenüber in dem Maße verantwortlich sind, wie es mit den operativen Zwecken vereinbar ist.

Loyalitätseide von Regierungsbeamten oder ein Verbot gewerkschaftlicher Organisation in den Sicherheitsdiensten werden oft als notwendig genannt, um Unterwanderung durch Terroristen zu verhindern. Die deutschen Erfahrungen mit den Berufsverboten, durch die Radikale vom öffentlichen Dienst ausgeschlossen wurden, erwiesen sich als kontraproduktiv. Damit wurden sowohl die akademische als auch die politische Freiheit verletzt und überdies Gruppen unnötig ins Abseits gedrängt, die der deutschen Demokratie zwar kritisch gegenüberstanden, jedoch keineswegs ihre Feinde waren. Analoge Maßnahmen zum Verbot der Mitgliedschaft und Aktivität in Gewerkschaften im amerikanischen Department of Homeland Security hat man mit Gründen der operativen Effizienz verteidigt, doch sie scheinen darauf angelegt zu sein, gerade die Rechte zu verletzen, die eine solche Organisation eigentlich verteidigen soll.[44] Loyalitätseide und die Einschränkung von gewerkschaftlichen Rechten scheinen überdies unnötig zu sein, wenn sorgfältige Hintergrundprüfungen bei Bewerbern für den öffentlichen Dienst durchgeführt werden, vorausgesetzt, die für diese Prüfungen benutzten Daten sind durch den Freedom of Information Act öffentlich zugänglich.

Personalausweise sowie Ausweissysteme, die biometrische Erkennungsmerkmale benutzen, werden für die Bürger in liberalen Demokratien schnell zur Pflicht, und während Verfechter der bürgerlichen Freiheitsrechte Einspruch erhoben haben, scheint es unvermeidlich zu sein, dass sich ihr Einsatz ausbreiten wird.[45] Großbritannien hat vor kurzem verkündet, das Land werde nach und nach ein nationales Personalausweissystem einführen, bei dem die jüngste biometrische Technologie eingesetzt wird. Zunächst für Ausländer und dann für alle Bürger wird es zur Pflicht werden, diese Ausweise stets bei sich zu führen.[46] Die Gründe des öffentlichen Interesses an solchen Maßnahmen sind klar. Gesetzestreue Bürger wollen mit narrensicheren Systemen sicherstellen, dass ihre Unbescholtenheit bei Sicherheitskontrollen akzeptiert wird.[47] Sie werden den Einsatz solcher Systeme wünschen, weil eine exaktere Identifikation es den Behörden erlaubt, zielgenauer nach Verdächtigen zu fahnden. Eine größere Genauigkeit steigert die Freiheit, weil sie die Wahrscheinlichkeit einer Festnahme, die auf einer falschen Identitätszuweisung beruht, verringert. Personalausweise werfen jedoch ernste Probleme auf. Bei jedem zentralisierten System der Datensammlung besteht die Gefahr, dass Terroristen in die Datensysteme eindringen, und überdies ist nicht auszuschließen, dass übereifrige Behörden mit den Daten Missbrauch treiben. Die entscheidende Herausforderung scheint darin zu bestehen, dass man zwischen einzelnen Datengruppen sozusagen digitale Brandmauern einziehen muss, damit der Zugang auf diejenigen beschränkt ist, die rechtlich dazu befugt sind, von ihnen Kenntnis zu nehmen. Das größte verwaltungstechnische Problem besteht darin, die Sicherheit, Integrität und Unverletzlichkeit nationaler Identitätsregister zu garantieren. Es ist jedoch schon heute möglich, Datensysteme klar voneinander abzugrenzen. Kreditkartenunternehmen sollten keinen Zugang zu Strafregistern, Datenbanken von Führerscheininhabern usw. haben. Umgekehrt sollten Regierungen nur einen streng begrenzten Zugang zu den Kredit- und Bankaktien ihrer Bürger haben. Während amerikanische Bürgerrechtsgruppen gegen landesweite Personalausweise Einwände erheben, weil sie die Rechte auf Privatheit verletzten und ein Eindringen der Regierung in die Privatsphäre der Bürger ermöglichten, scheint es eine Rechtfertigung für eine landesweite Regelung zu geben, die auf der Denkfigur des kleineren Übels beruht. Der richtige Weg, über diese Probleme nachzudenken, besteht nicht in grundsätzlichen Einwänden gegen ein Personalausweissystem, sondern man muss Gesetze schaffen, welche die Arten von Daten, die sich mit Hilfe eines landesweiten Ausweissystems gewinnen lassen, begrenzen und ferner sicherstellen, dass der Zugang zu diesen Daten streng auf Beamte mit entsprechenden Befugnissen beschränkt bleibt. Ein Gericht mit Jurisdiktion über nationale Datenregister könnte Bitten um Informationen ebenso bewerten wie Beschwerden über die Verletzung der Privatsphäre und von Rechten. So wie die Dinge heute schon liegen, wissen die meisten Bürger, dass ihre persönlichen Daten für eine Vielzahl neugieriger Augen verfügbar sind, angefangen bei den Versendern von Spam-E-Mails, die der Spur ihrer Internet-Transaktionen folgen, bis hin zu Kreditinstituten, die ihnen Kredite verweigern. Das Problem ist, dass alle diese Systeme behördlich unreguliert oder unlizenziert zu sein scheinen. Ein nationales Personalausweissystem wird vielleicht zum Einfallstor für eine Regelung aller digitalen Datenbanken und für die Schaffung eines Rechtsrahmens für Wiedergutmachungen bei Verletzungen der Privatsphäre.

Diese Maßnahmen sind für die Freiheit der Bürger nicht unbedingt schädlich. Ebenso wenig ist es unvernünftig, Behörden, die mit der Verbrechensbekämpfung im Inland beauftragt sind, eine Zusammenarbeit mit internationalen Nachrichtendiensten zu erlauben, wenn der Terrorismus nationale Grenzen überschreitet. Es kann auch gerechtfertigt sein, Einheiten der Terrorismusbekämpfung die gleichen Vollmachten zum Abhören und zur elektronischen Überwachung zu erteilen, welche die Polizei im Krieg gegen Drogen und das organisierte Verbrechen schon besitzt. Doch diese Erweiterungen der polizeilichen Vollmachten sind beispielsweise in dem amerikanischen Patriot Act und dem kanadischen Bill C-36 überhastet vorgenommen worden. Es hat den Anschein, als würden sie die Vollmachten zu Haussuchungen und Festnahmen sowie Überwachungsvollmachten nicht unter ausreichender rechtlicher Kontrolle halten.[48]

Wenn es dem Terrorismus noch nie gelungen ist, eine liberale Demokratie zu zerstören, dann liegt es nicht auf der Hand, dass sich diese Maßnahmen allein aus Gründen der Notwendigkeit rechtfertigen lassen. Doch damit ist die Angelegenheit nicht zu Ende, denn wie ich anfänglich schon sagte, ist es eine Illusion anzunehmen, dass die Reaktion von Gesetzgebern je in einem voll und ganz angemessenen

Verhältnis zur Größe eines terroristischen Risikos steht. »Vorsicht ist besser als Nachsicht« – dieser Grundsatz wird wahrscheinlich die meisten Reaktionen auf eine Bedrohung bestimmen, ob sie nun real oder eingebildet ist. Das Beste, worauf man hoffen kann, ist Folgendes: Wenn mehr Gesetze verabschiedet werden als notwendig, werden Bürgerrechtsgruppen und Lobbyisten des öffentlichen Interesses dafür sorgen, dass die Gesetzgeber unter anhaltenden Druck gesetzt werden, eine Gesetzgebung rückgängig zu machen, sobald diese sich als unnötig erweist. Wenn wir Übertreibungen schon nicht verhindern können, können wir sie zumindest nachträglich korrigieren. Die geschichtliche Erfahrung zeigt nämlich, dass zwar noch keine Demokratie durch Terror in die Knie gezwungen wurde, dafür aber alle Demokratien durch Terror beschädigt worden sind, hauptsächlich durch ihre eigenen Überreaktionen. Die langsame Zunahme unnötiger Vollmachten in den Gesetzbüchern ist eine Weise, auf die sich der von Terroranschlägen angerichtete Schaden noch lange nach dem Vorübergehen der Gefahr bemerkbar macht. Die Beschneidung unnötiger Vollmachten in den Gesetzen ist eine Möglichkeit, den Schaden – wenn auch nachträglich – zu beseitigen, den der Terrorismus dem Gleichgewicht zwischen Freiheit und Ordnung in demokratischen Gesellschaften zugefügt hat.

Wenn Terroristen gegen konstitutionelle Demokratien zuschlagen, besteht eine ihrer Absichten darin, Wähler und Eliten davon zu überzeugen, dass die Stärken dieser Gesellschaften – eine öffentliche Auseinandersetzung, wechselseitiges Vertrauen, offene Grenzen und verfassungsmäßige Einschränkungen der exekutiven Gewalt – in Wahrheit Schwächen seien.[49] Werden Stärken als Schwächen wahrgenommen, ist es leicht, sie über Bord zu werfen. Wenn dies die Logik des Terrors ist, müssen demokratische Gesellschaften einen Weg finden, ihre scheinbaren Verwundbarkeiten als eine Form von Stärke zu sehen. Das erfordert nichts Besonderes. Es bedeutet einfach, dass diejenigen, die für die demokratischen Institutionen verantwortlich sind, ihre Arbeit tun müssen. Wir brauchen Richter, denen klar ist, dass die nationale Sicherheit kein Freibrief für die Außerkraftsetzung von

Individualrechten ist; ferner brauchen wir eine freie Presse, welche die Informationen aufspürt, die eine Exekutive im Namen der nationalen Sicherheit zu ändern oder zurückzuhalten wünscht; außerdem Gesetzgeber, die es der nationalen Sicherheit nicht erlauben, das Parlament an der Erfüllung seiner Funktion als Kontrollorgan der exekutiven Vollmachten zu hindern. Wenn ein verfassungsmäßiges Sicherheitssystem weiterhin wirksam funktioniert, das heißt, wenn die Macht auch weiterhin der Probe einer kritischen Rechtfertigung unterworfen wird, gibt es keinen Grund zu befürchten, dass ein Krieg gegen den Terror uns dazu bringen wird, die Werte zu verraten, für die wir kämpfen.

VIERTES KAPITEL

Die Stärke der Schwachen

Die Klugheit wird allerdings vorschreiben, dass lang bestehende Regierungen nicht wegen leichter und vorübergehender Ursachen geändert werden, und es hat deshalb die Erfahrung von jeher gezeigt, dass die Menschen eher geneigt sind zu leiden, solange die Leiden erträglich sind, als selbst ihr Recht zu suchen durch Abschaffung der Formen, an die sie gewöhnt sind; aber wenn eine lange Reihe von Missbräuchen und rechtswidrigen Eingriffen beständig das gleiche Ziel verfolgend die Absicht offenbar macht, sie unter einen absoluten Despotismus zu bringen, dann ist es ihr Recht, ist es ihre Pflicht, eine solche Regierung zu stürzen und für ihre künftige Sicherheit neuen Schutz zu schaffen.

Auszug aus der Unabhängigkeitserklärung der Vereinigten Staaten von Amerika, 1776

I

Terrorismus ist eine gewalttätige Form der Politik, und weil der Terrorismus politisch ist, ist er auch gefährlich. Terroristen vertreten eine Sache und Beschwerden und nehmen für sich in Anspruch, im Namen von Millionen zu sprechen.[1] Wenn Terrorismus eine Form von Politik ist, muss er mit Argumenten und nicht nur mit Waffengewalt bekämpft werden. Ein Krieg gegen den Terror, der nicht von einer klaren politischen Strategie geleitet wird, für eine demokratische Regierung Unterstützung zu gewinnen und dem Terror die Unterstützung zu entziehen, muss zwangsläufig scheitern. Tatsächlich ist es ein Fehler, die Effektivität militärischer oder polizeilicher Aktionen unabhängig von ihren politischen Auswirkungen zu bewerten. Eine Operation, die eine Zelle vernichtet, aber eine gesamte Population schuldloser Unbeteiligter sich entfremdet, ist kein Erfolg, sondern ein Fehlschlag.

Es liegt auf der Hand, dass die Taktik eines Kriegs gegen den Terror durch eine langfristige politische Strategie bestimmt werden muss. Aber durch genau welche Strategie? Die Antwort hängt davon ab, welcher Art von Terrorismus ein Staat sich gegenübersieht, sowie von der Art der Forderungen, die Terroristen stellen. In diesem Kapitel möchte ich zwischen verschiedenen Formen von Terrorismus unterscheiden, die politischen Forderungen benennen, die Terroristen zur Rechtfertigung von Gewalt gegen Zivilisten vorbringen, und politische Strategien vorschlagen, mit denen man sie besiegen kann.

Es müssen sechs Formen von Terrorismus unterschieden werden, von denen jede eine eigene politische Reaktion erfordert:

- Aufständischer Terrorismus, der auf einen revolutionären Umsturz eines Staates abzielt
- Einzelgänger- oder Themen Terrorismus, der auf die Förderung einer einzelnen Sache abzielt
- Befreiungsterrorismus, der auf den Umsturz eines Kolonialregimes abzielt
- Separatistischer Terrorismus, der auf die Unabhängigkeit einer untergeordneten ethnischen und religiösen Gruppe innerhalb eines Staates abzielt
- Besatzungsterrorismus, der auf die Vertreibung einer Besatzungsmacht von dem Territorium abzielt, das durch Krieg oder Eroberung erworben worden ist
- Globaler Terrorismus, der nicht auf die Befreiung einer bestimmten Gruppe abzielt, sondern es darauf anlegt, eine Weltmacht zu schädigen und zu demütigen.

Im vorigen Kapitel wurde der erste Typus untersucht – revolutionärer Terrorismus, der den Umsturz des Staates herbeiführen will. Liberale Demokratien haben sich dieser Herausforderung mit einer Kombination aus politischen Konzessionen an ausgeschlossene Gruppen und unerbittlichen Maßnahmen der Terrorbekämpfung entledigt. Die zweite Form von Terrorismus – Einzelgänger-Terrorismus, der von einem Einzelnen oder einer kleinen Gruppe als Protest in einer bestimmten Angelegenheit betrieben wird – erfordert eine andere Reaktion. Timothy McVeighs Anschlag auf das Bundesgebäude in Oklahoma City würde in dieses Muster passen, ebenso die Bombenanschläge in Abtreibungskliniken durch Abtreibungsgegner. Eine Unterart des Einzelgänger-Terrorismus wäre etwa der Anschlag der Sekte Aum Shinrikyo auf die U-Bahn in Tokio, zu dem eine kleine Gruppe durch einen Sektenführer verführt worden war.[2]

Jeder, der eine liberale Demokratie herauszufordern wünscht, dem aber die politische Unterstützung fehlt, das auf friedliche Weise zu tun, ist genötigt, zumindest darüber nachzudenken, ob er das in einer Demokratie geltende Tabu politischer Gewalt brechen soll. So könnte jemand, der glaubt, Abtreibung sei Mord, angesichts der stetigen Weigerung der amerikanischen Wähler, die Abtreibung unter Strafe zu stellen, das Gefühl haben, dass Brandanschläge auf Kliniken oder das Töten von Abtreibungsärzten ein gerechtfertigter letzter Ausweg seien. Da eine Mehrheit ihrer Mitbürger nicht dazu gebracht werden kann, ihnen zu folgen, bleibt ihnen nur eine Wahl, nämlich sich der Mehrheitsherrschaft zu fügen oder sich dem Terror zuzuwenden. Sobald das Tabu gebrochen ist, kann Schwäche in Stärke verwandelt werden.

Angesichts der Zahl von Minderheitspositionen, die in modernen Staaten keine Chance auf einen politischen Erfolg haben, ist das Risiko von politischer Gewalt in der demokratischen Politik nie gleich null, besonders, wenn die Ränder der politischen Kultur mit den Worten von Barry Goldwater die Überzeugung bestärken, dass »Extremismus zur Verteidigung der Freiheit kein Laster ist«.[3] Verbaler Absolutismus dieser Art ist in jeder politischen Ordnung gefährlich, besonders in einer, welche die Freiheit ernst nimmt, denn manche Menschen am äußersten politischen Rand verwandeln ihre Glaubens- und Meinungsfreiheit in eine Verpflichtung zu töten. In seinem Extremismus mag McVeigh ein einsamer Verrückter gewesen sein, doch er sprach auch auf eine zutiefst amerikanische Weise – »der paranoide Stil in der amerikanischen Politik« – und glaubte tatsächlich an die amerikanische Freiheit oder zumindest an seine Version davon, und das mit einer Ernsthaftigkeit, die einem kalte Schauer über den Rücken jagt.[4] Der Terrorismus ist deshalb nicht lediglich eine äußere Bedrohung der demokratischen Politik, sondern gehört ihr wesenhaft an.

Es gibt keine einfachen Lösungen für Einzelgänger- oder Themen-Terrorismus. Wer das Recht dazu benutzt, aufhetzende, extreme oder hasserfüllte Meinungen zu beschranken, wird damit vielleicht die Garantien der Freiheit der Meinungsäußerung antasten. Gleichzeitig sind hasserfüllte Reden oft ein Vorspiel zu hasserfüllten Taten. Das Warten auf die Taten kann Unschuldige einem hohen Risiko aussetzen. Europäische und kanadische Staaten verbieten und bestrafen diese Formen der Meinungsäußerung bereitwilliger als die Vereinigten Staaten.[5] Eine politische Strategie der Terrorismusbekämpfung muss zwischen der Verteidigung der staatlichen Ordnung und der Verteidigung von Werten unterscheiden. Wer die Wertvorstellungen der Mehrheit herausfordert, ist nicht unbedingt oder auch nur meist eine Bedrohung für die öffentliche Ordnung. Wenn nicht gerade ein politischer Streit eine Gruppe aktiv dazu aufhetzt, Gewaltakte zu begehen, scheint es alles in allem klug zu sein – besonders in Gesellschaften mit einer Mehrheit konkurrierender religiöser und weltlicher Ansichten –, nicht zuzulassen, dass Erwägungen der öffentlichen Ordnung stärker wiegen als die Freiheit der Meinungsäußerung und die Religionsfreiheit. Gründe der öffentlichen Ordnung sind überdies oft nur eine Tarnung für Zensur, so zum Beispiel im Falle eines französischen Generals, der wegen Anstiftung zum Hass verurteilt wurde. Er hatte ein Buch über seine Erfahrungen in Französisch-Algerien veröffentlicht, das einer Rechtfertigung von Folter gleichkam.[6] Die

Rechtfertigung der Folter in einem bestimmten geschichtlichen Kontext scheint jedoch etwas völlig anderes zu sein als aktives Aufhetzen. Nur wenn Agitatoren von hasserfüllter Rede zu aktiver Unterstützung terroristischer Taten oder Verbrechen aus Hass übergehen, sollten sie den gesetzlichen Strafen unterworfen werden. Noch wichtiger jedoch ist es, wie die öffentliche Meinung auf Einzelgänger- oder Themen-Terrorismus reagiert. Der Anschlag von Oklahoma brachte McVeigh keine Anhänger für seine Sache ein. Der Anschlag führte dazu, dass die Milizbewegungen in Verruf kamen, die ihn geschürt hatten. Wo terroristische Gräueltaten Unterstützung oder passive Komplizenschaft auslösen, werden sie gefährlich. Wie Dostojewski in den 1870er Jahren in Russland beobachtete: Noch beunruhigender als die gelegentlichen Bombenattentate einzelner nihilistischer Revolutionäre war das fast allgemeine Versagen der Eliten, die es versäumten, sich um das Zarenregime zu scharen.[7] Die einzige Verteidigung gegen Einzelgänger-Terror besteht für eine Gesellschaft darin, zusammenzustehen und andere potentielle Terroristen davon zu überzeugen, dass Terror nur etwas für Einzelgänger ist. Dies gelingt, solange eine demokratische Gesellschaft einer Mehrheit ihrer Bevölkerung erfolgreich vermitteln kann, dass es für die Aufhebung von Missständen friedliche, verfassungsmäßige Mechanismen gibt und dass diejenigen, die in einer Demokratie zu Gewalt greifen, dies unrechtmäßig tun.

II

Aber was sollen wir sagen, wenn friedliche, verfassungsmäßige Lösungsmöglichkeiten nicht existieren? Viele liberale demokratische Staaten haben den Kolonialvölkern solche Lösungsmöglichkeiten verweigert; andere Demokratien haben ethnische Gruppen gegen ihren Willen in ihren Territorien gehalten; und manche haben ganze Populationen einer permanenten Besetzung unterworfen. Was ich Befreiungs-, Besatzungs- und Separatisten-Terrorismus genannt habe, hat sich gegen den Versuch gerichtet, über andere ohne deren Einwilligung zu herrschen: Kolonialregime, ethnische Mehrheitstyrannei oder militärische Besetzung. In jeder politischen Strategie gegen den Terror beginnt die Klugheit damit, dass Demokratien nicht versuchen sollten, über andere ohne deren Zustimmung zu herrschen. Wenn Letzteres geschieht, entfernt sich eine Demokratie von ihrer eigenen Kernprämisse: nämlich dem Recht auf Selbstbestimmung. Dieses Recht wurde international erstmals von Woodrow Wilson formuliert, nämlich als das Prinzip, das als Leitlinie bei der Liquidierung der ruinierten Reiche Europas bei der Versailler Konferenz von 1919 dienen sollte.[8]

Seitdem hat dieses Selbstbestimmungsrecht als Leitlinie bei der Befreiung von Kolonialvölkern gedient. Der gesamte antikoloniale Widerstand gegen die imperiale Herrschaft nach 1945 – in Indien, Indonesien, Algerien und Vietnam – war in Begriffen von Demokratie gerechtfertigt. Der antikoloniale Widerstand setzte sich zum Teil deshalb durch, weil die kolonialen Demokratien nicht den Schneid hatten, sich der Demokratie zu widersetzen, oder nicht den Mut aufbrachten, ihre Siedler-Minderheiten um jeden Preis zu schützen. In allen diesen Kämpfen war der hauptsächlich gegen die Siedler-Minderheiten gerichtete Terror die bevorzugte Taktik, weil die Gruppen, die sich dem bewaffneten Kampf widmeten, nie über ausreichende Kräfte verfügten, um die Streitkräfte der Kolonialmächte direkt herauszufordern. Im algerischen Befreiungskrieg setzte die FLN (die nationale Befreiungsfront) Terroranschläge ein, um die algerische Bevölkerung zu radikalisieren und dem Befreiungskampf in die Arme zu treiben, die zivilen Franzosen im Land zu demoralisieren, die *pieds noirs*, und um die französische Regierung zu der Einsicht zu zwingen, dass ihre militärische Überlegenheit sich am Ende nicht durchsetzen würde. Die FLN-Terroristen stellten sich als die wahren Vertreter des algerischen Volkes dar, doch die Tatsache, dass sie zu Terror griffen, bewies das Gegenteil: dass sie zumindest zu Beginn nicht genügend Unterstützung im Volk hatten, um die Kolonialbehörden mit gewaltlosen Mitteln zu besiegen. Ebenso stellten sich die französischen Ko

lonialbehörden als legitime Regierung aller Algerier, Franzosen wie
Araber, dar, doch die Tatsache, dass sie schon früh zu staatlichem
Terror griffen, bewies das Gegenteil: dass sie die Kolonialherrschaft
nur durch den Einsatz von Gewalt aufrechterhalten konnten. Sowohl
der Terror der Aufständischen als auch der des Staates waren ein Eingeständnis strategischer Schwäche.[9]

Die Franzosen wurden dazu getrieben, sich dem Terror zuzuwenden, »pour encourager les autres«, um diejenigen zu kontrollieren, die
sie nicht mehr überzeugen konnten. Jede politische Strategie gegen
den Terror muss die Lektion lernen, dass Gewalt als Kontrollmecha-
nismus unweigerlich versagt, wenn die Zustimmung verloren worden
ist. Schlimmer noch, Gewalt bei Fehlen von Zustimmung neigt dazu,
außer Kontrolle zu geraten. Wenn Populationen einen verabscheuen
und hassen, wird die Versuchung, ihnen die Menschenwürde zu nehmen, unwiderstehlich, und was als Zwang beginnt, kann als Terror
enden.

Am Ende gestanden die Franzosen den Algeriern die Unabhängigkeit zu, aber nicht, weil sie militärisch besiegt worden wären, sondern
weil die französische Republik die politischen Kosten eines endlosen
Kriegs um die Herrschaft im Land nicht länger tragen konnte. De
Gaulle rettete die französische Republik vor einer Katastrophe, doch
um den Preis, dass er die Minderheit der französischen Siedler und
ihrer algerischen Verbündeten opferte. Wenn er den terroristischen
Bedrohungen dort ein Ende machen wollte, erforderte das eine besonders schmerzliche Entscheidung; er musste wählen, ob er den Versuch machten wollte, eine Kolonialbevölkerung gegen ihren Willen
zu beherrschen, oder ob er die Interessen von Siedlerminderheiten
opfern sollte, obwohl sie seiner politischen Gemeinschaft angehörten.
Indem er sich schon früh entschied, rettete de Gaulle Frankreich vor
dem Schrecken eines Terroristenkrieges.

Diese gleiche Logik der kleineren Übel gilt nur zu offenkundig
auch in Israel, wo Israel ebenfalls vor eine Entscheidung gestellt wird:
Wenn das Land die Forderungen der Palästinenser nach Selbstbestimmung erfüllen will – offenkundig die richtige politische Strate-

gie, um die Terroranschläge gegen Israel zu verringern –, müsste der israelische Staat gleichzeitig Siedler mit Gewalt aus ihren Gebieten vertreiben, die ein gleiches Recht auf das Land zu haben glauben. Dass man die Interessen einer Minderheit des eigenen Volkes opfert, ist nur dann zu rechtfertigen, wenn man damit für die Mehrheit genügend Sicherheit gewinnt.

Wo die fragliche Selbstbestimmung eine ethnische Forderung nach Loslösung von dem Territorium eines Staates ist, muss der dominierende Staat einen Weg finden, den Anspruch zu beschwichtigen, ohne seine eigene Souveränität oder territoriale Integrität zu opfern. Wo ein Staat sein Territorium als unteilbar ansieht und wo die ethnische Gruppe den Anspruch erhebt, dass das Territorium, um das sie sich bemüht, für sie lebensnotwendig sei, ist Gewalt unvermeidlich.[10] In Sri Lanka haben die »Tamilischen Tiger« zum Mittel des Terrors gegriffen, weil sie glaubten, Opfer unter der Zivilbevölkerung würden die Regierung zwingen, ihnen die Abspaltung zu gewähren. In einer solchen Situation können sich die Terroristen nicht gegen das Militär durchsetzen, und ebenso wenig kann das Militär über die Terroristen siegen. In einer solchen Pattsituation leiden und sterben nur Zivilisten. Der einzige Ausweg ist ein politischer Dialog, der von außen durch andere Regierungen gefördert wird und mit einem Kompromiss endet: Die legitimen Forderungen der Tamilen nach Selbstbestimmung in einem Bundesstaat müssen erfüllt werden, ohne dass man die Einheit des Staates Sri Lanka opfert oder die Tamilen im Süden oder die Singalesen im Norden ethnischen Säuberungen aussetzt. Es genügt mit anderen Worten also nicht, der terroristischen Gewalt ein Ende zu machen. Es ist ebenso entscheidend, eine politische Lösung für die Sicherheitsdilemmata der Minderheiten zu finden, die unweigerlich zurückbleiben, wenn jede Seite bekommt, was sie politisch will.

In diesen drei Fällen – Algerien, Israel, Sri Lanka –, in denen sich Terrorismus als Taktik erhebt, um eine Kolonialherrschaft, eine Besetzung oder eine Verweigerung ethnischer Rechte zu beenden, lässt sich darlegen, wie eine politische Strategie gegen den Terror aussehen könnte, und kann man erkennen, warum solche Strategien so schwie-

rig sind. Sie erfordern politisch schmerzliche Opfer der Rechte und
Ansprüche des eigenen Volkes, um den Frieden mit dem Feind zu
sichern. Doch sobald die politischen Opfer einmal gebracht worden
sind, kann der Terrorismus beendet werden. Der französische Rückzug aus Algerien machte dem Terrorismus dort ein Ende. Eine sinn-
volle Form demokratischer Selbstverwaltung in tamilischen Regionen
könnte den Terrorismus in Sri Lanka beenden. Die Eigenstaatlichkeit
für die Palästinenser könnte den Terrorismus gegen Israel beenden,
zumindest für einige Zeit.

Die politischen Zugeständnisse einer Demokratie können jedoch
nicht erfolgreich sein, wenn Terroristen und die Gemeinden, die sie
unterstützen, nicht bereit sind, die grundlegende Legitimität des Anspruchs des demokratischen Staates auf Überleben zu akzeptieren.
Im Fall Israels wollen seine Feinde ihm das nicht zugestehen. Hamas,
Hisbollah und andere Terroristengruppen kämpfen nicht für eine
Zwei-Staaten-Lösung, sondern für einen einzigen Staat in Palästina,
der auf den Ruinen der israelischen Nation errichtet werden soll.[11]
Das stellt Israel vor ein Dilemma: Zugeständnisse, die man Gruppen
gewährt, die sich weigern, das Existenzrecht eines Staates anzuerkennen, werden nur weiteren Terror produzieren. Die Beendigung der
Besetzung palästinensischer Gebiete ist die offenkundige Vorbedingung für Frieden und Sicherheit Israels, aber nur, wenn die Palästi-
nensergruppen anerkennen, dass ein halber Laib Brot besser ist als gar
keiner und dass das alles ist, was sie je haben werden.

Politische Strategien haben nur dann eine Chance zu funktionieren, wenn beide Seiten einander politisch anerkennen. Der demokratische Staat muss anerkennen, dass die Terroristengruppen einen
berechtigten Anspruch vertreten, obwohl ihre Mittel unannehmbar
sind, und die Terroristen müssen akzeptieren, dass ein halber Laib
Brot ein ehrbarer Kompromiss ist.

Die Schwierigkeit besteht jedoch darin, dass die Sprache von Gerechtigkeit und Menschenrechten meist als moralische Trumpfkar-
te verwendet wird, als eine spielentscheidende Forderung auf einen
Anspruch, der die Rechte derer verleugnet, die sich ihm widersetzen.

Unterdrückte Gruppen argumentieren häufig, als verhinderten die Umstände ihrer Situation jede weitere Verhandlung. Tatsächlich ist ein Anspruch auf Selbstbestimmung nicht als solcher immer schon gerecht. Meist konkurriert der eine mit einem anderen, so wie der palästinensische Anspruch zu dem israelischen im Widerspruch steht, so wie nationalistische Ansprüche denen der Unionisten in Nordirland gegenüberstehen. Statt die Grundlage für eine gegenseitige Anerkennung zu liefern, haben die Menschenrechte oft den Glauben verstärkt, dass die eigenen moralischen Forderungen Trümpfe sind und es somit verdienen, sich gegenüber den anderen durchzusetzen. Gerede über Recht behindert in Wahrheit die Suche nach einem Kompromiss und Konsens[12], wenn ein Kompromiss vielleicht der einzige Weg ist, um überhaupt irgendein politisches Ziel zu erreichen.

Obwohl Selbstbestimmung in beiden wichtigen Völkerrechtsvereinbarungen einen Ehrenplatz einnimmt, sind nicht alle Ansprüche auf Selbstbestimmung begründet.[13] 1965 erklärten weiße Rhodesier ihre Unabhängigkeit, um die Briten daran zu hindern, der schwarzen Bevölkerung Rhodesiens Unabhängigkeit unter der Mehrheitsherrschaft zu gewähren. Die Forderung der Weißen war ungerecht, weil sie die Mehrheit des Landes daran zu hindern versuchten, ihre eigenen Angelegenheiten zu regeln. Die Weißen konnten zwar ein Recht für sich in Anspruch nehmen, in ihrem Herkunftsland zu bleiben und ihr Eigentum sowie ihre vollen demokratischen Rechte zu behalten, konnten aber nicht das Recht der Mehrheit verleugnen, sich selbst zu regieren. Ein Anspruch auf Selbstbestimmung wird deshalb ungültig, wenn er einem anderen Volk den Anspruch verweigert, ebenfalls frei zu sein.

Analog dazu hat Israel einen Anspruch auf einen eigenen Staat auf genügend Land in Palästina, um seinem Volk Freiheit und Sicherheit vor Angriffen zu garantieren. Dieser Anspruch Israels gründet in einer Geschichte dauerhafter Besiedlung, in seinen religiösen Traditionen und in der Geschichte des Holocaust. Doch er ist davon abhängig, dass Israel den Palästinensern das gleiche Recht auf genügend Land einräumt, um ihre Freiheit und Sicherheit zu garantieren. Die Palästinenser haben eine gleichrangige Geschichte dauerhafter Besiedlung und können sich in gleicher Weise auf ihre religiöse Tradition berufen. Gebiete, die im Krieg von 1967 von den israelischen Streitkräften besetzt worden sind, können nicht auf ewig gehalten werden; auf sie erstreckt sich der israelische Anspruch auf Selbstbestimmung nicht, da sie durch Eroberung erworben und mit Hilfe einer militärischen Besetzung gewaltsam gehalten worden sind. Mit anderen Worten: Es gibt weder an dem Anspruch der Palästinenser noch an dem der Israelis etwas, was dem einen einen moralischen Vorrang vor dem anderen einräumt. Beide sind gleichberechtigte Ansprüche auf das gleiche Territorium, und wenn beiden Gerechtigkeit widerfahren soll, kann keiner von beiden alles haben.

Menschenrechte als Ausdruck von Gleichheit verpflichten zu Achtung und wechselseitiger Anerkennung konkurrierender moralischer Ansprüche. Wenn das so ist, geben die Menschenrechte zwei ethische Regeln vor, wie ein Kampf um Selbstbestimmung geführt werden soll. Das Recht auf Leben verdammt Gewalt, und die Verpflichtungen der Menschenrechte auf den Gleichheitsgrundsatz schließen Achtung vor den vernünftigen Ansprüchen anderer auf Selbstbestimmung ein. Das Bemühen um Selbstbestimmung wird deshalb substantiell durch Menschenrechtsgrundsätze selbst gezügelt.

Schöne Ratschläge, höre ich den Leser sagen, die aber in der realen Welt kaum einen Wert haben. Wenn man den Palästinensern etwa sagt, sie sollten zur Gewaltfreiheit zurückkehren und die israelischen Rechte anerkennen, geht man davon aus, dass die andere Seite bereit ist, in gutem Glauben zu verhandeln. Die Geschichte der letzten fünfzig Jahre ermutigt nicht zu einem solchen Vabanquespiel. Die geschichtliche Erfahrung gibt beiden Seiten Grund zu der Annahme, dass sich Gewalt auszahlt, ja sogar, dass Gewalt die einzige Taktik ist, die sich auszahlt. Wenn man von den Palästinensern verlangt, auf den Pfad der bewussten Gewaltfreiheit zurückzukehren, wäre das etwa gleichbedeutend damit, sie zu einem Palästina zu verdammen, das auf die Größe eines Bantustan reduziert ist. Wenn man von den Israelis verlangt, einen Anspruch auf Selbstbestimmung zu erfüllen, der durch Terrorismus getragen wird, könnte man sie genauso gut bitten, Zugeständnisse ohne jede Garantie zu machen, dass ihr Existenzrecht endlich anerkannt wird.

Moralischer Perfektionismus – in diesem Fall gut gemeinte Verdammungen von Gewalt und Anordnungen, die Verhandlungen wie der aufzunehmen – wird oft als eine Strategie aufgenommen werden, die Schwachen unterwürfig zu halten und die Privilegien der Starken zu bestätigen. So würden sich meine Argumente mit Sicherheit ausnehmen, falls ich ein palästinensisches Flüchtlingslager in den besetzten Gebieten oder im Gazastreifen besuchen würde.

Ich könnte vielleicht argumentieren, dass, wenn diese beiden Grundsätze – der Gewaltfreiheit und der Überlegung – von den Palästinensern in ihrem Kampf eingehalten worden wären, sie sich jetzt im Besitz eines lebensfahigen eigenen Staats befinden könnten, statt in dem Albtraum eines Krieges ohne Ende unter dauernder militarischer Besetzung eingeschlossen zu sein. Selbst wenn dies wahr ist, ist es eine hypothetische Wahrheit. Wir wissen nicht, was geschehen wäre, wenn die Palästinenser eine friedliche Führung gehabt hätten oder wenn der Zionismus die Torheit und Ungerechtigkeit eingesehen hätte, die darin liegen, dass man den Palästinensern ihre Rechte verweigert. Die Tatsache, dass die Vorfahren der eigenen Seite sich in einem Kampf nicht gerecht oder behutsam verhalten haben, untergräbt nicht die Legitimität des politischen Anspruchs, den man gegenwärtig hat. Die Geschichte ist keine Entschuldigung. Sie schließt lediglich Möglichkeiten aus, und wenn sie gewaltfreie Möglichkeiten, einen Kampf zu führen, ausgeschlossen hat, kann es unter Umständen für ein Volk notwendig sein, den Weg der Gewalt einzuschlagen. Wir müssen den Anspruch ernsthaft bedenken, dass man die Schwachen wehrlos der Rücksichtslosigkeit der Starken ausliefert, wenn man von ihnen verlangt, die Menschenrechte zu achten.

Dieses Argument aus Schwäche ist die grundlegende ethische Rechtfertigung von Terrorakten. Wo ein Staat oder eine Besatzungsmacht über eine überwältigende militärische Macht verfügt, machen Menschen, die um ihre Freiheit kämpfen, geltend, sie würden unterliegen, wenn sie ihren Kampf auf gewaltfreien Protest beschränkten. Wenn diese Menschen andererseits den Weg des bewaffneten Widerstands einschlagen und die militärische Macht der Gegenseite herausfordern, werden sie ebenfalls vernichtet werden. Die einzige Taktik, die Schwäche in Stärke verwandelt, ist der Terrorismus, der den Feind an seinem verwundbarsten Punkt trifft, seiner Zivilbevölkerung. Dies ist mehr als ein taktisches Argument zugunsten einer asymmetrischen Kriegführung. Es hat auch eine moralische Rechtfertigung. Die Schwachen müssen das Recht haben, einen schmutzigen Kampf zu führen, denn sonst werden die Starken immer gewinnen. Wenn man die Schwachen dazu verpflichtet, einen sauberen Kampf zu führen, wird am Ende immer die Ungerechtigkeit triumphieren. Hier hat die ethische Rechtfertigung die Form eines Arguments, das der Logik des kleineren Übels folgt. Um das größere Übel von Ungerechtigkeit und Unterdrückung zu überwinden, müssen die Schwachen das Recht haben, zu dem kleineren Übel terroristischer Gewalt zu greifen. Wenn sie dieses Recht als einen letzten Ausweg nicht haben, werden sie dazu verdammt sein, auf ewig unterworfen zu bleiben.

Wir können den Unterdrückten nicht den frommen Spruch als Rat geben, dass den Schwachen am besten gedient ist, wenn sie ihre moralisch überlegene Position nicht aufgeben. Das ist historisch manchmal wahr, doch es ist ein Rat der Vollkommenheit, den die Schwachen zurückweisen können, wenn er von den Starken vorgebracht wird.

Überdies sind die Menschenrechtsgrundsätze selbst keine Moral der Resignation, sondern ein Aufruf zum Kampf. Die liberale politische Tradition Europas, die den Gedanken natürlicher, das heißt Menschen-Rechte gehegt hat, hat den Schwachen ausdrücklich ein Recht vorbehalten, gegen eine unerträgliche Unterdrückung durch die Starken zu revoltieren. Was ist das Kapitel über die Auflösung von Regierung in John Lockes *Zwei Abhandlungen über die Regierung* denn anderes als eine Rechtfertigung von Revolution, wenn wesentliche Freiheiten usurpiert werden?[14] Was ist die amerikanische Unabhängigkeitserklärung denn anderes als eine durchdachte Verteidigung der Notwendigkeit politischer Gewalt, um imperiale Unterdrückung zu stürzen?[15] Die Unabhängigkeitserklärung war zwar keine Rechtfertigung für Terrorangriffe auf Zivilisten, doch sie rechtfertigte Akte politischer Gewalt, die sich gegen die britischen Streitkräfte und Regierungseinrichtungen richteten.

Ein Teil der Schwierigkeit, vor die sich Demokratien gestellt sehen, wenn sie eine politische Reaktion auf Terrorismus entwickeln sollen, liegt mit anderen Worten in der Tatsache, dass ihre eigenen politischen Traditionen politische Gewalt nicht in allen Fällen verdammen. Wenn die amerikanischen Revolutionäre nicht zu den Waffen gegriffen und Blut vergossen hätten, hätten sie nicht ihre Freiheit errungen. Die Idee von Rechten als kodifizierten höchsten Verpflichtungen können die Zuflucht zu Gewalt rechtfertigen, um diese Verpflichtungen angesichts von Tyrannei und Usurpation zu bewahren, wiederherzustellen oder zu etablieren.[16] Rechte wären keine höchsten Ansprüche, wenn sie nicht wert wären, notfalls um den Preis des eigenen Lebens verteidigt zu werden.

Aber das Recht auf Revolution ist kein Menschenrecht. Es ist in der liberalen Tradition enthalten, aber die Revolution selbst wird im Menschenrechtskatalog nicht gerechtfertigt. Die universale Erklärung der Menschenrechte von 1948 erwähnt die Revolution nur in ihrer Präambel: »Während es unverzichtbar ist, wenn der Mensch nicht gezwungen sein soll, letztlich zu Rebellion gegen Tyrannei und Unterdrückung zu greifen, dass die Menschenrechte durch Herrschaft des Rechts geschützt sind.« Diese Erklärung billigt kein Recht auf Rebellion, bestätigt aber, dass eine Rebellion unvermeidlich wird, wenn wesentliche Rechte verweigert werden. Resolutionen der Vollversammlung der UNO aus den 1960er und 1970er Jahren bestätigen das Recht von Menschen, die unter rassistischer oder kolonialer Herrschaft oder einer fremden Besatzung leiden, alle notwendigen Mittel zur Erringung ihrer Freiheit zu ergreifen.[17] Doch genau die gleichen Resolutionen billigen ausdrücklich die Souveränität jener Staaten, die ihre nationale Unabhängigkeit schon erlangt haben; damit sollte das Recht auf Revolution für Völker ausgeschlossen werden, die innerhalb der neu gegründeten Staaten der postkolonialen Ära litten.[18] Während das Völkerrecht die staatliche Souveränität eindeutig privilegiert, leugnet es nicht die Legitimität von Gewalt gegen eine Besatzung oder eine Kolonialherrschaft.

Wenn eine ausländische Besatzung oder eine Kolonialherrschaft ein größeres Übel ist, welche kleineren Übel kann das Recht auf Selbstbestimmung dann rechtfertigen? Beim Überdenken dieser Frage müssen wir uns völlig von der Rubrik der Menschenrechte lösen und uns am Kriegsrecht orientieren. Diese beiden Ethiksysteme sind miteinander verbunden.[19] Wenn ein Staat seinen eigenen Bürgern den Krieg erklärt hat und diese zu den Waffen greifen, um sich zur Wehr zu setzen, sucht das Kriegsrecht zu retten, was von dem humanitären Impuls der Menschenrechte noch zu retten ist, sobald die Gewalttätigkeit begonnen hat. Das Kriegsrecht bemüht sich aber allgemein nicht darum zu definieren, wann es gerechtfertigt ist, zu Gewalt zu greifen. Doch in einem Fall, dem Zusatzprotokoll von 1977 der Genfer Konvention, wird implizit akzeptiert, dass ein bewaffneter Kampf gegen »koloniale Beherrschung und ausländische Besatzung« ebenso gerechtfertigt sein kann wie der Kampf gegen »rassistische Regime«. Es überrascht nicht, dass Israel und die Vereinigten Staaten sich geweigert haben, dieses Protokoll zu ratifizieren, da sie daran festhalten, die Konvention solle keine Rechtfertigungen *ad bellum* liefern, sondern vielmehr Vorschriften für das Verhalten *in bello*. Auch wenn das Protokoll diese bewaffneten Kämpfe als eine gerechte Sache legitimiert, beharrt es darauf, dass selbst eine gerechte Sache den gleichen Regeln von Proportionalität und Immunität der Zivilisten folgen müsse, die das Verhalten regulärer Soldaten und einen regulären bewaffneten Konflikt bestimmen.[20] Mit anderen Worten: Selbst wenn ein bewaffneter Kampf gegen Unterdrückung gerechtfertigt ist, bleiben Angriffe auf Zivilisten Übertretungen.

Schon die Vorstellung von der Immunität von Zivilisten veranschaulicht den Unterschied zwischen der universalistischen Struktur der Menschenrechte und der partikularistischen des Kriegsrechts. Vorschriften des Kriegsrechts unterscheiden genau die moralischen

Status von verschiedenen Kombattanten, Nicht-Kombattanten, Zivilisten, Militärs, Kriegsgefangenen und medizinischem Personal – während die Menschenrechtsgrundsätze eine moralische Unterscheidung aufgrund des Status ausdrücklich ablehnen. Aus einer Menschenrechtsperspektive ist die Immunität von Zivilisten ein inkohärenter moralischer Grundsatz, der mit dem gleichrangigen Respekt, der allen Menschen geschuldet ist, nicht zu vereinbaren ist. Von einer Kriegsrechtsperspektive aus gesehen ist die Immunität von Zivilisten der Grundsatz, der inmitten der brutalen Härte des Kampfes ein gewisses Maß an ethischer Unterscheidung bewahrt.[21]

Die Immunität von Zivilisten wird damit begründet, dass die Kampfhandlungen auf die geringstmögliche Zahl von Kombattanten beschränkt werden sollen, nämlich auf diejenigen, die die Fähigkeit besitzen, sich mit Waffen zu verteidigen. Wie Michael Walzer dargelegt hat, liegen die Gründe dafür, dass man Zivilisten Schutz gewährt, jedoch nicht bewaffneten Kombattanten, in ihren sehr unterschiedlichen Fähigkeiten zur Selbstverteidigung.[22] Eine weitere Begründung ist, dass in den Gesellschaften, in denen der Wehrdienst freiwillig ist, nur diejenigen eine Uniform tragen, die es aus freiem Willen tun und von denen somit erwartet werden kann, dass sie den Preis für diese Entscheidung zahlen. Terroristen rechtfertigen Anschläge auf Zivilisten meist damit, dass sie deren moralische Unschuld leugnen und darauf beharren, dass zivile Siedler, die von einer ungerechten kolonialen Besetzung profitieren, kein Recht auf eine Immunität vor Angriffen hätten, da sie entweder Nutznießer oder Komplizen von Ungerechtigkeit seien. Wenn ein Siedler bewaffnet ist, wenn er bei militärischen Operationen gegen die andere Seite assistiert, kann es einige Rechtfertigung für die Behauptung geben, dass er zu einem legitimen Ziel wird. Aber da Terroristen ihre Operationen selten, wenn überhaupt, auf diese Art von Siedlern beschränken, werden ihre Rechtfertigungen die meisten ihrer Aktionen nicht decken, bei denen Menschen ohne Waffen zu Zielen werden sowie all jene – von Säuglingen bis zu Greisen –, denen die Fähigkeit fehlt, einer Streitmacht beizustehen. Überdies beginnen die meisten Terroristenanschläge mit einer rassisch, ethnisch oder religiös motivierten Überzeugung, dass bestimmte Kategorien von Menschen eines moralischen Rangs oder besonderer Rücksichtnahme nicht würdig seien. Wer die Immunität von Zivilisten verletzt, geht deshalb davon aus, dass noble politische Ziele wie der Kampf gegen Ungerechtigkeit es rechtfertigen können, dass man jeden Menschen als ein Mittel behandelt. Dieser Weg führt zum Nihilismus. Wenn die Zivilisten der gegnerischen Seite legitime Ziele sind, kann einen auch nichts davon abhalten, auf die eigene Seite loszugehen, wenn dort jemand den eigenen Kampf verrät oder sich den Forderungen der eigenen Seite widersetzt. Sobald der Grundsatz, dass man beim Einsatz von Gewalt sorgfältig unterscheiden muss, einmal preisgegeben worden ist, kann sich dies zerstörerisch auf die Grundsätze auswirken, die den Kampf um Freiheit vermeintlich bestimmt haben.

Wenn wir uns die nationalen Befreiungskämpfe durch die Linse der Menschenrechte ansehen, müssen sie sich gemäß den zwei Regeln der Gewaltlosigkeit und der Überlegung zügeln. Das könnte sie zu einem politischen Fehlschlag verurteilen. Wenn wir glauben, dass sie in einer Weise unterdrückt werden, die es rechtfertigt, zur Gewalt als einem letzten Mittel zu greifen, verlässt die Moral ihres Kampfes den Bereich der Menschenrechte und betritt den des Kriegsrechts. In beiden Fällen verbieten es die moralischen Grundregeln der internationalen Politik ausdrücklich, Zivilisten anzugreifen.

Folglich gibt es relativ klare ethische Regeln für den Einsatz von Gewalt zur Unterstützung eines Kampfs gegen Unterdrückung, Ungerechtigkeit oder Besetzung: wenn diese ein letztes Mittel darstellt, wenn gewaltlose, überlegte Mittel erschöpft worden sind und wenn Streitkräfte den Vorschriften des Kriegsrechts gehorchen. Das schränkt natürlich den Kampf um Freiheit ein. Man kann nicht schmutzig kämpfen, muss sich militärischen Zielen zuwenden und nicht zivilen, aber es wird wenigstens nicht von einem verlangt, die andere Wange hinzuhalten, wenn man attackiert und unterdrückt wird. Diejenigen, die diese Regeln einhalten, verdienen die Bezeichnung Freiheitskämpfer. Diejenigen, die es nicht tun, sind Terroristen.

Es ist eine relativistische Falschmeldung zu meinen, dass es keinen realen Unterschied zwischen diesen beiden gibt oder dass der Unterschied einfach vom eigenen politischen Standpunkt abhängt. Das Problem bei der Unterscheidung liegt nicht darin, ob sie theoretisch klar ist, sondern ob sie in der Praxis sinnvoll ist. Ist es irgendeinem Freiheitskämpfer je gelungen, nicht zu einem Terroristen zu werden? Hat irgendein bewaffneter Kampf mit Erfolg der Versuchung widerstanden, bewusst auch Zivilisten anzugreifen?

Viele Befreiungsbewegungen – angefangen bei den kubanischen Revolutionären bis hin zu den vietnamesischen Aufständischen – haben selbst sorgfältig darauf geachtet, dass sie sich von Terroristen unterscheiden. Solche Bewegungen kämpften darum, sich internationale Unterstützung und einheimische Treue zu sichern, und die Vermeidung wahlloser Gewalt ist für beides entscheidend. Die Anerkennung als reguläre Streitmacht nach der Genfer Konvention ist ein erster Schritt dazu, sich die internationale Anerkennung der eigenen Sache zu sichern.

Überdies ist eine ethische Regulierung von Gewalt entscheidend dafür, dass der Volkskrieg von dem Volk, um dessentwillen er geführt wird, als legitim anerkannt wird. So Che Guevara:»Wir sind aufrichtig davon überzeugt, dass der Terrorismus eine negative Waffe ist, die nie zu den gewünschten Ergebnissen führt und die das Volk revolutionären Bewegungen entfremden kann, während er zugleich unter denen, die sich seiner bedienen, Verluste an Menschen mit sich bringt, die in keinem Verhältnis zu den erzielten Ergebnissen stehen.«[23]

Die Erringung der Macht erfordert, dass man das Volk mitnimmt, was Guevara und den Anführern von Befreiungsbewegungen in Angola, Mosambik, Vietnam und anderswo klar war. Wenn man Denunzianten und Angehörige einer Fünften Kolonne terrorisiert oder Dörfer zerstört, welche die Sache, für die gekämpft wird, ablehnen oder die Regierung unterstützen, kann das zu moralischem Ekel unter den eigenen Anhängern führen und die politische Treue zur Sache schwächen.[24]

Doch nur einige bewaffnete Aufständische argumentieren so, wie es Che Guevara gefordert hat. Andere aufständische Gruppen – wie etwa FARC in Kolumbien und RUF in Sierra Leone – bedienen sich immer wieder terroristischer Mittel, um Territorium unter ihre Kontrolle zu bringen und sich die Zivilbevölkerung gefügig zu machen. Wenn man Denunzianten tötet und unter der lokalen Bevölkerung Geiseln nimmt oder summarische Hinrichtungen vornimmt, kann sich das genauso als Hemmnis bei der Sicherung des Gehorsams der Bevölkerung erweisen, in deren Mitte man kämpft und für die man vermutlich kämpft. Während die Worte Che Guevaras etwas sind, was Anhänger von Befreiungsbewegungen gern glauben möchten – nämlich dass sie wie Fische im Wasser im Volk schwimmen –, haben Befreiungsbewegungen, genau wie die sie bekämpfenden Anti-Terror-Einheiten, oft gemerkt, dass es effizienter ist, das Wasser ablaufen zu lassen und die Fische zu töten, wenn sie in ihren Operationszonen auf zivilen Widerstand stoßen.

Dies ist insbesondere dann der Fall, wenn eine Gruppe von Aufständischen zahlenmäßig klein ist und keine Unterstützung bei den Massen genießt. Grausamkeiten erzeugen Ehrfurcht und Angst und kompensieren kleine Zahlen. In Sierra Leone war RUF eine unscheinbare Gruppe räuberischer Marodeure, doch sie hatten offenkundig erkannt, dass es ihren militärischen und politischen Einfluss stärkte, wenn sie Hände und Beine amputierten und Gesichter entstellten.[25] Terroristische Methoden versteht man am besten als einen Versuch, Grausamkeiten als Taktik einzusetzen, um damit militärische und politische Schwäche auszugleichen.

Sobald die Befreiungsbewegungen andererseits größer geworden sind und einen Gegner mit relativ gleicher Stärke bekämpfen, werden vielleicht andere Berechnungen einsetzen. Vielleicht kommen die Befreiungsbewegungen zu dem Schluss, dass das Einhalten des Kriegsrechts unter Umständen mehr einbringt als fortgesetzter Terrorismus, besonders, wenn ihr Ziel die internationale Anerkennung und die Erlangung staatlicher Macht ist. Ein Beleg dafür ist etwa Umkhonto We Sizwe, der militärische Arm des Afrikanischen Nationalkongresses. Im November 1980 erklärte der ANC, er wolle sich an die Genfer

Konvention halten. Das war rund achtzehn Jahre nach dem Beginn des bewaffneten Kampfs gegen das südafrikanische Apartheid-Regime. Der ANC tat es, um die Unterstützung unter den Mitgliedstaaten der UNO zu festigen und ihre südafrikanischen Gegner zu überlisten. Wie der ANC-Führer Oliver Tambo, um zu erklären, weshalb er bereit war, sich an die Genfer Konvention zu halten, sagte, »tun wir dies in dem Bewusstsein, dass wir unsere Maßstäbe nicht denen des Feindes entnehmen«.[26]

Während es kaum zweifelhaft ist, dass die Erklärungen des ANC mit ihren hohen moralischen Absichten zur zunehmenden Isolation des Apartheid-Regimes beitrugen, hielt sich der militärische Flügel des ANC nicht immer an den Unterschied zwischen kriegsrechtgemäßem Kampf und Terrorismus. Es wurden zivile Bars und Kirchen mit Anschlägen angegriffen, während summarische Hinrichtungen verdächtiger Kollaborateure und Spione den guten Ruf des ANC befleckten. Sobald er an der Macht war, war er genötigt, sich umfassend in Selbstrechtfertigung zu üben.[27] Indem sich der ANC der Wahrheits- und Versöhnungskommission unterwarf und über diese Missstände Rechenschaft ablegte, machte der Nationalkongress, der jetzt in der Regierungsverantwortung war, einen auffälligen Gebrauch von Argumenten des kleineren Übels. Die Apartheid sei ein Verbrechen gegen die Menschlichkeit und der militärische Feldzug gegen den ANC unbarmherzig gewesen, machte der ANC geltend. Es sei zu Irrtümern und Fehleinschätzungen gekommen, doch diese müssten im Kontext eines Kampfs gegen ein größeres Übel gesehen werden. Überdies könne eine Guerillabewegung, wie der ANC betonte, nicht die gleiche Kontrolle über seine Kämpfer ausüben wie reguläre Streitkräfte.[28] Während dieses Argument wahrscheinlich den Tatsachen entsprechen dürfte, ähnelt es der Behauptung, die Maßstäbe, die man an die Schwachen anlege, sollten von denen abweichen, an denen man die Starken messe. Ein solches Argument ist mit einer Unterzeichnung der Genfer Konvention unvereinbar, denn deren Wortlaut lässt nicht zu, dass es für Staaten einen Maßstab gibt und für Guerilleros einen anderen.

Wie das Beispiel des ANC zeigt, vermeiden bewaffnete Freiheitskämpfer terroristische Akte, wenn sie genügend Anreize haben, ihre moralische Identität von der ihrer Unterdrücker abzuheben, und wenn sie sich ausrechnen, dass Attacken gegen Zivilisten wertvolle Unterstützung aus dem Ausland, aber auch durch die lokale Bevölkerung unmöglich machen würden.[29] In Sri Lanka hingegen legten die »Tamilischen Tiger« geringen Wert darauf, internationale Unterstützung zu gewinnen, zumindest außerhalb ihrer ethnischen Diaspora, weil sie glaubten, die Weltmeinung sei dem Ergebnis des Kampfes in ihrem entlegenen Land gegenüber gleichgültig. Infolgedessen war der tamilische Terrorismus mit Sicherheit ungehemmter und bösartiger als der des ANC.[30]

Wo Aufständische wissen, dass der gegnerische Staat durch einen weiteren starken Staat vor internationaler Schande geschützt ist, werden sie kaum einen Anreiz spüren, ihr Verhalten zu zügeln. So hat beispielsweise die internationale Gemeinschaft den Russen in Tschetschenien freie Hand gelassen. Infolgedessen fühlen sich die Tschetschenen nicht im Mindesten geneigt, ihr Vorgehen zu mäßigen, und so geht der Kampf im Zwielicht des Vergessens weiter und ist vor internationaler Verurteilung sicher.[31] Wo es auf nichts ankommt, herrscht die Barbarei. Die Rebellen im östlichen Kongo fühlen sich ebenfalls nicht veranlasst, sich besser zu verhalten, weil niemand zusieht.[32] Dies lässt vermuten, dass es auf die Aufmerksamkeit der Welt ankommt. Die Verurteilung von Terror, wo immer er sich ereignet, konzertiertes internationales Vorgehen, um die Finanzierung von Terror zu bestrafen, entschlossenes Handeln, um denen Territorien zu verweigern, die in einem benachbarten Staat terroristische Akte begehen, Auslieferung von Terroristen, die nebenan Zuflucht suchen, sowie militärische Intervention zum Schutz von Zivilisten, die von Rebellengruppen terrorisiert werden – all das würde dazu beitragen zu verhindern, dass Kämpfe um Selbstbestimmung zu Blutbädern werden. Vor allem müssen Staaten terroristische Methoden konsequenter verurteilen, ob diese nun von ihren Freunden oder ihren Feinden begangen werden. Es ist ein gefährliches Spiel, wenn man

Freunde mit einem Maßstab misst und Feinde mit einem anderen, denn ein Freund von heute kann sich sehr wohl schon morgen in einen Feind verwandeln. Mittäterschaft von Staaten oder geheime Absprachen bei terroristischen Methoden ist der wichtigste einzelne Grund, weshalb der Terrorismus weitergeht, und deshalb besteht die wichtigste einzelne politische Maßnahme, die ein Staat ergreifen kann, darin, jeder Gruppe eine stillschweigende oder offene Unterstützung zu verweigern, die Terrorismus einsetzt, selbst wenn er der Verfolgung von Zielen dient, die der Staat unterstützt.

III

Bei den bislang erörterten Beispielen ist klar geworden, dass dort, wo bewaffnete Gruppen reale Aussichten haben, Anerkennung und Staatlichkeit zu erlangen, diese überzeugt werden können, sich des Terrorismus zu enthalten. Wo ihr Erfolg in diesem Kampf davon abhängt, dass sie die Unterstützung lokaler Populationen behalten, können sie auch zu dem Schluss kommen, dass sich Zurückhaltung eher auszahlt als Grausamkeiten. Aber diese Anreize und einschränkenden Faktoren gelten nicht für alle Terroristengruppen. Das Verhalten von Al Qaida können solche Faktoren nicht disziplinieren. Diese Organisation verfolgt nicht das Ziel, eine Staatlichkeit zu erlangen, und empfindet deshalb auch keinen Anreiz, nach irgendwelchen bekannten Regeln zu spielen. Diese Männer dienen keiner bestimmten Bevölkerung und werden deshalb weder durch einen Moralkodex ihrer Anhänger zurückgehalten noch durch deren Verwundbarkeit gegenüber Repressalien. Sie scheinen sogar gegenüber Verlusten unter Muslimen gleichgültig zu sein, die in der Nähe ihrer Ziele leben oder arbeiten. Das ist es, was sie so gefährlich macht. Das ist auch der Grund, weshalb sie sich politisch nicht angreifen lassen und stattdessen militärisch besiegt werden müssen.

Al Qaida ist deshalb eine unverwechselbare Art von Terrorismus, der nicht mehr im Dienst der Freiheit eines Volkes steht oder im

Namen des Sturzes eines bestimmten Staates stattfindet. Die apokalyptischen Nihilisten, die am 11. September 2001 die Vereinigten Staaten angriffen, haben weder edle noch sonst irgendwelche Rechtfertigungen ihres Tuns hinterlassen. Sie richteten ihre Propaganda und ihre Rechtfertigungen nicht gegen einen bestimmten Staat, der ihnen einen Anspruch auf Selbstbestimmung verweigerte, sondern gegen die Vereinigten Staaten als dem verhassten imperialen Haupt einer materialistischen, säkularen und fremden Zivilisation. Die so genannten Märtyrer verteidigten ihre Aktionen in der Sprache der islamischen Lehre von den letzten Dingen und nicht in der Sprache von Rechten.[33] Überdies waren ihre Absichten apokalyptisch und nicht politisch: Sie wollten den Erzfeind des Islam demütigen und dabei für sich das Märtyrertum gewinnen. Es ist grundsätzlich schwierig zu sehen, wie man einem Handeln, das nicht von Forderungen begleitet wird, politisch entgegenkommen kann. Wenn das Ziel von Terrorismus weder Territorium noch Freiheit ist, wenn er allein den Zweck verfolgt, einen Schlag zu führen, der die Würde muslimischer Gläubiger bestätigt, während er zugleich Schrecken und Tod über deren Feinde bringt, ist es schwierig, sich irgendeine politische Reaktion darauf vorzustellen. Einem solchen Angriff kann man nicht mit Politik begegnen, sondern nur mit Krieg.

Doch es gibt noch mehr dazu zu sagen. Die Angreifer vom 11. September haben vielleicht keine Forderungen gestellt, doch das hat ihre Anhänger in der ganzen muslimischen Welt nicht von der Behauptung abgehalten, sie hätten im Namen der Palästinenser und zur Unterstützung der gerechten Forderungen von Gläubigen gehandelt, die an den heiligen Stätten ohne ausländische – das heißt amerikanische – Besatzung beten wollten. Es ist dieses Echo einer Rechtfertigung, das dem Anschlag seine andauernde Wirkung verleiht. Dies sind nicht eigentlich Ansprüche auf Rechte, da muslimische Extremisten die Sprache von Rechten verachten. Doch sie sind eine Forderung nach Gerechtigkeit, und gerade wenn der Terrorismus sich die Gerechtigkeit zu Eigen macht, ist er am gefährlichsten. Wie eine vor kurzem veröffentlichte Studie von Robert Pape zeigt, haben die meisten Selbstmordattentäter den Selbstmord als Taktik im Dienst eines politischen und ethischen Zwecks gewählt.[34] Ein Anspruch auf Gerechtigkeit sowie gewisse Erfolgsaussichten sind entscheidende Voraussetzungen dafür, dass man Selbstmordkandidaten findet. Dass man die Sicherheit im Inland verbessert und Mauern errichtet, um Terroristen draußen zu halten, verringert vielleicht deren Erfolgaussichten, doch solange die Grundmotivation für Terrorismus – die Wahrnehmung, ungerecht behandelt zu werden – nicht angesprochen wird, kann keine Strategie gegen den Terror mit militärischen Mitteln allein Erfolg haben.

In ihrer Reaktion auf diese Wahrnehmung von Ungerechtigkeit sehen sich die Vereinigten Staaten mit dem Dilemma konfrontiert, dass sie seit 1945 mit arabischen Regimes wie Saudi-Arabien und Ägypten verbündet sind, die ihre Völker enttäuscht haben und jetzt radikalen Islamistenbewegungen gegenüberstehen, die aus der Desillusionierung über weltliche und nationalistische Modernisierung Kapital schlagen. Eine politische Reaktion auf Al Qaida muss diese kampfbereiten Eliten dazu ermutigen, einen politischen Wettbewerb zu erlauben und neuen gesellschaftlichen Kräften Platz zu machen, die in der Lage sind, das Versagen dieser Gesellschaften in der ganzen arabischen Welt anzusprechen. Es mangelt nicht an arabischen Denkern und Sozialwissenschaftlern, welche die Fehlschläge ihrer Gesellschaften erkennen und sie in Angriff nehmen wollen, und zwar ohne Hilfe oder Einmischung von außen.[35] Aber wirkliche Reformen – um das Analphabetentum zu verringern und die Bildungsmöglichkeiten für Mädchen zu verbessern, um die Wirtschaft dem Wettbewerb zu öffnen und die Teilnahme der Bürger am politischen Leben zu erleichtern – erfordern eine konsequente internationale Unterstützung und gelegentlich auch Druck der USA auf zögernde Eliten. Einige Reden des US-Präsidenten der jüngsten Zeit scheinen die Vereinigten Staaten genau auf eine solche Strategie zu verpflichten.[36] Doch die schmerzliche Erfahrung mit dem Iran unter dem Schah lässt vermuten, dass es dazu beitragen kann, eine islamische Revolution auszulösen, wenn man autoritäre Regime zu Reformen drängt. Die

Furcht vor einer solchen Aussicht sollte die Politik jedoch nicht in
die Richtung lenken, das arabische Ancien Régime zu stützen. Es
gibt Versionen der islamischen Revolution, die nur zu einer Tyrannei
führen würden, und es gibt Versionen, die der aufgestauten Sehn-
sucht des Volkes nach sozialer und ökonomischer Gerechtigkeit und
politischer Teilhabe dienen würden. Welche Version sich durchsetzt,
hängt davon ab, welche Form islamischer Führung in der jeweiligen
Gesellschaft zur Verfügung steht, und nicht in erster Linie von dem
amerikanischen Einfluss. Eine politische Strategie, die in der arabischen Welt mit Al Qaida konkurriert, kann nicht funktionieren, wenn
man annimmt, dass Islam und Demokratie nicht miteinander zu vereinbaren sind.[37]

Doch während Al Qaida behauptet, sie sei berechtigt, die Forderungen der muslimischen Massen nach Gerechtigkeit zu vertreten,
ist es ein Fehler anzunehmen, dass sie sich um die Reformen bemüht,
die dieser Ungerechtigkeit abhelfen würden. Der Al-Qaida-Terroris-
mus zielt nicht darauf ab, in der arabischen Welt die Reformen zu
beschleunigen, sondern darauf, sie zu verhindern, diese kampfbereiten
Regime in immer autoritärere Reaktionsformen zu treiben und eine
islamische Volksrevolution auszulösen, welche die gesamte Region in
das Jahr 700 u. Z. zurückkatapultieren würde, in die Zeit des Kali-
fats.

Es wäre ein elementarer Fehler, die Flugzeugentführer des 11. September als echte Vertreter der muslimischen Massen anzusehen. Es
bleibt jedoch wesentlich zu unterscheiden, ob man die Legitimität von
Terrorismus anerkennt oder die Legitimität von Beschwerden. Man
kann die erste Prämisse ablehnen, während man die zweite akzeptiert.
Es ist unvermeidlich, dass Spitzenpolitiker in liberalen Demokratien
als Reaktion auf die Anschläge vom 11. September einen moralischen
Bannfluch gegen diejenigen verkünden, die diese Anschläge zu verantworten haben. Doch die Konsequenz eines Bannfluchs besteht darin,
dass man die politischen Prozesse der Verbindlichkeit, für die eine
liberale Demokratie steht, für beendet erklärt. Wenn man einen Krieg
gegen den Terrorismus erklärt, riskiert man, die politischen Werte zu

gefährden, die einen selbst in den Beziehungen zu den Feinden eines liberalen Staates leiten sollten. Wenn der Terrorismus tatsächlich eine Politik der Beschwerden ist und wenn die liberale Demokratie den politischen Lösungen dieser Probleme verpflichtet ist, muss sie weiterhin praktische Anstrengungen unternehmen, muslimischen Gesellschaften dabei zu helfen, sich zu reformieren und zu entwickeln.

IV

Eine politische Reaktion auf Terror erfordert das schmerzliche Eingeständnis, dass in den arabischen Staaten, in denen Terroristen ihren Nachwuchs finden, weiterhin Ungerechtigkeit herrscht. Doch damit soll nicht gesagt werden, dass ein gewalttätiger Kampf gegen solche Ungerechtigkeit gerechtfertigt ist. Eine entscheidende Frage bei der Bewertung der Moral politischer Gewalt ist, ob diese wirklich die Probe besteht, das letzte Mittel zu sein. Immer wieder greifen Terroristen zu Gewalt, aber nicht als einem letzten Mittel, dem sie sich nur zögernd zuwenden, nachdem sie die friedlichen Mittel des politischen Handelns erschöpft haben, sondern als einem ersten Mittel. Die Schwachen halten es für das Beste, den schnellen Weg zu wählen. Der schnelle Weg besteht darin, möglichst viele Zivilisten zu töten, damit die Welt auf einen aufmerksam wird, oder die andere Seite so zu provozieren, dass sie in eine Abwärtsspirale der Repression gerät, was die Gegner in den Augen der Welt draußen als ungerechte Unterdrücker brandmarken wird.

Dies ist, wie ich schon gesagt habe, was die Franzosen *la politique du pire* nennen. Der Zweck des Terrors besteht darin, richtige politische Lösungen unmöglich zu machen. Der moderne baskische Terrorismus erreichte nicht während der Jahre der Repression der Franco-Zeit seinen Höhepunkt, sondern in den frühen Jahren der spanischen Demokratie, als Madrid dem Baskenland eine erhebliche Autonomie zugestand, die baskischen Sprachenrechte festigte und die wirtschaftliche Entwicklung des Baskenlandes mit Geldmitteln förderte.[38] Der Terrorismus war ein Versuch, eine vernünftige verfassungsmäßige Regelung baskischer Forderungen zu torpedieren. Der weitere Zweck war, die verfassungsmäßigen Parteien in der Baskenregion einzuschüchtern und die Unterstützung für politische Forderungen zum Schweigen zu bringen, die einer Dezentralisierung, einer föderalen Ordnung und Gewaltlosigkeit das Wort redeten. Mit anderen Worten: Gewalttätige Gruppen ohne vernünftige Aussicht auf Wahlerfolge im Rahmen einer verfassungsmäßigen Ordnung setzten Gewalt ein, um ihren Einfluss geltend zu machen und ihre Rivalen einzuschüchtern und sich so politische Vertretung gewaltsam anzueignen.

Das gleiche Muster zeigt sich beim irischen Terrorismus. Die schlimmsten Unruhen stammen nicht aus der Zeit der protestantischen Vorherrschaft in Nordirland, sondern aus den 1970er Jahren, als die britische Regierung schließlich einen konzertierten Versuch unternahm, die bürgerlichen, politischen und gesellschaftlichen Benachteiligungen des katholischen Bevölkerungsteils wiedergutzumachen und Protestanten wie Katholiken an der Macht zu beteiligen.[39] Terroristische Gewalt auf beiden Seiten ist ein Versuch gewesen, vernünftige Stimmen der beiden Gemeinschaften zum Schweigen zu bringen und sie daran zu hindern, friedliche, verfassungsmäßige Lösungen zu unterstützen.

In Sri Lanka war der Terrorismus zeitlich ebenfalls darauf angelegt, die Chancen einer friedlichen Reform zu ruinieren. Tamil Elams Angriffe auf die Regierung in Colombo waren darauf angelegt, jeden dezentralen und bundesstaatlichen Kompromiss unmöglich zu machen und damit Tamilen wie Singalesen gleichermaßen ihre bevorzugte Wahl – Eigenstaatlichkeit für die Tamilen – aufzuzwingen. Selbstmordattentäterinnen wurden mit dem Auftrag entsandt, so gemäßigte Tamilen-Politiker wie Neelan Tiruchelvam zu töten, deren einziges Vergehen ihre Bereitschaft war, sich an einem Dialog zu beteiligen und bundesstaatliche Alternativen zur Unabhängigkeit vorzuschlagen.[40]

In Palästina war die Befreiungsbewegung schon seit dem Beginn ihres Kampfes gegen das »zionistische Gebilde« in den frühen 1950er Jahren gewaltbereit. Sie erzielte ihren ersten spektakulären Erfolg bei den Olympischen Spielen von München 1972, in der Frühzeit der israelischen Besatzung, als viele Stimmen in Israel, darunter auch der erste Ministerpräsident des Staates, David Ben Gurion, in Frage stellten, ob eine Besetzung mit einem jüdischen Staat vereinbar sei, und als Israel auf eine palästinensische Kampagne des friedlichen zivilen Ungehorsams hätte reagieren können. Weil diese Wege nicht einmal versucht wurden, ist die Legitimität der palästinensischen Gewalt selbst gegen eindeutig militärische Ziele zweifelhaft. In ähnlicher Weise traf die Zunahme des palästinensischen Terrorismus in den 1990er Jahren zeitlich mit dem Friedensprozess von Oslo zusammen, der sich um die Schaffung eines Palästinenserstaates bemühte.[41] Die Terrorkampagne der Hamas und anderer aufständischer Gruppen sollte den Friedensprozess von Oslo zerstören, die politischen Führer der Israelis und der Palästinenser, die sich zu ihm verpflichtet hatten, in Misskredit bringen und die palästinensische Bevölkerung zugunsten einer Plattform der Ablehnung radikalisieren, die auf der Leugnung von Israels Existenzrecht beruhte. Keine Gewaltkampagne lässt sich im Namen der Selbstbestimmung rechtfertigen, wenn ihre wesentliche Prämisse darin besteht, friedliche Verhandlungen auszuschließen und das Existenzrecht des anderen Volkes zu leugnen.

Während es somit möglich ist, den bewaffneten Kampf zur Verteidigung der Selbstbestimmung zu rechtfertigen, ist dies nur unter vier Voraussetzungen möglich: Den gerechten Ansprüchen der Gruppe muss mit Gewalt begegnet worden sein; die Verweigerung der Erfüllung dieser Ansprüche muss systematisch, anhaltend und vermutlich unveränderbar sein; die Ansprüche müssen für das Überleben der Gruppe grundlegend sein; und der Kampf muss das Kriegsrecht einhalten sowie die Vorschrift der Immunität von Zivilisten. In keinem der oben genannten Fälle – Palästinas, Nordirlands, des Baskenlandes oder der Tamilen – sind diese Bedingungen erfüllt worden.

Abgesehen davon, dass die politische Gewalt ein letztes Mittel sein muss, muss sie noch einen weiteren ethischen Test bestehen: Es ist nämlich zu fragen, ob sie wirklich den Interessen derer dient, in deren Namen sie verübt wird. Terroristen mögen zwar vorgeben, für die Schwachen und Wehrlosen zu sprechen, doch sobald terroristische Akte im Namen der Befreiung beginnen, werden sie schnell nicht nur gegen den Unterdrücker gerichtet, sondern gegen alle in der unterdrückten Gruppe, die sich terroristischen Mitteln widersetzen oder mit Streitkräften auf der Gegenseite kollaboriert oder zusammengearbeitet haben. Ein Krieg gegen Verräter, Denunzianten, Mitläufer, Angehörige einer Fünften Kolonne und Spione – mit anderen Worten, ein Krieg gegen das eigene Volk – ist ein notwendiges Merkmal jedes Terroristenfeldzugs. Terroristen argumentieren, dass ihr Handeln den Willen des Volkes ausdrückt: In Wahrheit bringt Gewalt diese Menschen zum Schweigen. Im Baskenland, in katholischen Regionen Nordirlands, in tamilischen Gebieten von Sri Lanka und schließlich in Palästina beherrschen Terroristengruppen ihre Bevölkerungen mit der gleichen Gewalt, die sie gegen den Unterdrücker einsetzen. In einer wirklich politischen Welt gewähren diejenigen, die repräsentiert werden, ohne weiteres das Vertretungsrecht denen, die sie wählen. In der antipolitischen Welt des Terrors ist die vorhandene Vertretung eine Fassade, die durch Einschüchterung und Gewalt aufrechterhalten wird. In all diesen Gemeinschaften kann es ein Todesurteil sein, die Herrschaft der bewaffneten Minderheit herauszufordern, die in ihrem Namen zu sprechen vorgibt.

So gesehen ist terroristische Gewalt meist ein Präventivschlag der terroristischen Gruppe gegen die politische Meinungsfreiheit in der eigenen Bevölkerung. Terroristische Kampagnen suchen die Bevölkerung als Geisel zu nehmen, in deren Namen sie angeblich handeln. Statt korrekte politische Mittel zu benutzen, um in der eigenen Bevölkerung Hegemonie zu erreichen, setzen Terroristen dazu Gewalt ein. Diese rücksichtslose Unterdrückung wird umso entscheidender, da diese Bevölkerung und nicht nur die Terroristen allein den Preis der Repressalien und der Gegenunterdrückung zu zahlen hat. So müssen die Zivilbevölkerungen Palästinas, der Tamilengebiete von Sri Lanka und des Baskenlandes entdecken, dass sie zweimal als Geiseln genommen wurden, zunächst von den Terroristen und dann durch den Staat, der sie zu unterdrücken suchte. Dabei setzt der Terrorismus sie nicht nur dem Schrecken gewalttätiger Repressalien aus, sondern, schlimmer noch, eignet sich auch noch ihre politische Fähigkeit zur Artikulierung ihrer Forderungen und bringt sie zum Schweigen. Terroristische Kämpfe beschädigen auch das politische System, das eine Befreiungskampagne zu schaffen hofft, wenn die Freiheit schließlich errungen ist. Der Einsatz terroristischer Gewalt durch die algerischen Freiheitskämpfer in den 1950er Jahren brannte den politischen Mord in die Kultur des Algerien der Nachbefreiungszeit ein, sodass sowohl der Staat als auch die Aufständischen im Jahre 1992, als die herrschende Elite eine Wahl nicht anerkannte, welche die Islamisten an die Macht gebracht hatte, keine Abneigungsschwelle zu überwinden hatten, um zu Terrorismus zu greifen. In dem anschließenden Kampf verloren sechzigtausend Menschen ihr Leben.[42] In Palästina haben der Terrorismus – und die Gegenterror-Kampagnen Israels – die Regierungseinrichtungen der Palästinenserbehörde so gut wie zerstört und den palästinensischen Anspruch auf Staatlichkeit zurückgeworfen. Selbst wenn sie sich schließlich die Eigenstaatlichkeit sichern, wird es für die Palästinenser eine zentrale Aufgabe der Befreiung bleiben, in einem freien Palästina die Gewalt aus der politischen Praxis zu verbannen.

Wenn ein Volk Terror einsetzt, um Freiheit zu gewinnen, um dann Menschen einer Besatzung zu unterwerfen, wird die unterdrückte Gruppe zwangsläufig das politische Beispiel ihrer Unterdrücker nachahmen. Der zionistische Kampf um Staatlichkeit in den Jahren 1947 und 1948 umfasste auch Terrorakte, die sich gegen Ziele wie das King David Hotel richteten, in denen britische Militärs wie Zivilisten untergebracht waren.[43] Terrorangriffe richteten sich auch gegen arabische Dörfer wie Dir Yassein, um Palästinenser zur Flucht zu zwingen.[44] Jüdischer Terrorismus rechtfertigt nicht palästinensischen Terrorismus, und der jüdische Terrorismus brachte den Palästinensern nicht bei, sich des Terrorismus zu bedienen: Sie hatten ganz eigene Vorbilder und Anregungen. Doch es ist kaum zu bezweifeln, dass der jüdische Terrorismus es den Palästinensern leichter macht, für ihre Grausamkeiten Legitimität zu beanspruchen. Politische Kämpfe, die Terror einsetzen, um Freiheit zu erlangen – der Zionismus ist da keine Ausnahme –, öffnen sich damit selbst für terroristische Kampagnen, die sich für den Terror zu rächen suchen, der gegen sie eingesetzt worden ist.[45] Die Schlussfolgerung ist unausweichlich: Der Einsatz von Terror, um die Freiheit zu sichern, kann die Freiheit vergiften.

V

Eine politische Reaktion auf einen Krieg gegen den Terror bedeutet, dass man sich dem Dilemma stellen muss, mit bewaffneten Gruppen zu verhandeln und zu entscheiden, ob Gruppen, die etwas mit Gewalt zu tun haben, in legitimer Politik eine Rolle spielen können. Verhandlungen sind ein Akt der Anerkennung. Es ist unmöglich, mit gewalttätigen Gruppen zu verhandeln, ohne ihnen diese Anerkennung zuzugestehen und ohne Gefahr zu laufen, dass sie diese Anerkennung dazu benutzen werden, einem demokratischen Staat schädliche Zugeständnisse zu entlocken. Folglich gibt es gute Gründe dafür, niemals mit terroristischen Gruppen zu verhandeln. Doch die meisten liberalen demokratischen Staaten eröffnen Kanäle eines politischen Dialogs mit allen Gruppen, die sich zur Gewaltlosigkeit verpflichtet haben und die Anhängerschaft der Terroristen ableiten können, während sie direkte Verhandlungen mit bekannten Gewalttätern ablehnen.

Man muss den Schwachen und Unterdrückten eine friedliche politische Alternative bieten, die sie in die Lage versetzt, sich gegen die Gewalt zu erheben, die in ihrem Namen ausgeübt wird. Sie müssen die Chance erhalten, es abzulehnen, dass man ihre Söhne und Töchter rekrutiert. Sie müssen die Option erhalten, die Stimmabgabe für Parteien zu verweigern, die irgendeine Verbindung zur Gewalt unterhalten. Sie müssen die Möglichkeit erhalten, sich zu weigern, die Bewaffneten in ihrer Mitte zu beherbergen oder ihre Anwesenheit zu verschweigen. Diese Revolte kann nur erfolgen, wenn demokratische Staaten den Männern der Gewalt politische Konkurrenten gegenüberstellen und sie ermutigen. Der Friedensprozess in Nordirland wurde nicht nur in Dublin und in London vorangetrieben, sondern auch in den Straßen von Belfast, Omagh und Derry, wo gewöhnliche Angehörige sowohl der protestantischen als auch der katholischen Gemeinschaften entschieden, dass sie zwar nicht unbedingt versöhnt zu werden wünschten, wohl aber die Kontrolle über ihre Politik zurückgewinnen wollten, das heißt ihre Gemeinden von der Einschüchterung und der Gewalt befreien wollten, die ihnen von Gruppen aufgezwungen worden waren, welche in ihrem Namen zu sprechen vorgaben.

Gemeinschaften können dies nicht tun, während sie sich gleichzeitig der Gewalt des Staates und von Terroristengruppen gegenübersehen. Der Staat und der Terrorist verschwören sich oft unwissentlich, um die Geiseln gefangen zu halten. In dieser unheiligen Allianz werden Terror und Gegenterror wechselseitig voneinander abhängig, und der einzig mögliche Ausweg – die Politik von Versöhnung und Kompromiss – ist verschlossen.

Sobald Terroristen zurückgeschlagen, wenn auch nicht vernichtet worden sind, wird es für friedliche politische Gruppen möglich, um Wählerstimmen zu konkurrieren. Es wird jedoch unvermeidlich sein, dass Terroristengruppen eigene politische Fronten bilden, um die Konkurrenz abzuwehren. In Nordirland bemüht sich die Sinn Fein, sich als den legitimen Vertreter der nationalistischen Sache zu präsentieren, obwohl ihre Führung Verbindungen zu Männern der Gewalt beibehält. Im Baskenland kämpften politische Parteien mit Verbindungen zum Terrorismus während der Terrorkampagne um die Macht und profitierten dabei von der Gewalt ihrer heimlichen Verbündeten, um Wähler einzuschüchtern. Ähnliche verschwommene Verbindungen gibt es zwischen Terroristengruppen und angeblich gewaltlosen politischen Parteien anderswo. Eine politische Strategie, die Wählervorlieben vor Einschüchterung zu sichern, ist schwer umzusetzen, wenn Terroristengruppen eine freie politische Sphäre ausnutzen, um unter der Maske korrekter politischer Organisationen aufzutreten.[46]

Alle liberalen Demokratien ächten Parteien, welche die Gewalt fördern, doch es kann schwierig sein zu definieren, welche Verbindungen als Komplizenschaft mit Terrorismus zählen. Selbst wenn eine solche Komplizenschaft nachgewiesen werden kann, ist das Verbot solcher Organisationen stets ein kleineres Übel. Es setzt liberale Demokratien dem Vorwurf aus, dass sie den politischen Prozess manipulieren und die Menschen den Terroristen in die Arme treiben. Spanien hat vor kurzem eine politische Partei der Basken verboten, die mit dem Terrorismus in Verbindung gebracht wird, während die Regierung in Großbritannien wiederholten Forderungen von Unionisten in Ulster widerstanden hat, die Sinn Fein zu verbieten.[47] Während jeder Fall für sich gesondert bewertet werden muss, sollte ein liberaler demokratischer Staat ganz allgemein ein Verbot politischer Parteien auf der Grundlage ihrer Plattformen oder auf der Basis ihrer Verbindung mit anderen Gruppen ablehnen. Beschränkungen auf inhaltlicher Grundlage verletzen die Meinungsfreiheit, und Beschränkungen auf der Grundlage des Umgangs können tendenziös sein und unmöglich zu beweisen. Der Test der Legitimität einer Partei als politisch Handelnder sollte ihr tatsächliches Verhalten in der demokratischen Politik sein. Wenn sie Anhänger zu gewinnen sucht, indem sie friedliche Versammlungen und Treffen abhält, wenn ihre Mitglieder und ihre Führung jedem Verhalten oder Reden abschwören, das auf Einschüchterung hinausläuft, wenn sie sich an Wahlergebnisse hält, sollte es ihr erlaubt sein, um Wählerstimmen zu konkurrieren. Wenn ihre Mitglieder Gegner verprügeln oder wenn die Partei Anhänger dazu auffordert, Gewaltakte zu begehen, sollte sie aufgelöst werden, wenn nötig mit Gewalt.

Fraglicher ist schon, ob Gruppen, die gewaltlos bleiben, lediglich deshalb verboten werden können, weil sie die verfassungsmäßigen Bedingungen der demokratischen Debatte nicht unterstützen – zum Beispiel die Legitimität spanischer Ansprüche auf das Baskenland oder die britischen Ansprüche auf Nordirland.[48] Die US-amerikanische Verfassungslehre unterstützt ein Verbot politischer Parteien, wo diese eine klare und gegenwärtige Gefahr für die Verfassung darstellen, aber auch, wenn sie einen gewaltsamen Sturz der Regierung befürworten, wenn man aber Parteien einfach deshalb verbietet, weil sie revolutionäre Ziele befürworten, während sie sich gleichzeitig an verfassungsmäßige Verhaltensnormen halten, läuft man Gefahr, grundlegende demokratische Freiheiten zu gefährden.

Das kanadische Beispiel – wo sich eine Partei, die sich der Unabhängigkeit Quebecs verschrieben hat, sowohl bei bundesweiten als auch bei Provinzwahlen friedlich um Stimmen bemüht hat – bietet ein konkurrierendes Modell. In Kanada streben separatistische Parteien des Quebec ebenfalls nach der Macht, obwohl ihre Wahl tatsächlich die Auflösung des verfassungsmäßigen Systems bedeuten könnte, in dem sie Ämter zu erlangen suchen. Niemand hat je ihr Recht bestritten, so zu handeln, weil ihr politisches Verhalten bisher vollkommen friedlich gewesen ist. Bei der einen Gelegenheit, bei der Quebec'scher Separatismus gewalttätig wurde, reagierte die liberale Demokratie Kanadas schnell. Als eine kleine Separatistengruppe im Oktober 1970 einen Provinzpolitiker entführte und ermordete, berief sich die Bundesregierung auf den War Measures Act und nahm mehr als fünfhundert Personen fest, die einer Verbindung mit der Gruppe verdächtigt wurden, und nahm sie ohne Prozess in Gewahrsam. Alle wurden ohne Anklage entlassen. Die Rechtfertigung für den Rückgriff auf den War Measures Act im Jahr 1970 war, dass es notwendig gewesen sei, das politische System Quebecs vor Einschüchterung zu schützen und allgemeiner eine Botschaft auszusenden, dass die Bundesregierung sich mit kräftigen Maßnahmen verteidigen werde. Der War Measures Act machte der politischen Gewalt ein Ende, aber nicht dem Separatismus. Innerhalb von sechs Jahren wurde die erste Regierung gewählt, die sich einem unabhängigen und souveränen Quebec verpflichtet fühlte, und ein Grund dafür mag eine weit verbreitete Abneigung gegen den übermäßigen Einsatz von Bundesgewalt in der Oktoberkrise der Jahre zuvor gewesen sein.[49] Was am Ende das Blatt wendete und gegen den Separatismus in Quebec entschied, war das er-

folgreiche Funktionieren des bundesstaatlichen Systems, das Quebec
genügend politische Autonomie erlaubt hat, um seine Sprache, seine
Kultur und seine Ökonomie zu schützen. Eine effektive Selbstverwaltung in diesen Bereichen im Verein mit der robusten Leistung der
Wirtschaft Quebecs in einem Bundesstaat hat den Reiz der separatistischen Politik zumindest gegenwärtig geschwächt. Die Implikation
des Falles Quebec für Staaten, die separatistische Herausforderungen
ihrer Autorität zu gewärtigen haben, wäre, dass ein Staat zwar energische Maßnahmen ergreifen muss, um zu vermeiden, dass separatistische Gewalt unangefochten bleibt, dass er aber auch darauf achten
muss, eine friedliche und verfassungsmäßige Opposition gegen sein
politisches System zu erlauben; überdies muss er sicherstellen, dass
dieses System in Bereichen wie Kultur, Sprache und Bildung, die für
das Überleben der Identität in der Minderheitengruppe entscheidend
sind, auf legitime Forderungen nach Selbstverwaltung überzeugend
reagiert. Im Großen und Ganzen ist es für die Erhaltung der Legitimität einer konstitutionellen Politik wesentlich, dass man eine friedliche Befürwortung einer verfassungsmäßigen Veränderung erlaubt,
die bis zur Auflösung der verfassungsmäßigen Ordnung selbst geht
und diese einschließt, denn ohne friedliche Möglichkeiten des politischen Ausdrucks müssen Forderungen nach Abtrennung, Autonomie
oder Unabhängigkeit zwangsläufig gewalttätig werden.

VI

Wenn die letzte Reaktion auf Gewalt gegen einen verfassungsmäßigen
Staat Gewalt sein muss, was soll dann staatliche Gewalt davon abhalten, ebenso ungezügelt zu werden wie der Feind, den er zu vernichten
sucht? Die einzige Antwort ist: Demokratie und die Verpflichtung
zur Rechtfertigung, die sie denjenigen auferlegt, die in ihrem Namen
Gewalt anwenden. Der liberale Staat und sein terroristischer Feind
stehen unter sehr verschiedenen Verpflichtungen, ihr Handeln zu
rechtfertigen. Die Vertreter eines konstitutionellen Staates sind sich

bewusst, dass ihnen unter Umständen abverlangt wird, ihr Handeln bei einer kritischen Prüfung zu verteidigen und zu erklären, unter Umständen sogar vor Gericht. Terroristen stehen nicht in irgendeiner institutionellen Umgebung, die sie verantwortlich macht. Sie haben vielleicht einen informellen moralischen Vertrag mit ihrer Basis, eine stillschweigende Übereinkunft darüber, welche Formen der Gewalt annehmbar sind und insbesondere welche Arten der Gewalt ihre Unterstützungsbasis Repressalien aussetzen werden. Aber das ist nicht das Gleiche wie eine institutionelle Verpflichtung, das eigene Handeln zu rechtfertigen. Dieses Fehlen jeder institutionellen Verpflichtung zur Rechtfertigung hilft zu erklären, weshalb Terrorismus so oft zu Extremismus um seiner selbst willen eskaliert. Zwar können Staaten sich durchaus irgendwelcher Terrorakte schuldig machen, doch es ist falsch, diese mit den Anschlägen von Terroristen gleichzusetzen. Strafhinrichtungen durch die IRA in Nordirland erfolgen ohne Tadel. Die republikanische Gemeinschaft, welche die IRA angeblich beschützt, indem sie Denunzianten die Kniescheiben durchschießt, Drogendealer erschießt usw., hat keine institutionelle Befugnis, die in ihrem Namen ausgeübte Volksjustiz zu regeln. Jede Straferschießung durch einen britischen Soldaten wird einem Disziplinarverfahren unterworfen. Die IRA foltert Denunzianten gewöhnlich und richtet sie hin. Wenn behauptet wird, britische Soldaten hätten gefoltert, werden diese Behauptungen vor dem Europäischen Gerichtshof für Menschenrechte untersucht.[50] Vor kurzem geäußerte Behauptungen, britische Sicherheitskräfte hätten bei politischen Morden mit protestantischen Terrorgruppen unter einer Decke gesteckt, sind zum Gegenstand juristischer Nachforschungen gemacht worden.[51]

Wer die von Israel verübte Gewalt mit der von palästinensischen Selbstmordattentätern verübten Gewalt gleichsetzt, ignoriert die realen Unterschiede hinsichtlich der institutionellen Verantwortlichkeit in den beiden Fällen. In Israel sind behauptete Fälle von Folter, Hausvernichtung, illegaler Haft und ungerechtfertigter Gewalt sämtlich vor dem Obersten Gerichtshof des Landes gelandet, und in einer bedeutenden Zahl von Fällen ist das Verhalten der Beschuldigten gerügt und beendet worden.[52] Damit soll nicht behauptet werden, dass eine rechtliche Beaufsichtigung immer effektiv ist oder dass man israelische Streitkräfte von Schuld freisprechen soll, wenn Verbrechen begangen werden. Doch es soll damit gesagt werden, dass jeder, der in einem demokratischen Staat wie Israel Gewalt anwenden darf, der Pflicht zur Rechfertigung unterliegt sowie der Möglichkeit der Untersuchung und des Tadels, die auf der anderen Seite vollkommen fehlen. Tatsächlich besteht eine der stärksten Rechtfertigungen eines palästinensischen Staates darin, dass er eine Struktur von Recht und Verantwortlichkeit bieten wird, um künftige Zusammenstöße zwischen seinen Sicherheitskräften und den Israelis zu zügeln.

Die vorhergehende Erörterung macht es endlich möglich, genau zu definieren, warum Terrorismus ein größeres Übel darstellt, das die kleineren Übel der Reaktion einer liberalen Demokratie rechtfertigt. Das Übel besteht nicht in dem Rückgriff auf Gewalt, da Gewalt als letztes Mittel angesichts von Unterdrückung, Besetzung oder Ungerechtigkeit gerechtfertigt sein kann. Das Übel besteht darin, dass der Griff zur Gewalt als erstes Mittel erfolgt, um eine friedliche Politik unmöglich zu machen, und zweitens darin, dass unbewaffnete Zivilisten angegriffen und wegen ihrer Treue zu ihrem Staat oder wegen ihrer Volkszugehörigkeit bestraft werden. Damit werden sie nicht für das, was sie tun, zum Tode verurteilt, sondern für das, was sie sind und was sie glauben. Schließlich ist Terrorismus ein Vergehen nicht nur gegen das Leben und die Freiheiten seiner spezifischen Opfer, sondern gegen die Politik selbst, gegen die Praxis von Überlegung, Kompromiss und der Suche nach gewaltfreien und vernünftigen Lösungen. Der Terrorismus ist eine Form von Politik, die auf den Tod der Politik abzielt. Aus diesem Grund muss er von allen Gesellschaften bekämpft werden, die politisch zu bleiben wünschen: Sonst sind sowohl wir als auch die Menschen, die Terroristen angeblich vertreten, dazu verdammt, nicht in einer politischen Welt bewusster Überlegung zu leben, sondern in einem präpolitischen Kampfzustand, einer Art Kriegszustand.

FÜNFTES KAPITEL

Die Versuchungen des Nihilismus

Daher sind sie zwangsläufig minderwertig. Der Charakter dieser
Leute wurzelt in der herkömmlichen Moral, stützt sich auf die
bestehende Gesellschaftsordnung. Mein Charakter indessen bedarf
keiner Krücke. Die anderen sind die Sklaven der Konvention, sie
hängen am Leben, das in diesem Zusammenhang definiert werden
kann als historisches Faktum, überwuchert von allen möglichen
Hemmungen und Rücksichtnahmen, ein vielgestaltiger Tatbestand,
der überall Angriffsflächen bietet. Ich dagegen stütze mich auf den
Tod, der keine Hemmung kennt und unangreifbar ist. Meine Überlegenheit ist offensichtlich.

Joseph Conrad, *Der Geheimagent* (1907)

I

In Joseph Conrads Roman *Der Geheimagent*, der unter dem Eindruck
anarchistischer Terroranschläge der 1890er Jahre in London und Paris
geschrieben wurde, gibt es eine Person, genannt »der Professor«, der
auf den Straßen Londons umherwandert, wobei er mit einer Hand
einen Gummiball umklammert hält, der über einen Gummischlauch
mit einer Sprengstoffladung in seinem Mantel verbunden ist.[1] Sollte
die Polizei den Versuch machen, den Professor festzunehmen, kann er
sich in jedem Moment in die Luft jagen. Conrad stellte ihn als einen
ehemaligen Assistenten eines Vorführers an einem technischen Ins-
titut und dann als Labortechniker eines Farbstoffherstellers vor, der
nach seiner Entlassung einen Groll gegen die Welt entwickelt. Wie

Conrad bemerkt:»Der Professor hatte Genie, doch ihm fehlte die große soziale Tugend der Resignation.« Der Professor lebt in äußerster Armut in einem von Londons ärmsten Stadtvierteln in gemieteten Zimmern und arbeitet Tag und Nacht an der Vervollkommnung von Zündsystemen. Er ist bereit, sie an jeden zu verkaufen, der »den Aberglauben und die Anbetung der Legalität« in der ihn umgebenden Gesellschaft aufbrechen will. Er verkehrt am Rand des revolutionären sozialistischen Untergrunds, betrachtet die Revolutionäre jedoch mit der gleichen Verachtung wie die Polizei.»Der Terrorist und der Polizist stammen aus dem gleichen Nest. Revolution – Gesetzlichkeit: das sind Gegenzüge im gleichen Spiel, ist müßiger Zeitvertreib, der die gleiche Wurzel hat.« Sie klammerten sich ans Leben, sagt er bitter, während er nur den Tod wolle und daher unverwundbar sei. Revolutionäre Träume, bürgerliche Legalität, all diese Ideale sind gleichgültig, dachte der Professor, verglichen mit dem Ziel, dem er sein Leben geweiht habe: der Herstellung des vollkommenen Zünders.[2]

Der Professor ist die erste große Darstellung eines Selbstmordattentäters in der modernen Literatur. Was Conrad uns in diesem dämonischen Porträt terroristischer Motivation erkennen lassen will, ist, dass politische Ziele als solche – Revolution, Gerechtigkeit und Freiheit – wenig mit dem zu tun haben, was den Professor wirklich antreibt. Der Kern seiner Motivation ist viel dunkler: Verachtung für eine Gesellschaft, die sein Genie nicht anerkennen will, Faszination angesichts der Unverwundbarkeit, die seine Todesbereitschaft ihm verleiht, und eine Obsession, die Mittel des Todes zu beherrschen. Der Heilige Gral des Professors – der vollkommene Zünder – ist nur ein Symbol der wahren Hoffnung des Terrorismus: ein Moment der Gewalt, der einen mittellosen Niemand in einen Racheengel verwandeln wird.

Dieses Porträt des Terroristen stellt für die Analyse, die ich bis jetzt erstellt habe, eine besondere Herausforderung dar. Was geschieht mit einem Krieg gegen den Terror, wenn die Gewalt außer Kontrolle gerät, wenn beide Seiten sich wie der Professor zu verhalten beginnen, besessen von den Mitteln ihres Kampfes und gleichgültig gegenüber den Zielen, denen diese Mittel dienen sollen? Bisher habe ich argumentiert, als würden Terroristen und die Staaten, die den Terror bekämpfen, die von ihnen verwendeten Mittel mit den Zielen disziplinieren, deren Verwirklichung sie anstreben. Wer zu politischer Gewalt greift, tut dies im Namen der Freiheit und Selbstbestimmung im Namen der Unterdrückten. Terrorismusbekämpfer hingegen kämpfen, um die Grundsätze ihres Staates zu verteidigen. Auf der Grundlage dieser Voraussetzungen wird es möglich sich vorzustellen, dass beide vielleicht den Wunsch haben, diese Ziele nicht durch die Mittel zu beflecken, die sie anwenden. Ein Vernehmer, der für einen liberalen demokratischen Staat arbeitet, könnte davon überzeugt werden – durch die Werte, die zu verteidigen er beauftragt ist –, dass der Einsatz von Folter den Wesenskern dieses Staates verraten würde. Terroristen, die das Töten von Zivilpersonen vielleicht als das kleinere Übel rechtfertigen würden, könnten davon überzeugt werden, sich vom Terror abzuwenden, wenn man ihnen zeigen könnte, dass sich die gleichen Ziele auch mit friedlichen Mitteln erreichen ließen. Unter der Voraussetzung, dass sowohl Terror als auch Terrorbekämpfung politische Phänomene sind, getrieben von politischen Zielen und Idealen, könnte es möglich sein, sich vorzustellen, dass diese Ziele beide Seiten davon abhalten könnten, eine Abwärtsspirale sich wechselseitig verstärkender Gewalt hinabzugleiten.

Was aber, wenn diese Voraussetzungen nicht den Tatsachen entsprechen? Was geschieht, wenn politische Gewalt nicht mehr durch politische Ideale motiviert wird, sondern durch die emotionalen Kräfte, die Conrad so gut verstand: Ressentiment und Neid, Habgier und Blutdurst, Gewalt um ihrer selbst willen? Was geschieht, wenn die Terrorbekämpfung in ähnlicher Weise nicht mehr durch Grundsätze motiviert, sondern durch den gleichen Komplex emotionaler Triebe gesteuert wird?

Es ist eine Sache, zu argumentieren, dass man den Terrorismus politisch verstehen müsse, eine andere, so zu tun, als würden stets politische Ziele die Aktionen von Terroristen bestimmen. Es kann sein, dass es weit niedrigere Motive sind, Motive wie diejenigen, die den

Professor antreiben, die wir verstehen müssen, wenn wir erfassen wollen, wie es kommt, dass edle Ziele so oft von denen verraten werden, die der Meinung sind, ihnen zu dienen. Das Gleiche kann vielleicht auch von den Agenten gelten, die ausgesandt werden, um Leute wie den Professor festzunehmen. Sie werden vielleicht von Codes und Werten geleitet, die nichts mit denen der Gesellschaft zu tun haben, die sie vertreten: den Kriegercodes der Loyalität gegenüber den eigenen Leuten, Werten der Rache und der puren Erregung, wenn man anderen Angst macht.

In diesem Kapitel möchte ich mir Gewalt als Nihilismus ansehen und zu erklären suchen, weshalb sowohl Terror als auch Terrorbekämpfung zu Zielen an sich werden können und weshalb so viele Kriege gegen den Terror in eine Abwärtsspirale von Gewalt degenerieren. Ich habe schon einen Grund genannt, warum dies so ist: Terroristen suchen bewusst die Gewalt zu provozieren, um in den Entscheidungszyklus des Staates, den sie bekämpfen, hineinzukommen und ihn zu einer immer brutaleren Unterdrückung zu treiben. Das Ziel von Terroristen besteht darin, die moralische Identität des Staates zusammen mit seinem Widerstandswillen zu untergraben und eine unterdrückte Bevölkerung nach und nach vom Gehorsam gegenüber der staatlichen Herrschaft abzubringen. Wenn dies ein ausdrückliches politisches Ziel der meisten Terrorstrategien ist, ist es für Spitzenpolitiker in demokratischen Staaten lebenswichtig, nicht in diese Falle zu tappen.

Doch das ist leichter gesagt als getan. Es bedarf einer Erklärung, weshalb Kriege gegen den Terror der politischen Kontrolle entgleiten, weshalb sie in die von Terroristen aufgestellte Falle gehen, aber auch, warum auch Terroristen die Kontrolle über ihre Kampagne verlieren und der eigenen Seite schreckliche Verluste zufügen, bevor sie eine Niederlage eingestehen. Um diese düsteren Merkmale zu erklären, müssen wir uns von Politik und Recht entfernen und uns der Psychologie des Nihilismus zuwenden.

Zunächst ein Wort der Erklärung zum Nihilismus. Er bedeutet buchstäblich Glauben an nichts, den Verlust aller einschränkenden oder anregenden Ziele. Ich möchte das Wort jedoch nicht wörtlich verwenden oder unterstellen, dass Terrorbekämpfer oder Terroristen an nichts glauben. Es kann sein, dass beide mit hohen Idealen beginnen und sie im Gemetzel des Kampfes verlieren. Ich verwende das Wort in erster Linie dazu, eine Form der Entfremdung einzufangen, in der beide Seiten in einem Krieg gegen den Terror den angemessenen Blick auf ihre Ziele verlieren. Zwangsmittel hören auf, bestimmten politischen Zielen zu dienen, und werden zu Zielen in sich. Terroristen und Terrorbekämpfer enden gleichermaßen in einer Abwärtsspirale einer sich wechselseitig verstärkenden Brutalität. Das ist die gefährlichste ethische Falle, die sich in dem langen Krieg gegen den Terror auftut, der sich vor uns erstreckt.

Das Wort *Nihilismus* wurde erstmals in den 1860er Jahren im zaristischen Russland mit Terrorismus in Verbindung gebracht. Dostojewski und andere benutzten es, um die Weltsicht der von Sergej Netschajew geführten Terroristen zu schildern, dessen *Katechismus eines Revolutionärs* ein Programm für die Machtergreifung aufstellte.[3] Netschajew warb bewusst für Grausamkeiten, die darauf angelegt waren, das Zarenregime zu einem blutigen Showdown zu provozieren. Nihilismus bedeutete ursprünglich einen aggressiven Hass auf drückende und heuchlerische bürgerliche Konventionen. Das Programm der Nihilisten war jedoch nicht buchstäblich nihilistisch, da die Zerstörung den Weg bereiten sollte für die Errichtung einer gerechten Gesellschaft auf den Ruinen der alten. Doch Gegner dieser Gruppen stürzten sich auf den Beinamen mit dem Argument, ihre zerstörerischen Methoden verunreinigten ihre erlösenden gesellschaftlichen Ideale. Gruppen, die den Nihilismus als Kennzeichnung akzeptierten, taten dies, weil er ihre tiefe Ablehnung der bestehenden Gesellschaftsordnung erfasste. Eine dieser Gruppen ermordete später den als Befreier gefeierten Zaren Alexander II. im Jahre 1881.

Das größte literarische Porträt des Terrorismus als Nihilismus ist nicht zufällig ein russisches Werk: Fjodor Dostojewskis 1871 veröffentlicher Roman *Die Dämonen*. Darin wird die Geschichte einer kleinen terroristischen Zelle geschildert, die von dem charismatischen Stawrogin und dem boshaften Betrüger Werchowenski geleitet wird. Diese Gruppe übernimmt die Macht in einer kleinen russischen Stadt, sichert sich die Unterstützung leichtgläubiger Liberaler voller Selbsthass. Anschließend begehen die Männer eine Reihe von Brandstiftungen. Es bleiben niedergebrannte Gebäude zurück, unschuldige Tote, und ein Mitglied der Terroristengruppe, das seine Zustimmung widerruft, wird ermordet. Dieser letzte Mord ist der moralische Schlüssel zum Sinn der Erzählung, da dieser Mann als Einziger an die politischen Ideale geglaubt hat, um deretwillen die Gewalt stattgefunden hat. Deswegen, so scheint Dostojewski zu sagen, ist er der Einzige, der erkannt hat, dass die Ziele von den Mitteln entführt worden sind. Für seine moralische Einsicht und für seinen Versuch, die Gruppe anzuprangern und zu verlassen, zahlt er mit seinem Leben.

Dostojewski, der selbst einer Verschwörergruppe angehört hatte, war wie Conrad nach ihm ein Meister der terroristischen Psychologie. Doch sein Porträt des Terrorismus hing von einer komplizierten metaphysischen Kritik der Modernität ab, in der der Terrorist zum pathologischen Ausdruck einer Gesellschaft wurde, die den gemeinsamen Glauben an Gott verloren und sich einem grausamen und engen Individualismus ergeben hatte.[4] Der Terrorismus ist in Dostojewskis Analyse das Spiegelbild der nihilistischen Gesellschaft, welche die Terroristen zerstören wollen.

Wir müssen Dostojewskis apokalyptische Überlegungen zur Modernität nicht akzeptieren oder auch nicht glauben, wie er zu unterstellen schien, dass moderne Gesellschaften bekamen, was sie verdienten, wenn sie vom Terror getroffen wurden. Wir können diese Gedanken beiseite stellen und uns stattdessen auf den beispiellosen Scharfsinn in dem Porträt des russischen Autors vom Nihilismus als einem Geisteszustand konzentrieren. In Dostojewskis Roman faseln die Terroristen die Rhetorik revolutionärer Politik, doch ihre Rhetorik ist ebenso leer wie ihre Seelen. Das Böse füllt ihre geistige Leere aus. Was ihnen zusagt, ist Extremismus um seiner selbst willen. Dies ist in einer zweiten Bedeutung zynischer Unglaube an die Ziele, die man nach außen bekennt. Indem er die Handlung in einer Kleinstadt spielen lässt statt in Moskau oder Petersburg, möchte Dostojewski die politische Vergeblichkeit des Vorhabens betonen: Wenn man eine entlegene russische Kleinstadt niederbrennt, beginnt damit kaum eine Revolution im ganzen russischen Reich. Doch dies scheint den Verschwörern nichts auszumachen. Sie sind in die Verschwörung an sich verliebt. Dostojewskis Porträt der Terroristen ist komisch und schonungslos zugleich, indem es das mürrische Geplapper der Verschwörer einfängt und ihre groteske Unfähigkeit, auf das zu hören, was sie sagen. Von einer Gestalt schreibt Dostojewski: »Er lehnt die Moral als solche ab und bevorzugt das jüngste Prinzip der allgemeinen Zerstörung um des höchsten Guten willen. Er verlangt schon jetzt mehr als 100 Millionen Köpfe für die Etablierung der Vernunft in Europa.«[5] Der Rädelsführer Werchowenski kultiviert bewusst den rhetorischen Extremismus in diesem Kreis, um eine wahnsinnige Welt zu erschaffen, in der niemand fähig ist, den wahren Irrsinn der von ihnen vorgeschlagenen Zerstörung zu erkennen. Werchowenski ist Dostojewskis Porträt des Terroristen als Schwindler, der seine Fähigkeit genießt, die Leere und Leichtgläubigkeit seiner Mitverschwörer auszunutzen. Politik ist für Werchowenski ein zynisches Spiel, das durch die Freuden der Doppelzüngigkeit am Leben erhalten wird. Er artikuliert Plattitüden über Gerechtigkeit, weil sie ihn in die Lage versetzen, Anhänger einzufangen, sexuelle Eroberungen zu machen und sich dabei Macht, Geld und Einfluss zu sichern. In diesem Porträt des Bösen als einer monströsen Umkehrung werden hohe Grundsätze zu den Mitteln und Gewalt zum wahren Ziel politischen Handelns.

Dostojewski erfasst diesen zweiten Sinn des Nihilismus als Zynismus perfekt. In diesem Sinn bezeichnet der Begriff die Anwendung von Gewalt um persönlicher Wichtigtuerei, Unsterblichkeit, Berühmtheit oder Macht willen statt als Mittel zu einem wahrhaft politischen Zweck wie einer Revolution oder der Befreiung eines Volkes. Diese Umkehrung ist vielleicht das, was den Selbstmordattentätern widerfahren ist, die in Israel Cafés, Bars und Bushaltestellen überfielen. Sie ist vielleicht auch bei den Selbstmordattentätern geschehen, die am 11. September 2001 die Flugzeuge kaperten. Da sie für ihr Handeln mit dem Leben bezahlt haben, können wir nicht mehr erfahren, was ihre Motive gewesen sind.[6] Die Tatsache, dass einige Selbstmordattentäter Erklärungen hochpolitischen Inhalts auf Band gesprochen haben, beweist nicht, dass diese Absichten tatsächlich ihr Handeln bestimmt haben. Selbstmordanschläge sind vielleicht ein Todeskult, bei dem die genannten politischen Ziele – Freiheit für unterdrückte oder besetzte Völker – weniger wichtig sind als Ziele, wie sie Conrads Professor so offensichtlich für sich anstrebte, etwa Ruhm, Unsterblichkeit, einen Augenblick der Bedeutung. Während ein Selbstmordattentat Mut erfordert, könnte es ein Irrtum sein anzunehmen, dass Mut unbedingt durch ein edles Ziel motiviert wird. Mut kann im Dienst kultähnlicher Ziele – Tod, Unsterblichkeit, Selbstrechtfertigung als Märtyrer – auch in sein Gegenteil verkehrt werden. Überdies werden schätzenswerte Ziele wie Freiheit und Gerechtigkeit in einem Prozess der Umkehrung in Rechtfertigungen für unmenschliche Verbrechen und Grausamkeiten pervertiert. Dies ist von Bedeutung, weil politische Zugeständnisse an die von den Selbstmordattentätern vertretenen Anliegen vielleicht gar keinen Effekt auf die Motivation der Attentäter selbst haben, denn diese haben sich über die Politik hinausbewegt, hin zu einer Eschatologie bei einer persönlichen Erlösung durch den Tod.

In einem Krieg gegen den Terror ist keine Seite immun gegen die Versuchung, die Gewalt als ein Ziel an sich zu sehen. Vertreter eines demokratischen Staates entdecken vielleicht, dass sie von der Furcht vor Terror dazu getrieben werden zu foltern, zu morden, unschuldige Zivilisten zu töten, alles im Namen von Rechten und Demokratie. Wenn man dieser Umkehrung erliegt, ist das der Hauptweg, auf dem beide Gruppen vom kleineren Übel zum größeren gleiten.

Wenn diese Versuchung jedoch stark ist, wird eine Strategie, sie mit kleineren Übeln zu bekämpfen, wahrscheinlich überhaupt nicht plausibel sein. Eine Moral des kleineren Übels könnte zu rational sein. Sie geht von der Voraussetzung aus, dass Gewalt eines liberalen demokratischen Staates, der sich mit Terror konfrontiert sieht, im

Namen ethisch angemessener Ziele wie Menschenrechte und Menschenwürde kontrolliert werden kann. Ein Ansatz des kleineren Übels bei einem Krieg gegen den Terror würde beispielsweise voraussetzen, dass Vertreter eines liberalen demokratischen Staates in der Lage sein sollten, die Grenze nicht zu überschreiten, die ein intensives Verhör von Folter trennt, oder die Grenze, die eine zielgerichtete Ermordung feindlicher Kombattanten von Morden trennt, welche den Tod unschuldiger Zivilisten einschließen. Die heutige US-amerikanische Politik erlaubt die Ermordung von Zivilisten in Friedenszeiten nicht, gestattet jedoch das Töten feindlicher Kombattanten in Kriegszeiten, vorausgesetzt, dass bei solchen Tötungen Unterschiede gemacht und Kollateralschäden vermieden werden.[7] Diese Politik – ein Ansatz des kleineren Übels, wenn es je einen gegeben hat – impliziert, dass die mit der Verteidigung eines Staates beauftragten Vertreter die Charakterstärke sowie einen ausreichenden Sinn für die Wertvorstellungen der von ihnen verteidigten Gesellschaft haben, dass man ihnen mo ralisch zweifelhafte Mittel anvertrauen kann. Wenn man perfektionistisch gegen einen solchen Ansatz argumentieren will, kann man sagen, moralisch zweideutige Mittel ließen sich nur schwer kontrollieren und seien somit am Ende dazu verurteilt, in einem Verrat der Werte zu enden, für die eine liberale Demokratie stehen sollte. Also sollten liberale Staaten denen, die sie verteidigen, nicht den moralischen Ermessensspielraum zugestehen, der bei Ansätzen des kleineren Übels besteht. Staaten sollten extreme Formen der Vernehmung, zielgerichtete Tötungen und andere Einsätze von Gewalt mit einem absoluten Verbot belegen, denn wenn man einmal mit solchen Mitteln anfängt, wird es so gut wie unmöglich, zu vermeiden, dass das kleinere Übel allmählich ins größere abgleitet.

Ein anderes Problem mit dem kleineren Übel wäre, dass liberale demokratische Regime zu einer Art moralischen Narzissmus ermutigen würden, einem blind machenden Glauben, dass diese Mittel akzeptabel sein müssten, weil *diese* Art von Gesellschaft sie autorisiere. Folglich könnte es sein, dass demokratische Werte, statt zu verhindern, dass ein kleineres allmählich zu einem größeren Übel wird,

Vertreter der Demokratie gegenüber der moralischen Realität ihres Handelns in Wahrheit blind machen. Edle Ziele sind keine Garantie dagegen, dass man zu üblen Mitteln greift; tatsächlich gilt: Je edler die Ziele sind, umso mehr Rücksichtslosigkeit können sie billigen. Dies ist der Grund, weshalb die Demokratie von Misstrauen abhängig ist, warum die Verteidigung der Freiheit es erforderlich macht, dass man selbst edle Absichten einer kritischen Prüfung unterwirft.

Ich kann drei verschiedene Wege sehen – den tragischen, den zynischen und den fanatischen –, auf denen der Nihilismus zum beherrschenden Einfluss sowohl bei einer terroristischen Kampagne als auch in einem Krieg gegen den Terror werden kann. Den ersten Weg könnte man tragisch nennen, weil er sich trotz der politischen Absichten aller Beteiligten auftut, wenn Terroristen und Terroristenbekämpfer in einer Abwärtsspirale von Repressalien und Gegenrepressalien gefangen werden. Eine Seite tötet, um ihr letztes Opfer zu rächen; die andere Seite zahlt mit gleicher Münze zurück, um ihr letztes Opfer zu rächen. Beide Seiten beginnen mit einer Ethik der Zurückhaltung und enden in einem Kampf ohne Ende.

Hier entstehen durch das Blutvergießen zwei Gemeinschaften – die Terroristen und die Terroristenbekämpfer –, in denen die Loyalität gegenüber der Gruppe stärker ist als die institutionelle Verantwortlichkeit oder das individuelle Prinzip. Beide Seiten sind an ihre eigenen Leute gekettet, weil beide Blut an den Händen haben oder Blut, das gerächt werden muss. Ihre Bindungen an die Gruppe sind stärker als alle anderen, die sie zu den Institutionen haben, die ihr Verhalten möglicherweise in Schranken halten könnten. Gewalt erzeugt Zugehörigkeit, und Zugehörigkeit bringt Abgeschlossenheit hervor. Terroristen hören nur auf sich selbst und nicht mehr auf mäßigende Botschaften aus den Gemeinschaften, denen ihre Gewalt angeblich dienen soll. Vertreter der Terrorbekämpfung binden sich aneinander, nachdem sie Verluste erlitten haben, betrachten ihre zivilen Vorgesetzten zwar als Leute, die für die Freiheit eintreten, aber kein Rückgrat haben, regen sich über Einsatzbeschränkungen ihres Gebrauchs von Gewalt auf, bemühen sich, diese Beschränkungen zu umgehen, wo immer dies möglich ist, verwischen dabei ihre Spuren und suchen die Terroristen zu ihren eigenen Bedingungen zu bekämpfen. Am Boden dieser Abwärtsspirale kann es dazu kommen, dass konstitutionelle Polizeikräfte und Einheiten der Terrorbekämpfung sich am Ende nicht besser verhalten als die Terroristenzellen, die sie zu vernichten versuchen. Ihr moralisches Verhalten wird von dem zunehmend abstoßenden Verhalten der anderen Seite abhängig. Dies ist der unabsichtliche Weg zum Nihilismus, den konstitutionelle Kräfte beschreiten, um die Besiegten zu verteidigen und die Verluste zu rächen. Dabei können Folter und außergerichtliche Tötungsdelikte zur Routine werden.

Gillo Pontecorvos meisterhafter Film *The Battle of Algiers* (1965) schildert den algerischen Unabhängigkeitskrieg zwischen 1955 und 1962 als tragisches Duell, bei dem beide Seiten, die gewissenhaft an die Rechtmäßigkeit ihres Kurses glauben, genau in einer solchen Abwärtsspirale gefangen werden, wie wir sie soeben erörtert haben. Der Film mag fiktiv sein, stützt sich aber auf umfangreiches dokumentarisches Forschungsmaterial über die tatsächliche Geschichte des algerischen Kampfs. Während Pontecorvo sich unmissverständlich auf die Seite der algerischen Revolution stellt, vermeidet er sorgfältig jede moralische Karikatur der Franzosen und zeigt, warum Folter als rationale und wirksame Möglichkeit gesehen werden konnte, die in der Kasbah von Algier arbeitenden Terroristenzellen zu sprengen. Ebenso wenig verbirgt der Regisseur die blutige Realität des Befreiungskampfs; er zeigt den ganzen Schrecken eines Angriffs auf ein Café, nach dem furchtbar zugerichtete Leichen und traumatisierte Überlebende überall auf der Straße liegen. Der Film hält ein außergewöhnlich subtiles moralisches Gleichgewicht aufrecht; er unterstützt den algerischen Freiheitskampf, ohne die in seinem Namen begangenen Verbrechen zu mildern; er verdammt den französischen Gebrauch der Folter, versäumt es aber nicht, der Tatsache gerecht zu werden, dass da nicht von Bestien gefoltert wurde, sondern von Menschen mit engagierten Überzeugungen. *The Battle of Algiers* wird so zu einem Zeugnis der Tragödie des Terroristenkrieges.

Wenn man diesen Weg tragisch nennt, entschuldigt man ihn nicht, sondern unterscheidet ihn nur von einem zweiten Weg, der insgesamt zynischer ist. Bei dem tragischen Weg wird die einst als Mittel gebrauchte Gewalt zum Selbstzweck, und das zum Schrecken derer, die in die Falle des gegnerischen Verhaltens geraten sind. Bei dem zweiten Weg beginnt die Gewalt nicht als ein Mittel zu edlen Zielen. Sie steht von Anfang an im Dienst zynischer oder eigennütziger Ziele. Auf beiden Seiten, der terroristischen wie der den Terrorismus bekämpfenden, gibt es zwangsläufig Einzelne, denen die Gewalt um ihrer selbst willen wirklich Spaß macht. Gewalt und Waffen üben eine ganz eigene Faszination aus, und ihr Besitz und Gebrauch befriedigen tiefe psychologische Bedürfnisse. Es ist nicht nötig, sich eingehend mit der Frage zu befassen, warum Menschen Gewalt lieben und Waffen als Instrumente der Macht und sogar sexueller Befriedigung zu benutzen suchen. Die Tatsache, dass Gewalt sowohl anzieht als auch abstößt, ist eine ständig wiederkehrende Herausforderung für die Moral des kleineren Übels, da sie erklärt, weshalb der Appetit auf Gewalt unersättlich werden kann und sich um immer spektakulärere Effekte bemüht, auch wenn diese keine erkennbaren politischen Ergebnisse zustande bringen. Viele Terroristengruppen benutzen eine politische Sprache, um das Fehlen jeglicher echten Verpflichtung gegenüber der von ihnen verteidigten Sache zu tarnen. In ihrem Zynismus können sie unkontrollierbar werden, denn sobald die Gewalt von der Verfolgung bestimmter politischer Ziele abgetrennt wird, wird die Gewalt nicht aufhören, selbst wenn diese Ziele erreicht sind.

Was auf Terroristen zutrifft, kann auch Terrorismusbekämpfer kennzeichnen. Die Art von Personal, das sich zu Polizei und Anti-Terror-Einheiten hingezogen fühlt, kann rekrutiert werden, weil sich diese Männer von gewalttätigen Mitteln angezogen fühlen. Diese Mittel verleihen Macht, stärken das sexuelle Selbstvertrauen und versetzen diese Männer in die Lage, anzugeben und andere einzuschüchtern. Der Persönlichkeitstypus, der sich von einer Terrorbekämpfungskampagne angezogen fühlt, muss nicht unbedingt eine innere oder wohl überlegte Verpflichtung gegenüber demokratischen

Werten der Zurückhaltung haben. Regeln für den Einsatz tödlicher Gewalt brauchen nur befolgt zu werden, wenn Vorgesetzte zusehen, und können zu jeder anderen Zeit ignoriert werden.

Es kann deshalb also immer eine Kluft geben zwischen den Werten einer liberalen Demokratie, die gerade angegriffen wird, und dem Verhalten der Terrorbekämpfer, die den Krieg hinter die feindlichen Linien tragen müssen. Es gibt keinen notwendigen Grund für die Annahme, dass diejenigen, die eine Demokratie verteidigen, dies aus einem überzeugten Glauben an ihre Werte tun. Ihr Hauptmotiv ist vielleicht nur die Aufregung der Jagd und der Reiz erlaubter Gewalt. Liberale Staaten können nicht von Pflanzenfressern geschützt werden. Aber wenn wir Fleischfresser brauchen, um uns zu verteidigen, ist es eine ständig wiederkehrende Herausforderung, sie zu zügeln und in ihnen das Bewusstsein davon zu erhalten, was sie verteidigen.

Auf der terroristischen Seite wird es immer eine Kluft zwischen denen geben, welche die politischen Ziele einer Terrorkampagne ernst nehmen, und denen, die sich zu der Sache hingezogen fühlen, weil sie Glanz, Gewalt, Geld und Macht bietet. Man kann nur Vermutungen darüber anstellen, wie viele Männer in den Reihen der IRA tatsächlich an den Traum von einem geeinten Irland glauben. Doch man kann durchaus vermuten, dass viele Rekruten sich anschließen, weil sie von den einträglichen Schutzgeldabteilungen der IRA profitieren wollen.[8] Die IRA hat mit der Mafia ebenso viel Ähnlichkeit wie mit einer Zelle von Aufständischen oder einer radikalen politischen Partei, und die Motive, die junge Leute zu der Bewegung hinziehen, sind oft ebenso kriminell wie politisch. Wenn kriminelle Ziele politische Ziele überwiegen, wird es für die Führung schwierig, ihre Anhänger daran zu hindern, Gewalt in einen Selbstzweck zu verwandeln.

Der kriminelle Reiz von Terroristengruppen und der Zynismus derer, die sich ihnen anschließen, sind zusätzliche Gründe, warum es ein Fehler ist, eine Gruppe wie die IRA mit politischen Zugeständnissen versöhnlich zu stimmen oder zu besänftigen. Ihre politischen Ziele sind vielleicht ihren kriminellen Interessen untergeordnet, und wie jedes kriminelle Unternehmen können sie nur durch die Kraft

des Gesetzes aus dem Geschäft gedrängt werden. In ähnlicher Weise
würde man ihre wirkliche Natur und ihre Ziele missverstehen, wenn
man Überraschung darüber ausdrückt, dass sie ihre politischen Ideale
durch eine schmutzige Taktik beflecken oder dass sie den Kosten gegenüber gleichgültig zu sein scheinen, die ihre Gewalt den von ihnen
angeblich repräsentierten Gemeinschaften auferlegt.

Es sind jedoch nicht alle Terroristen moralische Zyniker. Nicht alle
Terroristengruppen benutzen die Politik als Ausrede für andere, offen
gewalttätige Zwecke. Es gibt noch andere Gruppen, deren politische
Ziele echt sind, die am Ende aber gleichwohl Gewalt in eine Lebensform verwandeln. Dies sind die Gruppen, welche die Eigenschaften
nicht von Verbrecherbanden, sondern von fanatischen Sekten auf-
weisen. Hier nimmt der Nihilismus die Form an, dass nicht etwa an
nichts geglaubt wird, sondern an zu viel. Was ich meine, ist Folgendes: Er wird hier zu einer Form der Überzeugung, die so intensiv
ist, einer so blinden Hingabe, dass es unmöglich wird zu sehen, dass
Gewalt notwendigerweise die Ziele verrät, welche die Überzeugung
zu erreichen sucht. Hier ist der Irrglaube nicht tragisch wie im ersten
Fall, weil die Gläubigen nicht durch das Verhalten der anderen Seite
in die Gewalt hineingezogen werden. Ebenso wenig ist er zynisch:
denn sie sind wahre Gläubige. Sie beginnen mit der Gewalt als einer
heiligen und erlösenden Pflicht. Dies ist der dritte Weg zum Nihilismus, der fanatische Einsatz hoher Grundsätze zur Rechtfertigung
von Grausamkeiten. Nihilistisch ist daran der Glaube, dass solche
Ziele alle denkbaren Mittel zulassen, sogar jede Berücksichtigung der
menschlichen Kosten unnötig machen. Nihilismus ist hier gewollte
Gleichgültigkeit gegenüber den menschlichen Akteuren, die auf dem
Altar der Prinzipien geopfert werden. Hier ist Nihilismus kein Glaube an gar nichts, er ist vielmehr der Glaube, dass nichts an bestimmten Menschengruppen wichtig genug ist, um den Schaden, den man
ihnen zufügt, möglichst gering zu halten.

Die hohen Grundsätze, die man gemeinhin vorbringt, um Terrorismus zu rechtfertigen, waren einst überwiegend säkular – Spielarten
des verschwörerischen Marxismus –, aber heute sind die meisten

Rechtfertigungsideologien religiöser Natur.[9] Wenn man religiöse
Rechtfertigungen der Gewalt nihilistisch nennt, gibt man damit
natürlich eine bestimmte Art von Werturteil ab und bestätigt, dass
es grundsätzlich keine metaphysische oder gottgewollte Rechtfertigung für das Abschlachten von Zivilisten geben kann. Von einem
Menschenrechtsstandpunkt aus ist die Behauptung, dass solche Unmenschlichkeit göttlich inspiriert sein *kann*, ein Stück Nihilismus,
eine unmenschliche Abwertung des Respekts, den man allen Menschen schuldet, und überdies ein Stück frecher Selbstüberhebung,
da Menschen schon definitionsmäßig keinen Einblick in göttliche
Absichten haben, wie diese auch aussehen mögen.

Die Hybris beschränkt sich jedoch nicht auf die Äußerung göttli-
cher Absichten. Sie besteht auch in einer Usurpation der Bibeltradi-
tion. Der Teufel kann die Schriften immer zu seinem Nutzen zitieren,
und um welchen Glauben es sich auch handeln mag, so gibt es nie
einen Mangel an Texten, die den Einsatz von Gewalt rechtfertigen.
Gleichermaßen gibt es in allen Religionen heilige Texte, in denen
die Gläubigen dazu angehalten werden, Menschen anständig zu behandeln. Manche mögen in diesen Forderungen universalistischer
sein als andere. Manche beschränken die Pflichten des Wohlwollens
vielleicht auf Mitgläubige, während andere diese Pflichten auf die
gesamte Menschheit ausdehnen. Aber wie immer der Bereich ihrer
moralischen Sorge aussehen mag, alle religiösen Lehren setzen der
Idee, dass es sich rechtfertigen lässt, andere Menschen zu töten oder
zu misshandeln, einigen Widerstand entgegen. Dieser Widerstand
kann von offener Verurteilung bis hin zu einer qualifizierten Rechtfertigung als ein letztes Mittel reichen. Eine nihilistische Verwendung einer religiösen Doktrin zeichnet sich dadurch aus, dass sie die
Lehre in eine Rechtfertigung unmenschlicher Taten pervertiert und
jeden Teil der Lehre ignoriert, der ihren gewalttätigen Zielen widerspricht. Dieser Nihilismus vollzieht eine bezeichnende Umkehr: Er
passt die religiöse Doktrin an, um das terroristische Ziel vernünftig
zu machen, statt es der aufrichtigen Befragung des wahren Glaubens
zu unterwerfen.

Es ist unnötig, hier zu dokumentieren, in welchem Umfang Al Qaida den wahren Glauben des Islam ausgenutzt und verzerrt hat. Um nur ein Beispiel zu nennen: Die Tradition des Dschihad, die sich auf die Verpflichtung des Gläubigen bezieht, gegen innere Schwäche und Korruption anzukämpfen, ist in eine Verpflichtung verdreht worden, gegen Juden und Amerikaner Krieg zu führen. In den Händen Osama bin Ladens ist der spezifisch religiöse und nach innen gerichtete Inhalt des Dschihad sinnentleert und durch eine Doktrin ersetzt worden, die Terrorakte rechtfertigt.[10] Diese Art von religiöser Rechtfertigung verstärkt die politische Wirkung terroristischer Aktionen dramatisch. Wenn Al Qaida zuschlägt, kann diese Organisation behaupten, im Namen einer Milliarde Muslime zu handeln. Das mag zwar eine Lüge sein, gleichwohl ist es eine einflussreiche Lüge.

Wenn man eine religiöse Doktrin auf diese Weise mit Beschlag belegt, versetzt dies die Gruppe auch in die Lage, potentiellen Rekruten die Aussicht auf Märtyrertum zu versprechen.[11] Unsterblichkeit kompliziert die Beziehung zwischen gewalttätigen Mitteln und politischen Zielen, denn die Aussicht auf ewiges Leben hat auf den Selbstmordattentäter die Wirkung, dass es nur eine zweitrangige Bedeutung hat, ob die Tat überhaupt etwas Politisches bewirkt oder nicht. Was am meisten zählt, ist die Sicherung des Eintritts ins Paradies. Hier dient die politische Gewalt nicht einem politischen Ziel, sondern einem persönlichen.

Sobald gewalttätige Mittel nicht mehr entschieden politischen Zielen dienen, können sie ein Eigenleben annehmen. Wenn persönliche Unsterblichkeit zum Ziel wird, hören die Terroristen auf, wie politische Akteure zu denken, die für eine rationale Berechnung von Effekten empfänglich sind, und beginnen, wie Fanatiker zu handeln.

Es ist nicht leicht, Menschen in Fanatiker zu verwandeln. Um das zu erreichen, müssen Terroristengruppen, die Selbstmordattentäter einsetzen, einen in einer mächtigen Glaubenssprache verankerten Todes- und Opferkult schaffen. Osama bin Laden nutzte im Mai 1998 ein Interview mit einem amerikanischen Journalisten in Afghanistan, um den Terrorismus in der Sprache des Glaubens zu rechtfertigen:

»Der von uns praktizierte Terrorismus ist von der lobenswerten Art, denn er richtet sich gegen die Tyrannen und Aggressoren und Feinde Allahs, die Tyrannen, die Verräter, die an ihren eigenen Ländern Verrat begehen, an ihrem Glauben, ihren Propheten und ihrer Nation.«[12]

Was hieran bemerkenswert ist, ist die Tatsache, dass man die Religion nicht nur dazu benutzt, die Tötung der Ungläubigen zu rechtfertigen, sondern auch dazu, sich über das weit ernstere Tabu hinwegzusetzen, Angehörige des eigenen Glaubens zu töten. Die Funktion des Nihilismus besteht hier darin, reale, lebende Angehörige des islamischen Glaubens als Verräter darzustellen, die den Tod verdienen. Der Nihilismus nimmt die Form an, dass die humane Realität von Menschen für null und nichtig erklärt wird und man sie in Angriffsziele verwandelt.

Die Dschihad-Traditionen des Glaubens zu kapern, ist wesentlich für die Erschaffung der Bedingungen für nihilistische Gewalt. Der Kult braucht Mysterien des Glaubens und die Aussicht auf ein Leben nach dem Tode, um zu verhindern, dass einzelne Terroristen fragen, ob ihre Tat einen nützlichen Beitrag zu einem erkennbaren politischen Ziel darstellt. Sobald die Fähigkeit, diese Frage zu stellen, verloren ist, wird der Tod zu einem Ziel an sich, zur Pforte ins Paradies. Wiederholte politische Fehlschläge werden zu einer unbedeutenden Ablenkung. Es kommt nicht darauf an, irgendetwas Politisches zu bewirken, sondern sich das ewige Leben zu verdienen.

Sofern überhaupt irgendein politischer Zweck übrig bleibt, besteht er nicht mehr im Erreichen eines realen Ziels – etwa der Selbstbestimmung – und wird in einen Wunsch deformiert, zu demütigen, zu schänden, zu erniedrigen und zu töten. Es genügt, Leben zu vernichten, genügt, die andere Seite zu demütigen, genügt, Panik und Furcht auszulösen, und solange diese Befriedigungen evident sind, spielt es keine Rolle, dass die Sache keinen Schritt weitergekommen ist.

Die Aussicht auf ewiges Leben kann deshalb als eine einfallsreiche Lösung des Problems gesehen werden, wie man die Motivation einer Terroristenzelle angesichts von Misserfolgen am Leben erhält. Wie wir schon gesehen haben, sichern terroristische Aktionen den Schwachen nur selten den Sieg, um den sie sich bemühen, und während die Gewalt verlässliche Befriedigungen bietet, wird eine Karriere der Gewalt mit hoher Wahrscheinlichkeit abscheulich, brutal und kurz sein. Sobald die Unsterblichkeit im Angebot ist, spielen politische Fehlschläge im Hier und Jetzt keine Rolle mehr. Sobald es darauf nicht mehr ankommt, ist eine Terrorkampagne nicht leicht zu besiegen, da wiederholte Fehlschläge sie weder entmutigen noch verhindern werden. So wird, wenn die Mittel von realistischen Zielen abgeschnitten werden, der Terrorismus zu einer Lebensform.

Dies sollte auch erklären, weshalb es ein Fehler ist, die Al-Qaida-Mörder als Krieger der Sache der Freiheit für die Palästinenser und gedemütigter Muslime auf der ganzen Welt zu sehen. Die Wirklichkeit sieht anders aus: Ihre Ziele sind weniger politisch als vielmehr apokalyptisch und sichern den Tätern die Unsterblichkeit, während sie einen mächtigen Bannfluch auf den Großen Satan herabbeschwören. Politische Ziele lassen sich politisch angreifen. Mit apokalyptischen Zielen andererseits kann man unmöglich verhandeln. Sie lassen sich nur mit Waffengewalt bekämpfen.

Terroristische Bewegungen wie Al Qaida oder Hamas sind Todeskulte, die von ihren Anführern so organisiert sind, dass sie die normalen psychologischen Prioritäten der Anhänger umkehren, damit sie denken, ihre Liebe zum Leben und ihre Skrupel bei der Tötung anderer seien Formen der Schwäche, die man zugunsten einer Verehrung des Todes als einer Erlösung von Sünde, Unterdrückung und Schande überwinden muss.[13] Wenn das eigene Leben wert ist, geopfert zu werden, dann wird nach der Logik des Kults auch das Leben anderer opferungswürdig.

Todeskulte gehen sehr weit, um die Skrupel abzutöten und zu desensibilisieren, die einen Selbstmordattentäter sonst vielleicht innehalten lassen würden. Die Selbstmordattentäter der tamilischen Krieger, meist Frauen, waren indoktriniert, ihr Opfer als eine Liebestat für den tamilischen Anführer zu sehen.[14] Das Sterben wurde als orgasmische Wiedervereinigung mit dem Führer im Tode umgedeutet.

Dass man das sexuelle Verlangen vom Leben ablenkt, ist ein wichtiger Prozess bei der Erschaffung des Todeskults. Auf diese Weise macht man erotische Energien nutzbar, sodass der Märtyrer sich den Tod als eine Form erotischer Erlösung vorstellt. Gleichzeitig mobilisiert der Kult sexuelle Phobien, um potentiellen Opfern ihr Menschsein zu nehmen. Die Flugzeugentführer vom 11. September 2001 rasierten ihre Körperbehaarung und bemühten sich, jeden verunreinigenden Kontakt mit Ungläubigen zu vermeiden, besonders mit Frauen. Wenn wir nach der Notiz urteilen sollen, die Mohammed Atta, einer der Flugzeugentführer des 11. September, hinterlassen hat, bildeten Furcht und Abscheu vor Frauen, gemischt mit Angst, was seine eigene Sexualität betraf, eine der psychologischen Quellen seines Hasses auf das, was er als eine bedrohlich erotisierte und dekadente westliche Kultur ansah. Ich will damit jedoch nicht andeuten, dass der Terrorismus in Attas Fall einfach ein Handeln aus persönlichen sexuellen Unsicherheiten heraus gewesen ist. Ein Mann wie Atta hat vielleicht rationale Gründe dafür gehabt, dass er sich durch die offene Sexualität der westlichen Kultur abgestoßen fühlte, zumindest beim Vergleich mit der Zurückhaltung in den meisten islamischen Gesellschaften. Sexuelle Züchtigkeit ist ein zentraler Teil der Vorstellungen jeder Kultur von menschlicher Würde. Selbst wenn sie sich irrten, was die westliche Gesellschaft betraf, hat der Abscheu dieser Männer gegen die westliche Sexualität mitgeholfen, sie zu Terrorakten zu treiben.[15] Der wesentliche Punkt hier ist nicht psychologischer, sondern ethischer Natur: Wenn man erotisch geladene Gründe dafür finden kann, die westliche Gesellschaft zu verabscheuen – und dieser Mann, Atta, tat es –, wird es sehr viel leichter, dem Schicksal der unschuldigen Zivilisten gegenüber gleichgültig zu sein, die man zum Tode verdammt.

Sexuelle Phobien und Hassvorstellungen sind eine mächtige Quelle von Nihilismus, besonders der Idee, dass Opfer einer moralischen Rücksichtnahme unwürdig seien. Diese krankhafte Furcht vor Verunreinigung wurde im Fall von Mohammed Atta noch durch eine besondere Interpretation des Koran verstärkt, derzufolge betont wird, dass moralische Pflichten nur Mitgläubigen geschuldet sind, Ungläubigen aber nicht. Der Koran lässt natürlich viele Lesarten zu, von denen manche eine universalistische Vorstellung von moralischer Pflicht unterstützen, andere die volle moralische Rücksichtnahme allein auf die Gläubigen beschränken. Es ist wahr, dass die Terroristen den Islam für sich in Anspruch nehmen, aber ebenso lässt sich auch jede andere religiöse Lehre kapern. Religiöse Traditionen sind immer polyvalent: Sie lassen sich in einer großen Bandbreite von Sichtweisen interpretieren. Keine Doktrin hat in sich genügend Macht, um einer moralischen Verstümmelung durch böse Menschen zu widerstehen. Alles, was sich dieser Verstümmelung überhaupt in den Weg stellen kann, sind die lebendigen Überzeugungen von Mitgläubigen sowie die Institutionen, die Hüter des Glaubens sind, und in diesem besonderen Fall waren sie stumm. Maßgebende Stimmen in der islamischen Welt, welche die Deformation der Idee des Dschihad in eine Rechtfertigung von Terror hätten verurteilen können, haben es damals nicht getan. Ohne solche Verurteilungen sahen die Täter des 11. September in moralischer Hinsicht keine problematischen Aspekte an ihren Taten.

Ein Schlüsselmerkmal des Nihilismus ist deshalb die Umbenennung geplanter Opfer zu minderwertigen Geschöpfen, die man auf dem Weg zu einem höheren Ziel beseitigen kann. Starke sexuelle Abneigungen, religiöser Fanatismus und schließlich politische Ideologie können alle zu einer nihilistischen Abtötung moralischer Skrupel beitragen. Im zwanzigsten Jahrhundert diente das Gerede vom Klassenfeind im Russland Stalins ebenso wie das nationalsozialistische Gerede von dem Juden als Ungeziefer als machtvolle Rechtfertigung für Vernichtungsgewalt. Im einundzwanzigsten Jahrhundert hat man die Religion zum unfreiwilligen Komplizen des Nihilismus gemacht.

II

Wenn Terrorismus bewaffneter Nihilismus ist, brauchen seine Anhänger nicht nur eine allgemeine Theorie darüber, weshalb es auf Menschen nicht ankommt, die sich ihm in den Weg stellen, sondern eine spezifische Theorie darüber, warum es gerechtfertigt ist, Zivilisten zu töten. Alle terroristischen Kampagnen müssen die Idee der Unschuld von Zivilisten in Misskredit bringen. Bin Ladens Erklärungen zielen ausdrücklich darauf ab:

>»Unsere Mütter, Töchter und Söhne werden jeden Tag mit der Zustimmung Amerikas und seiner Unterstützung abgeschlachtet. Und während Amerika die Einfuhr von Waffen in islamische Länder blockiert, versorgt es die Israelis mit einem beständigen Waffennachschub, was es diesen erlaubt, noch mehr Muslime zu töten und zu massakrieren. Ihre Religion verbietet ihnen nicht, solche Taten zu begehen, und folglich haben sie kein Recht, gegen irgendeine Reaktion oder Vergeltung, die eine Revanche für ihre Handlungen darstellen, Einwände zu erheben.«[16]

In ähnlicher Weise wird den palästinensischen Selbstmordattentätern beigebracht, israelische Fahrgäste in einem städtischen Bus nicht als unschuldige Passanten zu sehen, sondern als Komplizen bei dem Verbrechen der Besatzung. Wenn dies nicht genügt, greift man auf die üblichen Formen des Antisemitismus zurück, die in der Politik der arabischen Welt einen halboffiziellen Rang genießen, um die Opfer, auf die man es abgesehen hat, weiter zu entmenschlichen.[17]

In Algerien behauptete die nationale Befreiungsfront FLN, dass französische Zivilisten legitime Ziele seien, weil sie Nutznießer der kolonialen Unterdrückung durch Frankreich seien. In Südafrika wurden weiße Zivilisten in Kirchen und auf öffentlichen Plätzen mit der Begründung niedergemäht, dass sie an dem Übel der Apartheid mitgewirkt hätten.[18]

Wer verhindern will, dass ein Krieg gegen den Terror nihilistisch wird, muss zuallererst darauf beharren, dass die Einheiten der Terror-

bekämpfung die Unterscheidung beachten, die von Terroristen beiseite gefegt wird, nämlich die zwischen unschuldigen Zivilisten und
legitimen militärischen Zielen. Ein Krieg gegen den Terror, der nicht
darum kämpft, der Versuchung zu widerstehen, so wahllos vorzugehen wie die Terroristen, wird mit Sicherheit sowohl seine politische
als auch seine moralische Legitimität verlieren.

Geben wir jedoch zu, wie schwierig es ist, die Unterscheidung aufrechtzuerhalten. Eine zivile Mittäterschaft macht die Immunität von
Zivilisten zu einer komplexen Angelegenheit. In Südafrika waren alle
Weißen wohlwollende Nutznießer der Apartheid, doch es gibt einen
grundsätzlichen Unterschied, ob man für die Polizei und die Streitkräfte arbeitet und nur bei den Wahlen für das Regime stimmt oder
ob man weiß ist und die Apartheid aktiv unterstützt. Immerhin waren viele Weiße Gegner der Apartheid, und es ist zweifelhaft, ob das
System zur Zeit seines Endes zusammengebrochen wäre, wenn das
Regime nicht seine Unterstützerbasis verloren hätte. In moralischen
Begriffen scheint es falsch zu sein, jemanden eher auf der Grundlage
von Attributen der Mittäterschaft zu beschuldigen als auf der seines Verhaltens, und ganz Menschenkategorien – weiße Südafrikaner,
Israelis oder irgendeine andere Gruppe – nur auf der Grundlage zu
verdammen, dass sie aus irgendeiner Ungerechtigkeit einen Vorteil
ziehen, statt sie nach ihrem bestimmten Verhalten als Einzelpersonen
zu beurteilen.

Wenn sich Zivilisten andererseits direkt und persönlich an Aktionen der Terrorbekämpfung beteiligen – wie zum Beispiel in Französisch-Algerien, als die *pieds noirs* sich bewaffneten und Präven-
tiv- oder Racheangriffe gegen algerische Fedajin führten, oder wenn
israelische Siedler in den besetzten Gebieten das Gleiche tun und
von der Verteidigung ihrer Siedlungen zu aktiven Kampfhandlungen
gegen palästinensische Kämpfer oder deren zivile Anhänger übergehen –, verdienen sie es, ihre Immunität vor militärischen Angriffen zu
verlieren.[19] Dann werden sie zu legitimen militärischen Zielen, ihre
Familien jedoch nicht.

Wenn sich Terroristen in Flüchtlingslagern verstecken, wenn sie

ihre Waffen in zivilen Wohngebieten verbergen und sich an Kontroll-
stellen als Zivilisten ausgeben, könnte man sich bei einer Operation der
Terrorbekämpfung versucht fühlen, die Immunität von Zivilisten insgesamt zu ignorieren. Es mag notwendig erscheinen, die Bevölkerung
zu bestrafen, junge Männer auf unbestimmte Zeit einzusperren, die
Häuser derer zu zerstören, die Terroristengruppen unterstützen oder
ihnen Zuflucht gewähren, oder die Bewegungsfreiheit von Frauen
und Kindern einzuschränken und die normale Bewegung und Wirt-
schaftstätigkeit zu verhindern. Dass die Israelis militärische Bulldozer
zur Zerstörung ziviler Häuser im Flüchtlingslager Dschenin einsetz-
ten, war eine Reaktion auf die Benutzung ziviler Wohngebäude als
Hinterhalte.[20] Die Mittäterschaft von Zivilisten kann Militärbehör-
den auch dazu bringen, die Feuerdisziplin bei Soldaten zu lockern, die
den Auftrag haben, die Zivilbevölkerung zu kontrollieren, oder die
strenge Auswahl von Zielen zu lockern, wenn sie Terroristenanfüh-
rer treffen wollen, die sich unter Zivilisten verstecken. Die selektive
Ermordung von Terroristenführern ist ein Merkmal des israelischen
Kriegs gegen den palästinensischen Terror gewesen, und während sie
als ein kleineres Übel gerechtfertigt ist, gibt es Belege dafür, dass auch
Zivilisten ohne direkte Verbindung zu Terrorgruppen getötet wurden,
als gegen diese Anführer vorgegangen wurde. Die israelischen Behörden haben ihr Bedauern über diese Fehler zum Ausdruck gebracht
und argumentiert, nach dem Kriegsrecht seien sie für unbeabsichtigte
Kollateralschäden einer zielgerichteten Tötungspolitik ethisch nicht
verantwortlich. Doch Mord lässt sich nur dann rechtfertigen, wenn
die Immunität von Zivilisten eingehalten werden kann.

Das Risiko einer solchen Taktik liegt darin, dass man, statt die
Terroristen zu isolieren, die Unterstützung für sie erhöht. Wenn man
repressive Maßnahmen eskalieren lässt und diese dann versagen, was
die eigenen Kräfte auf noch mehr Widerstand stoßen lässt, werden
die eigenen Truppen die Bevölkerung mit Hass ansehen, und damit
wird sich die Wahrscheinlichkeit von Missständen und Grausamkeiten erhöhen. Nach und nach werden die Soldaten die gesamte Bevölkerung als ihren Feind ansehen, und dann wird der Unterschied

zwischen Zivilisten und Kombattanten ganz und gar ausgelöscht. Dies ist eine besondere Gefahr, wenn die beiden Völker, die gegeneinander Krieg führen, verschiedenen Religionen und Rassen angehören. Dann wird es für die Terrorbekämpfer eines demokratischen Staates nur zu leicht, in einer schizophrenen moralischen Dualität zu leben: Sie behandeln ihre Mitbürger und die eigenen Familien als gleichberechtigt, während die Menschen der besetzten Bevölkerung als Sachen gelten. Diese Dualität schützt die Terrorbekämpfer sogar vor dem Nihilismus, der sie in ihrem Berufsleben allmählich zu beherrschen droht. Angesichts der Belege ihrer Unmenschlichkeit bei der Arbeit suchen sie Zuflucht in ihrer Menschlichkeit als Eltern, Nachbarn, Freunde und Staatsbürger. Bei der Arbeit jedoch wird der Terrorbekämpfer nach und nach zu dem gleichen nihilistischen Pol hingezogen werden wie sein terroristischer Gegner: Jeder ist ein Feind, jeder ein legitimes Ziel. Wenn beide Seiten diesen Abgrund erreichen, kann eine Kampagne von Terror und Terrorbekämpfung leicht zu einem Bereich werden, in dem es heißt: Feuer frei auf alles, was sich bewegt.

Doch die Parole »Feuer frei« dürfte keiner Seite den Sieg bringen. Die Terroristen werden nicht die Kraft aufbringen, sich gegen einen bewaffneten Staat durchzusetzen, selbst wenn sie wahllos zu töten beginnen, und wenn es für Terrorbekämpfer heißt »Feuer frei«, können sie die Terroristen nicht unter Kontrolle halten, es sei denn, sie vernichten die gesamte Widerstand leistende Bevölkerung. Es mag den Anschein haben, als würde es den Sieg versprechen, wenn man ohne Rücksicht auf Verluste vorgeht; meist hat es nur eine blutige Pattsituation zur Folge.

Der Nihilismus – was die unverblümte Bezeichnung für ein Vorgehen ohne Rücksicht auf Verluste ist – birgt für beide Seiten wirkliche Gefahren. Wenn ein demokratischer Staat zur Unterdrückung einer Terroristengruppe alle Mittel genehmigt, mag er damit nur dem Feind in die Hände spielen. Manche Terroristengruppen bemühen sich absichtlich darum, Repressalien auf sich zu ziehen, um die eigene Bevölkerung zu radikalisieren. Wenn die Repression des Staates

zunimmt, reagieren die Terroristen, indem sie bei ihrer Unterstützerbasis die Daumenschrauben anziehen und eine politische Beziehung
zu ihrer Seite durch eine Beziehung der ungeschminkten Tyrannei
ersetzen und jeden töten oder einschüchtern, der in Frage stellt, ob
die Kosten der Kampagne schwerer wiegen als die Gewinne. Bevölkerungen, die den bewaffneten Kampf einmal aus Überzeugung unterstützt haben, werden entweder in Fanatismus oder in stummem
Einverständnis gefangen. Dabei wird eine politische Beherrschung
terroristischer Gruppen durch ihre Gemeinschaft insgesamt unmöglich. Gemäßigte Stimmen, die eine Gemeinschaft vielleicht überreden könnten, dem Terror ihre Unterstützung zu entziehen, werden
zum Schweigen gebracht. Statt einer korrekten politischen Kultur,
in der Gruppen und Interessen um die Führung konkurrieren, hört
ein durch Selbstmordattentäter vertretenes Volk auf, überhaupt eine
politische Gemeinschaft zu sein, und wird zu einem Kult mit allem,
was dazugehört, Hysterie, Einschüchterung und Furcht. Dies ist der
Prozess, durch den der Nihilismus zu einem Krieg ohne Ende führt.

In einem solchen terroristischen Kult werden viele lobenswerte
moralische Tugenden auf den Kopf gestellt, sodass sie nicht dem Leben dienen, sondern dem Tod. Terroristische Gruppen eignen sich
typischerweise die Tugenden der Jungen an – ihren Mut, ihre eigen-
sinnige Missachtung von Konsequenzen, ihren brennenden Ehrgeiz,
sich Bedeutung zu verschaffen – und benutzen diese, um eine Armee
der Verdammten zu schaffen. So wird Gewalt zu einer Karriere, zu
einer Lebensform, die nur zum Tode führt.

Sobald Gewalt zu einem Teil des Todeskults einer Gemeinschaft
wird, kann die einzige rationale Reaktion eines angegriffenen Staates
nur die sein, dass er seine Feinde nach und nach einzeln eliminiert,
entweder durch Gefangennahme und lebenslange Gefangenschaft
oder durch Hinrichtung. Diejenigen, für die Gewalt zum beherrschenden Beweggrund ihres Verhaltens geworden ist, lassen sich
nicht dazu bewegen, davon Abstand zu nehmen. Sie befinden sich
in einer tödlichen Umarmung mit dem, was sie tun, und Argumente
können sie nicht erreichen. Fehlschläge ebenso wenig. Es zählt nicht,

dass die Gewalt ihr politisches Ziel nicht erreicht, weil das Erreichen dieses Ziels schon lange nicht mehr der Prüfstein ihrer Effektivität ist. Diese Männer sind auf Erlösung aus und suchen den Tod in der Überzeugung, sie erreicht zu haben. Es gibt nichts, wofür sie verhandeln könnten, und wir haben nichts dadurch zu gewinnen, dass wir mit ihnen verhandeln. Sie werden versöhnliche Gesten als Schwäche auslegen und unseren Wunsch, Gewalt durch den Dialog zu ersetzen, als verachtenswerte Naivität. Wenn man sagt, wir befinden uns mit Al Qaida und Selbstmordattentätern ganz allgemein im Kriegszustand, wird damit gesagt, dass der politische Dialog am Ende ist. Wir haben ihnen nichts zu sagen, sie uns aber auch nichts. Entweder setzen wir uns durch oder sie, und Gewalt muss der Schiedsrichter sein.

Dies mag so sein, doch es beseitigt nicht die Notwendigkeit, rein militärische Reaktionen auf Terror mit einer politischen Strategie ins Gleichgewicht zu bringen, welche die von den Terroristen ausgenutzten Ungerechtigkeiten beseitigt. Nicht alle, die terroristisches Handeln unterstützen, lieben die Gewalt oder sind einer Versöhnung gegenüber taub. Manche Palästinenser mögen Selbstmordattentäter unterstützen, aber nicht, weil sie für menschliche Opfer eintreten, sondern weil sie aufrichtig glauben, dass solche Opfer, wie schauerlich sie auch sein mögen, der einzige Weg seien, um der Welt die Ungerechtigkeit der palästinensischen Situation verständlich zu machen. Solche Personen könnten tatsächlich der Gewalt abschwören, wenn ihre politischen Forderungen nach Eigenstaatlichkeit und Würde erfüllt würden. Ein Krieg gegen den Terror, der es versäumt, dieser Gemeinschaft mit politischen Gesten entgegenzukommen, wird erfolglos bleiben. Die erforderlichen politischen Gesten müssen mehr sein als nur Scheinzugeständnisse: Sie müssen den gemäßigten Kräften einen politischen Horizont bieten, eine mögliche politische Alternative für eine von der Logik des Terrors gefangene Gemeinschaft.

Die Notwendigkeit, politisch – und nicht nur militärisch – zu reagieren, ist mehr als nur eine Frage pragmatischer Lösungen. Sie hat etwas mit der Identität der liberalen Demokratie zu tun. Die liberale Demokratie proklamiert die Gerechtigkeit als Lebensregel, und

weil sie das tut, kann sie sich selbst nicht treu bleiben, wenn sie auf
unabsehbare Zeit einen Anspruch auf Gerechtigkeit verweigert – in
diesem Fall auf Eigenstaatlichkeit für die Palästinenser. Doch die Anerkennung einer Forderung ist nicht möglich, wenn einem eine Waffe
an den Kopf gehalten wird. Der palästinensische Terrorismus hat die
Sache, der er dient, zurückgeworfen, gerade weil die wahre Anerkennung eines moralischen Anspruchs nur dann möglich ist, wenn sich
Kontrahenten unter freiheitlichen Bedingungen begegnen, und wer
angegriffen wird, ist nicht frei. Israel wird niemals unter Zwang verhandeln, kann aber ohne Verhandlungen, ohne einen Rückzug aus
den besetzten Gebieten und die Entstehung eines lebensfähigen an-
grenzenden palästinensischen Staates auch nicht überleben. Wenn es
keine Selbstmordattentate mehr gibt, wenn der Gegenseite die Märtyrer ausgehen, wenn die Palästinenser selbst die politische Vergeblichkeit von Gewalt erkennen, wird die Politik wieder weitermachen
müssen – und zwar mit Verhandlungen und Kompromissen. Eine
liberale Demokratie kann die eigene Identität in Freiheit nicht aufrechterhalten, wenn sie andere ohne deren Einwilligung beherrscht.

III

Die umfassendere Frage ist, wie liberale Demokratien anderswo angesichts von nihilistischer Gewalt ihre Sicherheitsorgane davon abhalten können, genau in die nihilistische Falle zu tappen, die auch die
Terroristen festhält. Ein Beispiel wird verdeutlichen, wie schwierig
dies sein kann. Während des Vietnamkriegs ließ sich die CIA auf
die Operation Phoenix ein, ein Programm zur Bekämpfung von
Aufständen, dessen Zweck es war, die politischen Kader zu bekeh-
ren, zu neutralisieren oder zu töten, die der kommunistische Norden
nach Südvietnam hatte einsickern lassen. Das Programm hatte den
Tod von Tausenden dieser Kader zur Folge, die oft als Terroristen
bezeichnet wurden. Es hat die Nordvietnamesen nicht daran hindern können, die Kontrolle über den Süden zu gewinnen, doch es

hat bei vielen Amerikanern und vielen Kongressabgeordneten Ekel
darüber ausgelöst, dass ihre Regierung die heimliche Ermordung von
Ausländern hatte autorisieren können. Enthüllungen über die Operation Phoenix zusammen mit dem Bekanntwerden von Versuchen der
CIA, ausländische Spitzenpolitiker zu ermorden, darunter Salvador
Allende, Fidel Castro und Rafael Trujillo, führten zu einer Untersuchung durch den Kongress unter Senator Frank Church. Der Kongress empfahl ein Verbot solcher Morde. Präsident Ford reagierte mit
einer Ausführungsbestimmung, in der diese Praxis verboten wurde.[21]
Das Verbot bleibt weiterhin gültig, wenn die Vereinigten Staaten sich
im Friedenszustand befinden, doch wo das Land im Kriegzustand
ist wie beispielsweise mit Al Qaida, ist das Verbot aufgehoben worden. Es ist zu gezielten Mordanschlägen auf feindliche Kombattanten
gekommen, wobei ein Raketenschlag gegen ein Auto im Jemen am
bemerkenswertesten ist, einen Wagen, in dem angeblich feindliche
Kombattanten saßen.

Ein Mordanschlag kann ein gerechtfertigtes kleineres Übel sein,
aber nur gegen eindeutige Terroristenziele, die sich aktiv an Feind-
seligkeiten gegen einen demokratischen Staat beteiligen, und selbst
dann nur unter bestimmten Bedingungen: 1) wenn weniger gewalttätige Alternativen wie Fest- und Gefangennahmen US-amerikani-
sches Personal oder Zivilisten gefährden könnten, und 2) wenn es
Informationen darüber gibt, dass die fraglichen Ziele unmittelbar
bevorstehende Angriffe planen, die auf andere Weise nicht zu stoppen sind, und 3) wenn alle vernünftigen Vorsichtsmaßnahmen schon
ergriffen worden sind, um Kollateralschäden und Verluste unter Zivilisten möglichst gering zu halten.

Mordanschläge mögen ein gerechtfertigtes kleineres Übel sein,
doch es ist nicht einfach, sie unter Kontrolle zu halten. Frühere Versuche, dies zu tun, illustrieren die unfreiwillige Ironie, die ernst gemeinte
Versuche begleiten, das Verhalten einer Kampagne zur Terrorbekämpfung zu kontrollieren. Das in den 1970er Jahren erlassene ursprüngliche Verbot bildete einen Teil eines umfasenderen Versuchs, die
CIA wieder unter die Kontrolle des Kongresses und der Exekutive zu

bringen. Einige frühere Agenten haben argumentiert, dass die neuen Systeme der Regelung und Aufsicht unabsichtlich zu einer institutionellen Kultur der Risikovermeidung geführt hätten, die im Lauf der Zeit die Effektivität der Institution als Sammlerin von Nachrichten und Erkenntnissen beschädigt hätte. Weil das Unterwandern von terroristischen Organisationen, besonders im Nahen Osten, eine gefährliche Angelegenheit ist, entschloss sich die CIA, sich stattdessen auf Funküberwachung zu verlassen. So versäumte sie es, die nachrichtendienstliche Erkenntnisgewinnung durch Menschen zu entwickeln, die vielleicht rechtzeitig vor der Katastrophe des 11. September 2001 hätten warnen können.[22] Dieser Bericht über die unbeabsichtigten Konsequenzen von Vorschriften muss mit Vorsicht genossen werden, da es auf der Hand liegt, dass Agenten, die an Methoden außerhalb der Legalität Gefallen finden, ein Interesse daran haben, diese wiederzubeleben. Dennoch: Bei der Erörterung der kleineren Übel eines Krieges gegen den Terror muss die Möglichkeit, dass eine übertriebene Regulierung der Nachrichtendienste diese übervorsichtig machen könnte, in die Überlegungen einbezogen werden. Man muss ein Gleichgewicht herstellen: Einerseits müssen die Agenten ihren Vorgesetzten und gewählten Amtsträgern gegenüber verantwortlich bleiben, andererseits darf man sie nicht derart kurz halten, dass sie die kalkulierten Risiken nicht eingehen können, welche die öffentliche Sicherheit erfordert. Zu diesen Risiken sollten Mordanschläge auf zivile Politiker in Friedenszeiten nicht gehören, doch sie könnten gezielte Tötungen terroristischer Kombattanten in Fällen einschließen, in denen keine durchführbaren Alternativen bestehen. Agenten der Nachrichtendienste könnten auch ermächtigt werden, Zahlungen an dubiose Personen vorzunehmen und die Mittel von Täuschung und List zu nutzen, um Erkenntnisse zu gewinnen – alles unter dem Schutz offizieller Verleugnung. Bei nachrichtendienstlichen Operationen gibt es keine Alternative zur Geheimhaltung, doch dies muss administrative und legislative Prüfungen hinter verschlossenen Türen nicht ausschließen. Der US-amerikanische Foreign Intelligence Surveillance Court, ein geheimer Gerichtshof, der aus Bundesrichtern besteht, die Anträge auf Abhörmaßnahmen gegenüber ausländischen Quellen in den Vereinigten Staaten entgegennehmen, ist ein Beispiel dafür, wie verdeckte Aktivitäten, bei denen das Risiko der Verletzung von Rechten besteht, einer juristischen Prüfung unterworfen werden können.[23]

Wenn Spitzenpolitiker ihre Kämpfer in einem Krieg gegen den Terror an die Kandare nehmen wollen, müssen sie vor allem anderen darauf achten, sie nach Möglichkeit sich nicht so zu entfremden, dass sie am Ende einander größere Loyalität entgegenbringen als den Institutionen, mit deren Schutz sie beauftragt sind. Zu diesem Loyalitätskonflikt kommt es, weil eine liberale demokratische Gesellschaft ihrer Natur nach dazu neigt, dem, was Nachrichtendienste und Einheiten der Terrorbekämpfung tun können, einige Beschränkungen aufzuerlegen: Beschränkungen von Durchsuchungen und Festnahmen, bei geheimen Aktionen sowie bei Folter und dem Einsatz von tödlicher Gewalt. Diese Einschränkungen sind problematisch, weil sie für unsere Seite das Risiko erhöhen, während sie für den Feind nicht gelten. Einheiten der Terrorbekämpfung werden folglich glauben, dass man sie bittet, mit einer auf dem Rücken gefesselten Hand zu kämpfen.

Dies stellt wiederum zivile Spitzenpolitiker vor ein Dilemma: Entweder geben sie ihrer Polizei nach und erlauben den Beamten, ohne Rücksicht auf Verluste zu handeln. Damit riskieren sie Gewalttaten, welche die politische Ordnung in Misskredit bringen werden, um deren Verteidigung sie sich bemühen. Oder sie widersetzen sich der Polizei und verweigern den Beamten die von ihnen gewünschten zusätzlichen Vollmachten. Dann können sie zusehen, wie die Polizei das Recht selbst in die Hand nimmt oder den Krieg verliert, sodass die Terroristen den Sieg davontragen.

Da die letztgenannte Möglichkeit undenkbar ist, haben demokratische Politiker Anreize, selbst mit harten Bandagen zu kämpfen. Sie brauchen von ihren Sicherheitsdiensten Resultate, und unter dem Druck des Augenblicks sorgen sie sich vielleicht nicht allzu sehr darum, wie diese Ergebnisse erzielt werden. Es könnte sich zwischen der zivilen politischen Führung und den Chefs ihrer Sicherheitsdienste eine Kultur der schweigenden Komplizenschaft entwickeln, bei der beide Seiten wissen, dass Mittel außerhalb der Legalität eingesetzt werden, doch jeder ein Interesse daran hat, darüber Stillschweigen zu bewahren. Auf diese Weise kann die klare verfassungsmäßige Pflicht ziviler Spitzenpolitiker, die exekutive Kontrolle über die Sicherheitsdienste aufrechtzuerhalten, untergraben und durch einen stillschweigenden Handel ersetzt werden, bei dem Politiker die Sicherheitsdienste nicht verpfeifen und diese nicht die Politiker.

Etwas in dieser Art scheint in den 1950er Jahren in Französisch-Algerien geschehen zu sein. Die demokratische Regierung in Paris leugnete öffentlich, dass sie die Folter einsetzte, um die FLN zu besiegen, während die Minister insgeheim sich voll und ganz bewusst waren, dass tatsächlich gefoltert wurde. Damit wurde eine perverse Beziehung zu den Sicherheitsdiensten hergestellt, die, weil die Politiker gegenüber der Allgemeinheit nicht die Wahrheit gesagt hatten, in einer Position waren, diese mit der Enthüllung der Tatsachen zu erpressen. Beide Seiten, die politische Elite und die Sicherheitsdienste, waren somit nicht in einer korrekt verfassungsmäßigen Überwachungsbeziehung miteinander verbunden, sondern im Schweigepakt eines Erpressers. Geschwiegen wurde darüber, dass es Folter gab, aber auch über ihren Zweck, der nämlich darin bestand, den politischen Willen der algerischen Bevölkerung insgesamt einzuschüchtern und zu brechen.[24] So geht es immer mit der Folter: Ursprünglich wird sie als kleineres Übel gerechtfertigt, als bedauerliche Notwendigkeit in dem Kampf, rechtzeitig Informationen zu gewinnen, um größere Schäden zu vermeiden. Langsam, aber sicher wird sie dann zu einer Standardtechnik, die ausdrücklich dazu eingesetzt wird, ganze Bevölkerungen zu demütigen, zu ängstigen, zu erniedrigen und zu unterwerfen.

IV

Folter, womit ich die absichtliche Zufügung von körperlicher Grausamkeit und Schmerz meine, um Informationen zu gewinnen, vereinigt in sich alle Dilemmata, denen sich eine liberale Gesellschaft in einem Krieg gegen den Terror gegenübersieht. Denn hier finden wir das Problem des Nihilismus in einer Form, die anders ist als die, die wir bisher erörtert haben: wo der Glaube herrscht, dass das Interesse der Mehrheit – in diesem Fall das Überleben der demokratischen Gesellschaft selbst – es rechtfertigen könnte, die schlimmste Verletzung der Menschenwürde zu begehen. Niemand leugnet, dass die körperliche Folter von Menschen einen ultimativen Gewaltakt darstellt. Hinsichtlich seiner moralischen Beurteilung gibt es keinen Zweifel. Es ist jedoch die Frage, ob man sich um des Überlebens der Demokratie und um der nationalen Sicherheit willen über die Forderungen hinwegsetzen kann, die sich aus dieser Beurteilung ableiten lassen und an eine liberale Demokratie gestellt werden. Wer die Folter verteidigt, beharrt darauf, dass seine Wahl nicht wirklich nihilistisch ist – nämlich den höchsten Wert des Menschen leugnet –, sondern vielmehr durch eine von Werten getragene Sorge aktiviert wird, das Leben unschuldiger Menschen zu retten. Wer darauf besteht, dass die Folter in höchstem Maße nihilistisch ist, glaubt, dass eine an den Interessen der Mehrheit ausgerichtete Rechtfertigung der Folter auf die Unfähigkeit hinausläuft, zu verstehen, was an einem Menschen so besonders, unverletzlich und des höchsten Respekts würdig ist.

Es gibt kaum Zweifel darüber, dass die Geschichte der liberalen Demokratie und ihre Identität eng mit einem absoluten Verbot der Folter zusammenhängen. Die Beseitigung der Folter aus dem Strafprozess, die mit Voltaires Eintreten für Cesare Beccarias großen aufklärerischen Essay *Über Verbrechen und Strafen* begann, ist immer als wesentliches Merkmal der Geschichte der europäischen Freiheit angesehen worden.[25] In dieser Geschichte sind verfassungsmäßig garantierte Freiheiten zum einen deshalb von Bedeutung, weil sie Männer und Frauen in die Lage versetzen, sich für das Leben zu entscheiden, das sie führen wollen, und zum anderen, weil sie helfen, unnötige und nicht zu rechtfertigende Grausamkeit aus der Ausübung von Regierungsgewalt zu eliminieren.[26] Die liberale Demokratie stellt sich gegen die Folter, weil sie grundsätzlich jeden uneingeschränkten Gebrauch öffentlicher Autorität gegenüber Menschen ablehnt, und die Folter ist die unbeschränkteste und hemmungsloseste Form von Macht, die ein Mensch über einen anderen ausüben kann. Gewiss verbietet die UNO-Konvention gegen Folter – die alle liberalen Demokratien, darunter auch die Vereinigten Staaten, unterzeichnet haben – die Folter unter allen Umständen und erlaubt selbst dann nicht, dass dieses Verbot eingeschränkt wird, wenn ein nationaler Notstand herrscht.[27]

Doch damit ist die Angelegenheit noch nicht zu Ende. Es gibt Menschen, die es eigenartig finden, dass die liberale Demokratie Folter sowie grausame und ungewöhnliche Strafen verbietet, aber nicht das rechtmäßige Töten im Krieg. Wie kann man etwas dagegen haben, dass Menschen gefoltert werden, um aus staatlichen Gründen wertvolle Informationen zu sichern, während man keine Einwände dagegen hat, sie zu töten? Beide könnten doch einfach als annehmbare kleinere Übel betrachtet werden, die liberalen Demokratien durch die Notwendigkeiten des eigenen Überlebens gegen ihren Willen aufgezwungen würden. Doch die Fälle sind nicht gleich. Eine liberale Gesellschaft, die sich nicht mit Waffengewalt verteidigt, kann untergehen, während eine liberale Gesellschaft, die sich zu foltern weigert, ihr kollektives Überleben wahrscheinlich weniger gefährden wird. Außerdem macht es einen moralischen Unterschied, ob man einen Kombattanten nach Kriegsrecht tötet oder ob man eine Person foltert. Im ersten Fall wird ein Leben genommen, im zweiten wird eines missbraucht. Es scheint legitimer zu sein, einen Staatsbürger zu bitten, einen Staat mit Waffengewalt zu verteidigen und, falls nötig, in Selbstverteidigung zu töten oder um ein militärisches Ziel zu sichern, als ihn zu bitten, einem anderen von Angesicht zu Angesicht erniedrigende Schmerzen zuzufügen. Nach dieser Interpretation einer demokratischen moralischen Identität könnte es legitim sein, in

Selbstverteidigung zu töten, aber nicht, Grausamkeiten zu begehen. Eine andere Möglichkeit, den Unterschied zwischen Folter und dem Töten im Kampf zu erfassen, wäre die Beobachtung, dass im Kampf Schmerzen oder der Tod denjenigen zugefügt werden, deren Aufgabe es ist, das Gleiche zu tun. Bei der Folter hingegen erleidet ein Mensch Schmerzen und möglicherweise den Tod, der unbewaffnet und hilflos ist.

Dies ist ein relevanter Unterschied, doch er erfasst nicht die potentielle Gefährlichkeit unbewaffneter und hilfloser Opfer. Das Wissen, das sie besitzen, kann eine tödliche Gefahr darstellen, wenn auch nicht gerade für das Überleben der demokratischen Gesellschaft, so doch zumindest für zahlreiche ihrer Bürger. Weil dies so ist, haben viele Demokratien, die sich nominell zum Kampf gegen die Folter verpflichtet haben, sich genötigt gefühlt, im Namen der Notwendigkeit und der nationalen Sicherheit zu foltern. Die Franzosen in Algerien, die Israelis in den besetzten Gebieten und jetzt Vernehmer der amerikanischen CIA und der Special Forces im Krieg gegen den Terror – sie alle sind beschuldigt worden, gefoltert zu haben. Was den letzten dieser Fälle betrifft, wird von manchen geleugnet, dass die angewandten Methoden wirklich als Folter anzusehen sind. Die Vernehmungsmethoden, derer die Amerikaner seit dem 11. September beschuldigt worden sind, sollen angeblich nichts Schlimmeres eingeschlossen haben als Schlafentzug, permanentes Licht oder permanente Dunkelheit, desorientierende Geräusche und Isolation.[28] Wenn dies den Tatsachen entspricht, wenn die Verhöre frei von körperlicher Misshandlung oder Grausamkeit geblieben sind, würden sie auf Zwang statt auf Folter hinauslaufen, und man könnte sie als kleineres Übel rechtfertigen.[29] Die Gründe wären, dass die Behörden mittels Isolation und Desorientierung, die kurz vor körperlichem oder psychologischem Missbrauch aufhören, entscheidende Informationen über laufende terroristische Operationen gewinnen könnten. Es hat jedoch ungeklärte Todesfälle in der Gefangenschaft in Vernehmungszentren gegeben, und weil die Behörden nichts darüber verlauten lassen, wissen wir einfach nicht, was mit den zahllosen Gefangenen geschieht, die in Afghanistan, bei der Terrorismusbekämpfung in Pakistan oder bei den Operationen nach dem Ende des eigentlichen Krieges im Irak gefangen genommen worden sind. Außerdem soll es Fälle von Auslieferungen gegeben haben: Angeblich sind des Terrorismus Verdächtige an Nachrichtendienstangehörige in Ägypten, Jordanien, Marokko und anderen Ländern übergeben worden, wo die Kontrolle von Vernehmungsmethoden sowohl durch die Medien als auch durch die Justiz mit hoher Wahrscheinlichkeit oberflächlich ist.[30] Die Auslieferung von Gefangenen ist, was kaum gesagt zu werden braucht, eine Verletzung der Folterkonvention, die eine Auslieferung an alle Länder verbietet, die im Verdacht stehen, Folter als staatliche Praxis einzusetzen.[31] Angesichts der Unsicherheit, was die Tatsachen angeht, ist es für den Kongress von entscheidender Bedeutung, auf dem Recht zu bestehen, Haftanstalten zu besichtigen, Gespräche mit Inhaftierten hinter verschlossenen Türen zu führen und die so erhaltenen Informationen unter Ausschluss der Öffentlichkeit zu enthüllen, damit Vernehmungstechniken auch weiterhin einer demokratischen Überprüfung unterliegen. Wie ich argumentiert habe, sollten Personen, die von einer Demokratie in Haft genommen worden sind, nicht aller nötigen prozessualen Rechte verlustig gehen, welcher Nationalität sie auch sein mögen, ohne Rücksicht auf ihr Verhalten oder die Umstände ihrer Festnahme auf dem Schlachtfeld oder in einem Umfeld von Nicht-Kombattanten. Wenn eine Demokratie tatsächlich die körperliche Folter aus ihren Vernehmungszimmern zu verbannen wünscht, muss sie den Inhaftierten Zugang zu Rechtsberatung und die Möglichkeit einer juristischen Überprüfung gewähren. Während es die Vernehmungen gefährden könnte, wenn Inhaftierte sofort Zugang zu einem Rechtsanwalt erhalten, muss man ihnen diesen Zugang jedoch innerhalb eines kurzen Zeitraums gewähren. Identitäten und Aufenthaltsorte von Inhaftierten müssen Richtern und Abgeordneten jederzeit zur Verfügung stehen, notfalls unter Ausschluss der Öffentlichkeit.

Dass man eine solche Haft jeder möglichen Form der Prüfung durch Parlamente und Gerichte unterwirft, ist eine Möglichkeit zu verhindern, dass eine gesetzliche Vernehmung, zu der auch Isolation und bestimmte Formen nichtkörperlichen Stresses gehören, zu ausgemachter Folter wird. Es ist jedoch argumentiert worden, dass ein Festhalten an dieser Linie in den Fällen so genannter tickender Zeitbomben zwangsläufig vergeblich sei, weil dort körperliche Folter der einzige Weg sein könnte, Informationen zu erlangen, aufgrund derer unschuldige Zivilisten vor einem unmittelbar bevorstehenden Angriff bewahrt werden könnten. In diesen Fällen würde das Interesse der Mehrheit anscheinend über Ansprüche auf Rechte und Menschenwürde siegen. Die Versuchung, in einem solchen Fall Folter einzusetzen, könnte so stark sein, hat Alan Dershowitz gemeint, dass, was auch immer wir abstrakt über Folter denken, der Druck überwältigend sein könnte, sie in Fällen dringender Notwendigkeit zu benutzen. Dann geht es nicht darum, ob man die Folter verhindern kann, sondern darum, ob sie reguliert werden kann. Dershowitz meint, dass die Vereinigten Staaten sie durch Rechtsvorschriften regulieren sollten, statt zu versuchen, ein unrealistisches Folterverbot aufrechtzuerhalten. Polizeibehörden, die einen Verdächtigen foltern müssten, würden bei einem Richter einen »Folterbefehl« beantragen, der genau festlegen würde, wer da gefoltert werden soll. Außerdem würden der Art und Dauer des erlaubten Schmerzes Grenzen gesetzt. Die Beschränkungen der Zulässigkeit von Beweisen, die unter Zwang gewonnen worden sind, würden auch weiterhin gelten, doch die Informationen könnten genutzt werden, um unmittelbar bevorstehende Attacken zu verhindern.[32] Jeder, der außerhalb der Bedingungen und Vorschriften des Folterbefehls beim Foltern ertappt wird, würde sich einer Straftat schuldig machen.

Die Legalisierung der Folter nach der von Dershowitz vorgeschlagenen Formel sucht zu verhindern, dass Vernehmungsbeamte sowohl in Terrorfällen wie auch bei gewöhnlichen Strafsachen als Erstes zu diesem Mittel greifen. Der Vorschlag versucht die Herrschaft des Rechts in das Vernehmungszimmer zu bringen und dort zu halten. All das ist gut gemeint, doch als Übung in Sachen kleineres Übel dürfte es wahrscheinlich nur zum größeren Übel führen. Die Legalisierung körperlicher Gewalt bei Vernehmungen wird den Prozess nur beschleunigen, durch den sie zur Routine wird. Das Problem bei der Folter ist nicht nur, dass sie außer Kontrolle gerät und gesetzlos wird. Was an der Folter falsch ist, ist die Tatsache, dass sie sowohl beim Folterer als auch dem Gefangenen nicht wiedergutzumachenden Schaden anrichtet. Sie verletzt Grundverpflichtungen gegenüber der Menschenwürde, und dies ist der Kernwert, der in einem Krieg gegen den Terror, den ein demokratischer Staat führt, nicht geopfert werden sollte, nicht einmal angesichts der Bedrohung durch einen unmittelbar bevorstehenden Angriff.

Man könnte argumentieren, dass solche Verpflichtungen gegenüber der Menschenwürde ein Luxus sind, wenn ein Staat um sein Leben kämpft. Doch der Fall Israels zeigt, dass ein demokratischer Staat, der sich in einem Krieg gegen den Terror befindet, diese Verpflichtungen immer noch aufrechterhalten kann. Das Oberste Gericht Israels hat in der Frage der Folter eine Entscheidung getroffen und argumentiert, dass es als Verletzung der Menschenwürde anzusehen ist, wenn man Verdächtige extrem schüttelt oder sie auf nach vorne gekippten Stühlen über längere Zeit festhält. Solche Verletzungen der Menschenwürde könnten nicht einmal in einem bedrohten Staat erlaubt werden.[33] Das israelische Gericht verfügte auch, dass keine Regulierung die Folter annehmbar machen könne. Was die Berufung auf Notwendigkeit betreffe, akzeptierte das Gericht, dass es unter Umständen Fälle geben könne, bei denen ein Vernehmungsbeamter aufrichtig davon überzeugt sei, dass körperlicher Zwang die einzige Möglichkeit sei, Informationen zu sichern, um Menschenleben zu retten. Wenn ein Vernehmer jedoch die Vorschriften verletze und einen Gefangenen foltere, sei das Gericht bereit, die Notwendigkeit als einen mildernden Umstand zu werten, aber nicht als Rechtfertigung oder Entschuldigung. Mit dieser Formulierung suchte das Gericht ein absolutes Verbot der Folter mit der Anerkennung in Einklang zu bringen, dass ein ehrenhafter Vernehmer in seltenen und extremen Fällen körperlichen Zwang vielleicht für unvermeidlich hält. Das Gericht akzeptierte, dass es in der israelischen Geschichte Fälle gegeben habe, bei denen körperliche Gewalt bei Verhören tatsächlich Leben gerettet habe. Die Folter ist vermutlich der härteste Fall in der Moral des kleineren Übels. Ein klares, im Namen der Menschenwürde ausgesprochenes Verbot steht einem auf Nützlichkeitserwägungen beruhenden Argument gegenüber, das ebenfalls in einem Anspruch auf Menschenwürde gründet, dem Schutz unschuldigen Menschenlebens. Bei der Beurteilung dieses Konflikts müssen wir erstens betonen, dass gewissenhafte Menschen vielleicht nicht immer einer Meinung sind, wenn es darum geht, ob Folter in Fällen von Notwendigkeit erlaubt sein könnte, doch alle werden der Ansicht sein, dass sich die Folter als allgemeine Praxis niemals rechtfertigen lässt. Das Problem liegt darin, die rechtfertigenden Ausnahmen zu erkennen und zu definieren, welche Formen von Zwang noch nicht eine absolute Erniedrigung eines Vernommenen darstellen. Erlaubter Zwang könnte bestimmte Formen von Schlafentzug einschließen, die nicht zu Schäden der mentalen oder körperlichen Gesundheit führen, sowie Desinformation, die Stress verursacht. Unerlaubter Zwang würde jeden körperlichen Zwang oder Missbrauch einschließen, jede unfreiwillige Einnahme von Drogen oder von Seren sowie den Entzug von Grundnahrungsmitteln, von Wasser, Medikamenten und Schlaf, der für das Überleben notwendig ist, im Verein mit einer permanenten Verweigerung von Rechtsberatung.

Wie alle Versuche, kleinere von größeren Übeln zu unterscheiden, wird diese Festlegung der Grenze zwischen erlaubten und unerlaubten Vernehmungsformen, zwischen Zwang und Folter, einigen erscheinen, als erlaube man zu wenig, anderen, als erlaube man zu viel. Wer der Meinung ist, es werde zu viel erlaubt, unterschätzt wahrscheinlich, wie wichtig genaue und rechtzeitige Informationen in einem Krieg gegen den Terror sein können und welchen Widerstand Terrorismusverdächtige leisten können. Wer der Ansicht ist, diese Unterscheidung zwischen Zwang und Folter erlaube zu wenig, möchte wissen, weshalb in Fällen, in denen extremer körperlicher Zwang vielleicht Leben retten könnte, die Grenze bei körperlichem Missbrauch gezo-

gen werden sollte. Hier könnte man sowohl praktisch als auch moralisch argumentieren. Auf der praktischen Seite gibt es einige Belege
dafür, dass körperlicher Zwang unnötig ist, wo fähige und beharrliche
Vernehmer tätig sind. Außerdem ist es eine Tatsache, dass diejenigen,
die körperlicher Folter ausgesetzt werden, meist einen unendlichen
Hass auf ihre Folterer entwickeln, wenn sie nicht psychologisch gebrochen werden. Mitglieder der Muslimischen Bruderschaft, die nach
der Ermordung von Anwar Sadat gefoltert wurden, entwickelten genau einen solchen Hass sowohl auf das ägyptische Regime als auch
auf dessen strategischen Verbündeten Amerika. Osama bin Ladens
Stellvertreter war ein solches Folteropfer.[34] In praktischer Hinsicht
kann Folter mit dazu führen, wenn nicht gerade Terroristen zu erschaffen, so doch ihre Feindseligkeit gegenüber dem für ihr Leiden
verantwortlichen Staat zu verhärten.

Ein Weg, dieses Problem zu umgehen, besteht offenkundig darin,
die Gefolterten zu beseitigen, damit sie nicht als Bedrohungen zurückkehren. Sobald die Folter in den 1970er Jahren in Chile und
Argentinien routinemäßig angewandt wurde, folgte kurz darauf die
Zeit des Verschwindens vieler Menschen, da das Militär die Beweise
für die Folter zu beseitigen suchte, indem es seine Opfer umbrach-
te.[35] In Argentinien wurden Tausende von Folteropfern manchmal
tot, manchmal noch lebendig aus Flugzeugen in den Ozean geworfen.
In praktischer Hinsicht kann man deshalb Folgendes feststellen:
Wenn ein Staat einmal zu foltern beginnt, wird er bald entdecken,
dass er auch morden muss, um das Problem zu beseitigen, verhärtete
und verbitterte Feinde in die allgemeine Bevölkerung zu entlassen.
Sobald die Folter zu einer staatlichen Praxis wird, zieht sie weitere
Konsequenzen nach sich, welche die moralische Reputation und die
politische Legitimität eines Staates vergiften können.

Ein weiteres Problem bei körperlicher Folter besteht darin, dass sie
nicht nur denen Schäden zufügt, die gezwungen sind, sie zu ertragen,
sondern auch denen, die sie ausüben. Jeder liberale demokratische
Bürger, der die körperliche Folter von Terrorverdächtigen befürwor-
tet, wenn es um Fälle so genannter »tickender Zeitbomben« geht,

muss auch die Verantwortung für den psychologischen Schaden akzeptieren, der nicht nur einem ausländischen Opfer, sondern auch einem Mitbürger zugefügt worden ist, dem Vernehmungsbeamten. Die Folter setzt Vertreter eines demokratischen Staates höchsten moralischen Risiken aus. Der plausibelste Grund für ein absolutes Verbot der körperlichen Folter (im Gegensatz zu Zwang) unter allen Umständen hat genau mit dieser Frage des moralischen Risikos zu tun. Niemand sollte entscheiden müssen, wann Folter gerechtfertigt ist und wann nicht, und niemandem sollte befohlen werden, einen anderen zu foltern. Ein absolutes Verbot ist legitim, weil es in der Praxis die Beamten eines Staates von der Last befreit, unerträgliche Entscheidungen zu treffen, Entscheidungen, die sowohl bei unseren Feinden als auch bei ihnen selbst, also bei denen, die mit unserer Verteidigung beauftragt sind, nicht wiedergutzumachende Schäden anrichten.

Wenn wir die moralischen Risiken verstehen wollen, um die es bei allen Beteiligten geht, lohnt es sich, der Aussage eines Folteropfers zuzuhören. Jean Améry, ein belgischer Widerstandskämpfer, wurde 1943 in Brüssel festgenommen, weil er Schriften in deutscher Sprache verbreitete, in denen die deutschen Besatzungssoldaten zur Desertion aufgefordert wurden. Er wurde 1943 von der SS in einem belgischen Gefängnis gefoltert, bevor man ihn nach Auschwitz transportierte. Man fesselte Améry die Hände auf dem Rücken und hängte ihn an einem Haken an der Decke auf, bis ihm die Arme ausgerenkt waren. Gleichzeitig prügelten seine Folterknechte mit einer Peitsche auf ihn ein, um ihm Informationen über seine Gefährten in der Résistance zu entlocken. Améry überlebte diese Tortur, doch in seinem zwanzig Jahre später verfassten Bericht darüber schrieb er, dass ein gefolterter Mann immer ein Gefolterter bleibt.[36] Diese Erfahrung hinterlässt Narben, die keine Notwendigkeit oder soziale Gefahr rechtfertigen kann. Tatsächlich führte Améry aus, dass schlimmer als die Erinnerung an den Schmerz der moralische Schock sei, mit anzusehen, wie andere Menschen ihn zu einem Stück Fleisch gemacht hätten. Diese Erfahrung habe sein gesamtes verbliebenes soziales Vertrauen zerstört: »Jemand, der gefoltert worden ist, kann in der Welt nie wieder zu Hause sein.«[37] Améry war erst zwanzig Jahre später in der Lage, über seine Erlebnisse in dem Internierungslager der SS oder in Auschwitz zu schreiben, und wie sein Freund und Mitinsasse in Auschwitz, Primo Levi, machte er seinem Leben durch Selbstmord ein Ende.[38] Es wäre unverschämt, eine so private Entscheidung auf eine so öffentliche Katastrophe wie die Folter zurückzuführen, aber gleichermaßen können wir nicht an Amérys Schicksal denken, ohne zumindest daran zu denken, dass er Recht hatte, was das Erlebnis anging: Die Folter hatte ein für alle Mal das Vertrauen zerstört, das für das Weiterleben unter den Mitmenschen notwendig ist.

Améry beharrte auch darauf, dass man die Folter nicht in individuellen Begriffen als die psychosexuelle Verirrung einzelner Folterknechte sehen solle, sondern als einen Schlüssel zur Identität der dafür verantwortlichen Gesellschaft. Er argumentierte, die Folter sei kein zufälliges Merkmal des Dritten Reichs, sondern der Wesenskern seines Menschenbildes. Das Gleiche gilt, analog, für Saddam Husseins Irak, Burma oder Nordkorea. Für jene Gesellschaften ist die Praxis der Folter definitionsmäßig ein Teil ihrer Identität als Form staatlicher Macht. Dieser Gedanke hilft uns zu erkennen, weshalb die Folter für eine liberale Demokratie ein Gräuel sein sollte; sie sollte in einem Krieg gegen den Terror niemals reguliert, gutgeheißen oder insgeheim akzeptiert werden. Denn wenn die Folter durch einen Staat ausgeübt wird, wird damit letztlich die Ansicht des Staates zum Ausdruck gebracht, dass Menschen entbehrlich sind. Diese Ansicht ist die Antithese zum Geist jeder konstitutionellen Gesellschaft, deren *raison d'être* die Kontrolle von Gewalt und Zwang im Namen von Menschenwürde und Freiheit ist.

Wir sollten dieser verfassungsmäßigen Identität vertrauen. Sie ist alles, was wir haben, um den Versuchungen des Nihilismus zu widerstehen, doch es ist mehr als nichts. Es ist die höchste Pflicht von Spitzenpolitikern in einer Demokratie, die angegriffen wird, die Ordnungskräfte nach Kräften dazu anzuhalten, das politische Erfordernis der Aufrechterhaltung der Legitimität im Auge zu behalten. Das einzige Heilmittel gegen den Nihilismus ist für liberale demokratische Gesellschaften – ihre Wähler, ihre Justiz, ihre politische Führung – das Beharren darauf, dass Gewalt nur insoweit legitim ist, als sie vertretbaren politischen Zielen dient. Dies impliziert eine ständige Ausübung gehörigen Fleißes: eine strikte Observanz der Anwendungsregeln, was den Gebrauch von tödlicher Gewalt angeht, und die Vermeidung von Kollateralschäden. Demokratien müssen solche Vorschriften durchsetzen, indem sie jeden der Fleischfresser aus dem Dienst entfernen, die der Gesellschaft Schande machen, mit deren Schutz sie beauftragt sind.

Wir sollten nicht vergessen, dass die liberale Demokratie im Lauf der Jahrhunderte gerade zu dem Zweck entwickelt worden ist, die Versuchungen des Nihilismus zu bekämpfen, zu verhindern, dass Gewalt zu einem Ziel an sich wird. Folglich stellt uns der Terrorismus nicht vor eine erkennbar neue Versuchung. Dies ist, worauf unsere Institutionen im siebzehnten Jahrhundert angelegt wurden: Sie sollten böse Mittel regulieren und böse Menschen unter Kontrolle halten. Die wichtigste ethische Herausforderung in Bezug auf Terrorismus ist relativ einfach: unsere Pflichten denjenigen gegenüber zu erfüllen, die ihre Pflichten uns gegenüber verletzt haben. Wir müssen dies tun, weil wir einen Krieg ausfechten, bei dem es im Kern darum geht, die Identität der liberalen Gesellschaft zu erhalten und zu verhindern, dass sie zu dem wird, wofür Terroristen sie halten. Terroristen suchen die Maske des Rechts abzureißen, um das dahinter steckende nihilistische Herz des Zwangs zu enthüllen, und wir müssen uns selbst und den Bevölkerungen, um deren Loyalität wir uns bemühen, zeigen, dass die Herrschaft des Rechts keine Maske ist, sondern das wahre Abbild unserer Natur.

SECHSTES KAPITEL

Freiheit und Harmagedon

Die größte Gefahr für die bürgerlichen Freiheitsrechte und
Menschenrechte, die nach dem 11. September aufgetaucht ist,
besteht darin, dass Spitzenpolitiker denken werden, wir seien
ohne Mut; ohne Rücksicht auf Nicht-Staatsbürger innerhalb der
Vereinigten Staaten; gleichgültig gegenüber dem Wohlergehen von
Bürgern, die von despotischen Regierungen unterdrückt werden;
bereit, ohne Frage eine auf der Volkszugehörigkeit beruhende
ungleiche Behandlung zu akzeptieren, ohne sie in Frage zu stellen;
und unfähig oder nicht gewillt zu erkennen, dass es selbst unter
unseren Freiheiten Kompromisse geben wird und muss und dass
wir sie gemeinsam sorgfältig bedenken müssen.

Philip Heymann

I

Der Terrorismus verlangt von uns, sorgfältig darüber nachzudenken,
wer wir als freie Völker sind und was wir tun müssen, um frei zu bleiben. Wenn wir mit terroristischer Gewalt konfrontiert sind, können
wir nicht zulassen, dass die Ansprüche der nationalen Sicherheit den
Ansprüchen der Freiheit vorgehen, da das, was wir zu verteidigen suchen, unsere fortgesetzte Existenz als ein freies Volk ist. Die Freiheit
muss den Maßnahmen, die wir zu ihrer Aufrechterhaltung einsetzen,
eine Grenze setzen. Doch das ist nicht die einzige Grenze, die unsere
politische und moralische Identität uns auferlegt. Wir müssen uns

selbst und unsere Freiheit bewahren, aber wir können dies nicht tun, indem wir die moralischen Ansprüche anderer leugnen, die nicht zu unserer nationalen Gemeinschaft gehören. Wenn wir aufgrund unserer Verfassung verpflichtet sind, die Rechte unserer Mitbürger zu achten, liegt dies zum Teil daran, dass sie Angehörige einer nationalen Gemeinschaft, zum Teil aber auch daran, dass sie Mitmenschen sind. Wenn das Dasein als ein freies Volk es mit sich bringt, dass man die Ansprüche respektiert, die Menschen als Menschen aneinander stellen, sind wir zu solchem Respekt verpflichtet, und zwar nicht nur gegenüber unserem eigenen Volk, sondern auch gegenüber unseren Feinden. Dies bedeutet, dass ein Krieg gegen den Terror zwar tatsächlich ein Krieg ist, in dem wir uns mit Waffengewalt verteidigen müssen, dass es aber zugleich ein Krieg um des Rechts willen ist und kein Krieg gegen das Recht. Unsere verfassungsmäßigen Pflichten verlangen von uns, die Rechte von Feinden zu respektieren, die uns nicht respektieren, und gegen diejenigen, die überhaupt keine Gesetze einhalten, gesetzliche Methoden anzuwenden. Es ist nie leicht gewesen, diesen Verpflichtungen treu zu bleiben, und unsere Dokumente des Kampfes gegen den Terrorismus zeigen, dass wir gegen die Versuchungen von Nihilismus, Furcht und Zorn nicht immun gewesen sind. Selbst wenn es uns gelingt, diesen Emotionen zu widerstehen, kann die Notwendigkeit von uns verlangen, Maßnahmen zu ergreifen, welche die verfassungsmäßigen Verpflichtungen einer wirklichen Belastung aussetzen. Wo kleinere Übel – präventive Internierung oder Untersuchungshaft, zielgerichtete Tötungen, intensive Vernehmungen – in einem Krieg gegen den Terror notwendig werden, habe ich Grundsätze umrissen, um der öffentlichen Politik Leitlinien an die Hand zu geben, damit die kleineren Übel nicht zu größeren werden.

Wenn dies die Einschränkungen sind, die unsere moralische und politische Identität uns in einem Krieg gegen den Terror auferlegt, dann stellt sich die Frage, ob wir uns auch weiterhin an sie halten können, wenn die Bedrohungen gegen uns zunehmen. Bis jetzt haben Terroristen in geschichtlicher Zeit nur konventionelle Waffen eingesetzt. Während der 11. September gezeigt hat, wie verheerend solche konventionellen Fähigkeiten sein können, sind sie bei weitem nicht die schlimmsten, die wir uns vorstellen können.

Was geschieht, wenn Terroristen über Massenvernichtungswaffen verfügen? Obwohl wir keine direkten Beweise dafür haben, dass dies tatsächlich geschehen ist, scheint es berechtigt zu sein anzunehmen, dass es eines Tages der Fall sein wird. Der Direktor des CIA hat vor dem Kongress ausgesagt, Al Qaida bemühe sich auf dem Markt um chemische, biologische und atomare Waffen.[1] Sowohl die Kosten als auch die Größe dieser Technologien nehmen immer mehr ab, ebenso wie die Fähigkeit von Staaten, die Kontrolle über Informationen in Bezug auf Massenvernichtungswaffen zu behalten. Schon jetzt sind Miniaturkernwaffen technisch machbar, die man in einem Rucksack oder einem Koffer transportieren kann. Die ersten Versuche, Gifte in U-Bahnen und in Wasserreservoirs einzuleiten, die massenhaft Tod und Verderben bringen können, hat es bereits gegeben. Als Waffen eingesetzte Anthraxsporen sind schon mit der amerikanischen Post verschickt worden.[2] Der Terrorismus bewegt sich wie der Krieg unaufhaltsam über das Konventionelle hinaus in Richtung Apokalypse.

Es ist wichtig, sich vor Augen zu führen, welchen historischen Abschied dies bedeuten könnte. In naher Zukunft wird das Monopol der Staaten dieser Welt über die tödlichsten Gewaltmittel gebrochen werden, falls es nicht schon geschehen ist. Wenn dies passiert, könnte eine liberale Demokratie nicht von einem anderen Staat angegriffen werden, sondern von einer kleinen Gruppe von nur wenigen Menschen, die mit tödlichen Technologien ausgerüstet sind.

Ein langes historisches Zwischenspiel – die Vormachtstellung des modernen Staates – könnte sich seinem Ende zuneigen. Seit dem Westfälischen Frieden von 1648, der den Dreißigjährigen Krieg beendete, ist die internationale Ordnung davon abhängig gewesen, dass die Staaten ein Monopol über die legitimen Gewaltmittel auf ihrem Territorium besitzen und dass dieses Monopol von anderen Staaten anerkannt wird.[3] Natürlich sind die Staaten verschwenderisch mit Gewalt umgegangen, und das westfälische System hat es nicht geschafft, die Orgie zwischenstaatlicher Kriege aufzuhalten, welche die europäische Zivilisation in den Jahren zwischen 1914 und 1945 fast zerstört hätte. Trotz dieser Fehlschläge ist die Ordnung, wie sie sich in den internationalen Beziehungen entwickelt hat, von der Tatsache abhängig gewesen, dass allein Staaten die Fähigkeit zur Kriegführung besaßen und dass die Inhaber staatlicher Macht sich darauf verlassen konnten, dass andere Inhaber staatlicher Macht von einer Aggression absehen, wenn man ihnen glaubwürdig mit Gewalt droht. Seit 1945 hat dieses Modell der Abschreckung wichtige Siege für die internationale Stabilität errungen. Kernwaffen, die im August 1945 zweimal eingesetzt worden sind, sind seitdem nie wieder zum Einsatz gekommen. Chemische Waffen, die im Ersten Weltkrieg von größeren Staaten eingesetzt wurden, sind danach nie wieder verwendet worden. Während der Irak sie 1987 gegen die eigene Bevölkerung und gegen gegnerische iranische Streitkräfte gebrauchte, bestätigt auch hier die Ausnahme die Regel: Unter modernen Staaten ist der Einsatz chemischer Waffen absolut verpönt. Was biologische Waffen angeht, haben die Vereinigten Staaten 1969 einseitig auf ihren Einsatz zu »feindseligen Zwecken oder in einem bewaffneten Konflikt« verzichtet. Andere Nationen sind dem gefolgt; sie werden zwar weiterhin vorrätig gehalten, aber nicht, um sie zu defensiven oder offensiven Zwecken einzusetzen.

Der Erfolg der Abschreckung hat uns alle ermutigt zu glauben, dass man davon ausgehen kann, dass Staaten rational genug sind, solche Waffen bei keiner Gelegenheit überraschend oder zu Präventivzwecken einzusetzen. Diese Annahmen sind in einem Ausmaß, das uns nicht klar gewesen ist, von dem Glauben abhängig gewesen, dass die Waffen in der Herstellung immer so teuer bleiben würden, so schwer sicher zu lagern, dass nur Staaten die finanzielle Macht und die Durchsetzungskraft besitzen könnten, sie zu behalten. Diese Ära könnte jetzt zu Ende gehen. Während zwar weiterhin nur Staaten über die Ressourcen verfügen, um die Hauptbestandteile für Kernwaffen zu erzeugen, sind Komponenten wie das hochangereicherte Uran aus schlecht bewachten Nuklearfabriken in der früheren Sowjetunion gestohlen worden. Wir wissen nicht, ob diese Materialien Terroristennetzwerke erreicht haben, doch es ist möglich, dass es eines Tages der Fall sein wird. Sobald diese Netzwerke über das Material verfügen, lässt sich das notwendige Know-how unschwer beschaffen. Diese Netzwerke haben schon heute Kontakt zu Atomwaffenspezialisten, Wissenschaftlern und Ingenieuren, von denen einige im pakistanischen Atomprogramm ausgebildet worden sind.[4] Was biologische Waffen betrifft, sind in Großbritannien schon Terroristenzellen festgenommen worden, die den Versuch machten, zu Massentötungen geeignete Wirkstoffe wie Ricin herzustellen.[5] Relativ preiswerte, miniaturisierte Massenvernichtungswaffen könnten schon bald auf dem illegalen internationalen Waffenmarkt erhältlich sein.[6]

Um darüber nachzudenken, wie der Erwerb dieser Waffen durch Terroristen sich auswirken könnte, müssen wir zwischen drei verschiedenen Terrorismusformen unterscheiden:

· Einzelgänger-Terrorismus
· Selbstbestimmungs-Terrorismus
· Global-spektakulärem Terrorismus

Nicht alle Terroristen sind gleich gefährlich, weil nicht alle Terroristen nicht von ihren Vorhaben abzubringen sind. Wie wir schon gesehen haben, wird Terrorismus überwiegend im Namen eines bestimmten Volkes verübt, das sich um Emanzipation von Besatzung oder Fremdherrschaft bemüht. Während diese Terroristen sich vielleicht nicht um ihr eigenes Leben sorgen, könnten sie sich vielleicht durch die Strafe abhalten lassen, von der die Populationen wahrscheinlich betroffen wären, die ihre Sache unterstützen. So dürften beispielsweise palästinensische Selbstmordattentäter kaum Massenvernichtungswaffen zur Detonation bringen, weil sie damit viele Angehörige des eigenen Volkes töten würden und die unvermeidliche israelische Vergeltung noch weitere töten würde. Es ist jedoch vorstellbar, dass sich palästinensische Terroristen dadurch nicht von dem Versuch abhalten lassen, Massenvernichtungswaffen zu erwerben, um diese als

Drohmittel einzusetzen. Sollten Palästinenser eine solche Drohung aussprechen, könnte sich Israel genötigt fühlen, mit einem konventionellen Präventivschlag zu reagieren. Solche Aktionen würden natürlich sowohl bei Palästinensern als auch bei Israelis zu Verlusten führen. Solange Terroristen Populationen repräsentieren, die durch Repressalien oder Vergeltungsschläge zu Schaden kommen könnten, und solange der Staat, der sie bekämpft, Populationen hat, die durch eigene Repressalien zu Schaden kommen könnten, scheint es sicher, wenn auch keineswegs gewiss zu sein, dass der Konflikt zwischen den beiden konventionell bleiben wird.

Bei zwei anderen Formen von Terrorismus sieht es schon anders aus. Die erste Form ist der bereits genannte Einzelgänger- oder Themen-Terrorismus, der von einzelnen Tätern oder kleinen Gruppen verübt wird, die keine Unterstützerbasis haben und deshalb nicht die Konsequenzen für die eigene Seite berechnen müssen, wenn sie den Einsatz von Massenvernichtungswaffen erwägen. Einzelgänger, die außer dem eigenen Leben nichts zu verlieren haben und die so isoliert sind, dass ihnen das Schicksal jedes anderen Menschen gleichgültig geworden ist, sind möglicherweise unter keinen Umständen von ihrem Ziel abzubringen. Vor dem 11. September wurde der schlimmste Terroristenangriff auf Amerika von amerikanischen Staatsbürgern verübt, von Timothy McVeigh und seinen rechtsextremen Mitverschwörern. Sie legten die Bombe, die das Bundesgebäude in Oklahoma City zerstörte. Nach dem 11. September wurde die größte Sicherheitsbedrohung – die Anthrax-Anschläge, die vier Menschenleben forderten – wahrscheinlich von einem unzufriedenen amerikanischen Techniker oder Wissenschaftler geschaffen, der Zugang zu Technologien hatte, mit denen sich die Sporen in Waffen verwandeln lassen.[7]

Während es schwierig sein kann, Einzelgänger von ihrem Vorhaben abzubringen, ist es nicht bei jedem von ihnen so, dass sie nichts zu verlieren haben. Nach den Karrieren von Einzelgängern unter den politischen Mördern zu urteilen, haben sie nicht vor, für eine Sache zu sterben, sondern zu überleben und sich einen Platz in der Geschichte zu sichern. Der Mörder von Präsident Kennedy und der Beinahe-

Mörder von Präsident Reagan wollten berühmt werden, um welchen Preis auch immer.[8] Dies unterscheidet ihre Motive von einem rein destruktiven Nihilismus. Sie wollen *überleben*, um die Aufmerksamkeit zu genießen, wie feindselig oder wertlos diese auch sein mag. Falls solche auf Publicity erpichte Einzelgänger Massenvernichtungswaffen erwerben sollten, werden sie vielleicht nicht die Vernichtung an sich suchen, sondern vielmehr die öffentliche Aufmerksamkeit, die eine apokalyptische Bedrohung mit sich bringt. Die Hauptkosten würden in diesem Fall die ungeheuren Mengen an Ressourcen für die Ermittlungen sein, die nötig wären, um diese Waffen zu finden und unschädlich zu machen.

Damit bleibt der wahre Nihilist – der Einzelgänger, der gegenüber Ruhm und Nachruhm gleichgültig ist und alles und jeden einschließlich seiner selbst vernichten will – die Hauptbedrohung. Die Häufigkeit wahlloser Tötungen durch Einzelgänger, wie die Columbine-Morde und der Fall der Heckenschützen von Washington bezeugen, lässt vermuten, dass es keinen Mangel an Nihilisten gibt, die sich durch nichts von ihrem Vorhaben abbringen lassen. Ebenso wenig sind sie auf die Vereinigten Staaten beschränkt. Im Augenblick sind die Waffen ihrer Wahl weit tragende Heckenschützen-Gewehre. Der Erwerb von Massenvernichtungswaffen bleibt kostspielig und gegenwärtig außerhalb der Möglichkeiten und Fähigkeiten solcher Attentäter, doch irgendwann in der Zukunft werden sie die Fähigkeiten eines mit großer Macht ausgestatteten, hochgebildeten und wohlhabenden Psychopathen womöglich nicht mehr übersteigen. Wenn solche Waffen in die Reichweite dieser Leute kommen, wird sich die Demokratie einer wahrhaft unabwendbaren Bedrohung gegenübersehen. Der westliche Individualismus ist eine große Errungenschaft, aber es wäre eine schreckliche Ironie des Schicksals, sollte seine Nemesis in Gestalt eines extrem mächtigen Einzelgängers erscheinen, der mit Massenvernichtungswaffen ausgerüstet ist.

Der dritte Typ von Terroristen, die sich als unbeirrbar erweisen könnten, falls sie solche Waffen erwerben würden, wird von Al Qaida verkörpert. Anders als Terroristen, die den Befreiungsansprüchen einer bestimmten Menschengruppe dienen, ist die Unterstützung für Al Qaida nicht von einer bestimmten Population abhängig, die nach einem Anschlag der Rache oder der Vergeltung ausgesetzt sein könnte. Somit können die Angreifer nicht durch die Furcht zurückgehalten werden, dass andere, an denen ihnen etwas liegt, wegen ihrer Aktionen vielleicht leiden müssen. Die Tatsache, dass Afghanen nach den spektakulären Terroranschlägen des 11. September wahrscheinlich unter den Konsequenzen würden leiden müssen, hatte keine sichtbar zügelnde Wirkung auf die Terroristen, die sich auf afghanischem Boden ausbilden ließen. Sobald Afghanistan seine Funktion als Basis erfüllt hatte, war das Land entbehrlich, soweit es Al Qaida betraf. Da es nicht das Ziel dieser Terrorgruppe ist, Macht zu erringen, sondern die Vereinigten Staaten und ihre strategischen Verbündeten zu bestrafen, lassen sie sich weder durch politische Verhandlungen, Konzessionen noch durch »Appeasement« aufhalten. Ebenso wenig sind sie für die Anreize empfänglich, die manche bewaffneten Gruppen dazu bringen, die Vorschriften des Kriegsrechts einzuhalten, um internationale Anerkennung oder Legitimität zu erringen.

Diese Gleichgültigkeit gegenüber Anreizen und Aktionen gilt nicht nur für Al Qaida, sondern für jeden Kult mit charismatischen Psychopathen an der Spitze. Es ist schwer, sich vorzustellen, welche politische Aktion ein Staat hätte unternehmen können, um die japanische Kultgruppe Aum Shinrikyo von ihrem Vorhaben abzubringen, in der Tokioter U-Bahn Giftstoffe freizusetzen.[9] Anders als politische Gruppen, die sich um Befreiung oder nationales Territorium bemühen, lassen sich diese Kulte nicht politisch angreifen, und da sie geschlossen und verschwörerisch sind, ist es schwierig, sie zu unterwandern und unschädlich zu machen. Die Logik der Abschreckung, die staatliche Gewalt einigermaßen in Schach hielt, funktioniert nicht bei Einzelgängern und den Kult-Führern des globalen Terrorismus. Da sie ihren Anhängern das ewige Leben versprechen, erschaffen sie damit einen Kader von Gefolgsleuten, die sich durch nichts abschrecken lassen.

Diese Analyse, die vor einem Zusammenbruch des staatlichen Ab-

schreckungssystems warnt, wenn Massenvernichtungswaffen priva-
tisiert werden, scheint vielleicht das Ausmaß zu vernachlässigen, in
dem terroristische Einzelpersonen und ihre Netzwerke von der stillschweigenden Unterstützung durch Staaten abhängig sind. Wenn das
so ist, könnte man Terroristen von ihrem Vorhaben abhalten, indem
man gegen die Staaten, die sie beherbergen, Sanktionen verhängt. Es
stimmt, dass Terroristen eine territoriale Zuflucht und die Waffen
brauchen, die Staaten zur Verfügung stellen. Diese Staaten kann man
bestrafen, und wenn man sie bestrafen kann, können sie auch von ihren
Vorhaben abgehalten werden. Libyen war eine solche Zuflucht und
Basis für terroristische Aktivität, bis sich westliche Staaten entschlossen, mit einem konzertierten Programm internationaler Sanktionen
und Isolation zurückzuschlagen. Heute ist Libyen kein so auffälliger
Anstifter und Zahlmeister des Terrors mehr.[10] Libyen ist jedoch ein
geschlossener Staat mit Kontrolle über sein ganzes Territorium. Viele der anderen Zufluchtsmöglichkeiten für Terroristen finden sich in
erfolglosen oder gescheiterten Staaten – wie Afghanistan oder Somalia –, die keine wirkliche Kontrolle über ihre Territorien haben.

Die terroristische Herausforderung der liberalen Demokratie fällt
mit einer doppelten Krise der staatlichen Ordnung zusammen: erstens
mit dem Scheitern vieler postunabhängiger Staaten in Zentral- und
Südafrika und zweitens mit dem Scheitern demokratischer Übergän-
ge in den Staaten, die ihre Freiheit mit dem Zusammenbruch des
Sowjetreiches gewonnen haben. Ein Streifen gescheiterter Staaten,
der sich von Somalia an der Ostküste Afrikas durch den Kongo nach
Liberia im Westen erstreckt, bietet modernen, global tätigen Terroristen territoriale Zuflucht, Möglichkeiten zur Geldwäsche und Zugang
zum internationalen Waffenhandel. Ein zweiter Streifen scheiternder
Staaten am Südrand des früheren Sowjetreiches – von Moldawien
über Georgien, Abchasien, Kirgistan und Tadschikistan bis Afghanistan –, bietet für terroristische Operationen ebenfalls Zuflüchts-
möglichkeiten. Einige dieser Staaten haben zugesichert, den liberalen
Demokratien beizustehen, indem sie Terroristen eine Zuflucht verweigern, doch fehlt ihnen die Fähigkeit dazu. Von den gut 190 Staa-

ten des weltweiten Staatensystems sind vielleicht zwischen zehn und fünfzehn nicht in der Lage, internationalen Terroristengruppen eine Zuflucht zu verweigern, weil sie schwach, arm und korrupt sind oder weil sie durch innere Territorialkonflikte zerrissen werden, die Terroristen für sich ausnutzen können.[11] Das Abschreckungssystem des Westfälischen Friedens kann nicht funktionieren, wenn Staaten nicht über genügend Zwangsmittel verfügen, um ihr eigenes Territorium unter Kontrolle zu halten. Die Mauern des Staates, die einst ihr Gewaltmonopol umschlossen, sind zusammengebrochen. Das Böse ist aus dem Gefängnis der Abschreckung entwichen.

Diese Vision – zusammenbrechende Staaten und Kader von Terroristen, die sich durch nichts von ihrem Vorhaben abbringen lassen und mit Massenvernichtungswaffen ausgerüstet sind – mag als eine reißerische Übertreibung erscheinen, und wenn das so ist, als gefährlich. Denn Furcht erregende Szenarien dieser Art könnten die exzessiven Reaktionen auslösen, die ich an anderer Stelle kritisiert habe. Man könnte argumentieren, dass der Anschlag vom 11. September 2001, wie schrecklich er auch war, sich kaum wiederholen wird, da inzwischen die Sicherheitsmaßnahmen verschärft worden sind und die jüngsten Anschläge von Al Qaida sämtlich zweitrangigen und nicht erstrangigen Zielen gegolten haben. Die Anschläge vom 11. September könnten sich als das Schlimmste erweisen, was je geschehen wird, statt als das erste Stadium einer eskalierenden Serie apokalyptischer Schauspiele.

Doch selbst wenn jeder Einzelne von bin Ladens Anhängern aufgespürt wird, wird das Beispiel der Anschläge vom 11. September als Inspiration für andere bleiben. Der 11. September 2001 wird in der Geschichte des islamischen Terrorismus den gleichen Platz einnehmen wie die Ermordung von Zar Alexander II. in der Geschichte des europäischen. Die Nihilisten in Russland Mitte des neunzehnten Jahrhunderts waren nach späteren Maßstäben primitive Amateure, doch sie schufen eine Schablone, die von da an alle antibürgerliche aufständische Politik inspirierte. Der 11. September 2001 wird mit Sicherheit den gleichen Effekt haben. Hinzu kommt, dass die internationalen Beschwerden, die den Terrorismus mit massenhaften Opfern antreiben – die Macht Amerikas, die Existenz Israels, die Korruption und der Verfall der politischen Ordnung in der arabischen und islamischen Welt –, wahrscheinlich ebenfalls andauern werden. Der Terrorismus wird eine Bedrohung der liberalen Demokratie bleiben, einfach weil diese sich nicht von einer Welt distanzieren kann, die sie für ihr Elend verantwortlich macht, ob nun mit Recht oder zu Unrecht.

Wenn Massenvernichtungswaffen für Terroristen erhältlich werden, kann es sein, dass wir uns von einem Muster von häufigen Anschlägen mit geringen Verlusten zu einem anderen Muster hinbewegen, nämlich zu weniger häufigen Anschlägen mit katastrophalen Verlusten. Gegen dieses zweite Muster wird man sich noch schwieriger verteidigen können als gegen das erste. Terroristen werden – mit Recht – davon ausgehen, dass kein Staat, wie wachsam und wohl organisiert er auch sein mag, immer und ewig und überall wachsam bleiben kann. Demokratien sind schon ihrer Natur nach weniger zur Wachsamkeit fähig als autoritäre Regime. Die stetige Unerbittlichkeit, die für wachsame Sicherheit notwendig ist, lässt sich in Nationen mit vierjährigen Wahlzyklen und einem ständigen Wechsel in der politischen Führung nicht leicht aufrechterhalten. Der Terrorismus ist ein Spiel, bei dem es auf das Wartenkönnen ankommt, und der Sieg geht an den, der geduldig ist. Künftige Terroristen werden vielleicht die finanziellen Mittel haben, um so genannte Schläfer jahrelang im Verborgenen zu lassen. Früher oder später wird jemand in seiner Wachsamkeit nachlassen – jemand, der in einem Hafen die Container untersucht, wird einen Container übersehen, ein Sicherheitsbeamter wird an einem Flughafen einen Passagier oder eine Tasche übersehen, ein Wasserfiltersystem wird versagen –, und ein Anschlag wird Erfolg haben.

Liberale Demokratien sehen sich also einem Feind gegenüber, der in seinen Forderungen nicht beschwichtigt werden kann, der sich nicht von seinem Vorhaben abbringen lässt und der nicht gewinnen muss, damit wir verlieren. Polizei, Militär und Nachrichtendienste mögen es vielleicht schaffen, neunundneunzig potentielle Anschläge aufzuspüren, zu stoppen oder ihnen zuvorzukommen. Aber wenn der Feind chemische, radiologische, bakteriologische oder Kernwaffen besitzt, brauchen die Terroristen nur einmal erfolgreich zu sein.

Es ist ein Gemeinplatz der Rhetorik von Staatspräsidenten und Ministerpräsidenten, wenn sie behaupten, ihre Demokratien könnten in einem Krieg gegen den Terror nicht verlieren. Meine Analyse hat bis jetzt bestätigt, dass keine Demokratie jemals von einer terroristischen Kampagne gestürzt worden ist, es sei denn, es kamen noch andere Faktoren hinzu wie etwa ein wirtschaftlicher Zusammenbruch oder eine militärische Niederlage. Doch angesichts eines Terrorismus, der Massenvernichtungswaffen einsetzt, können wir nicht sicher sein, dass das historische Muster, für das ich in diesem Buch argumentiert habe, sich auch in Zukunft durchsetzt.

Mit anderen Worten: Wir *könnten* auch verlieren.

Wie würde eine Niederlage aussehen? Sie wäre natürlich nicht so wie eine Invasion, eine Eroberung oder Besetzung, sondern würde vielmehr die Auflösung unserer Institutionen und unserer Lebensform mit sich bringen. Eine Folge von Anschlägen mit großen Verlusten, bei denen Massenvernichtungswaffen eingesetzt worden sind, würden verwüstete Zonen zurücklassen, die jahrelang nicht mehr betreten werden könnten. Ein Leichentuch der Trauer, des Zorns und der Furcht würde über unserem öffentlichen und privaten Leben hängen. Solche Anschläge würden die existentielle Sicherheit zerstören, von der die Demokratie abhängt. Immer wiederkehrende Anschläge mit Massenvernichtungswaffen würden vielleicht nicht nur Hunderttausende Menschen töten. Es könnte sein, dass wir uns in einem Staat der nationalen Sicherheit wieder finden, der in beständiger Wachsamkeit lebt, dessen Grenzen abgeriegelt sind, in einem Staat mit ständigen Identitätskontrollen und permanenten Internierungslagern für verdächtige Ausländer und aufsässige Bürger. Ein erfolgreicher Anschlag würde den Urquell des Vertrauens unter Fremden vergiften, der die relative Freiheit der liberalen Demokratie erst möglich macht. Unsere Polizeikräfte könnten sich dazu erniedrigen, Verdächtige zu

foltern, um künftige Anschläge zu verhindern, und unsere Geheimdienste könnten sich an direkter Ermordung von Tätern oder auch
nur Verdächtigen beteiligen. Unser Militär könnte vielleicht selbst
Massenvernichtungswaffen gegen terroristische Feinde einsetzen.
Sollten sich unsere Institutionen als unfähig erweisen, den Angriffen
ein Ende zu machen, könnte sogar das Gewaltmonopol des Staates
zusammenbrechen, wenn Bürger bei dem Versuch, sich gegen potentielle Täter zu verteidigen, das Recht selbst in die Hände nehmen
würden. Bürgerwehren würden auf heruntergekommenen und men-
schenleeren Straßen patrouillieren.

So könnte das Gesicht der Niederlage aussehen. Wir würden überleben, würden uns selbst oder unsere Institutionen aber nicht mehr
wieder erkennen. Wir würden existieren, aber unsere Identität als
freie Völker verlieren.

Was also lässt sich tun? Welche Ressourcen besitzen wir?

Da die Bedrohung durch den Terrorismus sich gegen unsere politische Identität als freie Völker richtet, muss unsere wesentliche
Ressource genau diese Identität sein. Wir können nur dann gegen
einen Feind kämpfen und uns durchsetzen, wenn wir wissen, wer wir
sind und was wir um jeden Preis verteidigen wollen. Wenn die auto-
matische Reaktion auf Terrorismus mit massenhaften Opfern darin
besteht, eine Geheimregierung zu stärken, ist das die falsche Reaktion. Die richtige besteht darin, die offene Regierung zu stärken. Demokratische Völker werden den Behörden nicht beistehen, wenn sie
nicht an das System glauben, das sie verteidigen. Ohne Hilfe und Zusammenarbeit der Allgemeinheit lässt sich keine Strategie gegen den
Terror aufrechterhalten, ohne Augen, die Risiken entdecken, ohne
Ohren, die Drohungen hören, und ohne die Bereitschaft, den Behörden davon zu berichten. Wie zwei Weltkriege gezeigt haben, kann ein
demokratisches Volk, das durch Furcht mobilisiert und von Hoffnung
geleitet wird, sich als furchtbarer Gegner erweisen. Trotz ihrer Sicherungssysteme müssen Demokratien nicht weniger entschieden sein
als autoritäre Regime, und demokratische Institutionen haben den
Vorteil, dass sie die Klugheit, die Erfahrung und Talente der Bürger

insgesamt aufbieten können, statt sich auf die geringe Zahl einer geschlossenen Elite zu verlassen.

Der Glaube an die Demokratie muss uns ihren Fehlern gegenüber nicht blind machen. Tatsächlich sind unsere Demokratien im Kampf mit konventionellen Bedrohungen nicht so erfolgreich, wie sie sein könnten, und es ist zu befürchten, dass sie sich bei Massenvernichtungswaffen als noch unfähiger erweisen werden. Bis jetzt sind Informationen über Risiken für die Allgemeinheit frisiert worden. Die Medien, die sich mehr um Marktanteile als um die Interessen der Allgemeinheit sorgen, haben bei der Desinformation der Öffentlichkeit mitgespielt. Richter haben Aktionen der Regierung eine übertriebene Ehrerbietung erwiesen. Den Parlamenten hat der Mut gefehlt, die Risikofaktoren einer klarsichtigen Prüfung zu unterwerfen. Ministerien haben die Freiheiten von Ausländern und Minderheiten eingeschränkt, in dem sicheren Wissen, dass die Opfer keine Möglichkeit haben, sich Gehör zu verschaffen und sich über die Ungerechtigkeit zu beklagen. Die Allgemeinheit hat dazu geschwiegen, da sie unfähig oder nicht gewillt ist, ihre gewählten Vertreter zu zwingen, ihnen besser zu dienen. Wenn demokratische Institutionen so versagen, ist schlechte Politik das Ergebnis. Die Parlamente haben Gesetze geschaffen, die der Polizei Vollmachten verleihen, die sie nicht braucht; die Allgemeinheit unterstützt Maßnahmen, die ihre Sicherheit nicht erhöht; dann kann es geschehen, dass die Geheimdienste, die eine getäuschte Allgemeinheit und eine täuschende Führung beobachten, das Recht selbst in die Hand nehmen. Ein auf diese Weise von geheimen und unverantwortlichen Beauftragten begonnener Krieg gegen den Terror, ein Krieg von Staatsdienern, die an der Grenze zum Rechtsbruch oder jenseits davon tätig sind, und das im Namen entpolitisierter und demobilisierter Bürger, die im Dunkeln darüber bleiben, was in ihrem Namen geschieht, wird unter Umständen damit enden, dass die Demokratie für immer geschädigt wird.

Wir wollen keinen Krieg gegen den Terror, der im Namen freier Völker geführt wird, die nur dem Namen nach frei sind. Was wir brauchen, ist eine Wiederbelebung der Institutionen der Freiheit –

Regierung durch Sicherheitssysteme, durch offene Formen kritischer Rechtfertigung vor Gerichten, Parlamenten und vor der Presse. Wiederbelebung bedeutet einfach, dass unsere Institutionen die Arbeit erledigen müssen, für die sie einmal gedacht waren. Wir müssen verstehen, wozu sie da sind, ihnen vertrauen und sie funktionsfähig machen.

II

Abgesehen davon, dass ein Krieg gegen den Terror eine Erneuerung der Demokratie im Inland erfordert, kann er nur dann erfolgreich sein, wenn Staaten sich auch für eine Erneuerung der Demokratie im Ausland einsetzen.[12] Der globale Terrorismus, der Massenvernichtungswaffen einsetzt, fordert die Stabilität der staatlichen Ordnung an sich heraus, und kein einzelner Staat, nicht einmal die Vereinigten Staaten, besitzt die Fähigkeit, mit dieser Herausforderung aus eigener Kraft fertig zu werden.

Vor den Anschlägen vom 11. September 2001 wurden ein staatlicher Zusammenbruch und das Scheitern eines Staates hauptsächlich als humanitäre Tragödien angesehen. Terrorismus mit massenhaften Opfern bringt liberale Demokratien dazu, sie als potentielle Bedrohungen der nationalen Sicherheit zu sehen. Ehrliche Regierungen in belasteten Gesellschaften zu stärken und ihnen dabei zu helfen, Terroristengruppen eine Zuflucht zu verweigern, ist kein lediglich erwünschtes Ziel mehr, sondern ein wesentliches.[13] Wenn der apokalyptische Nihilismus sich von politischer Verzweiflung ernährt, liegt es im rationalen Eigeninteresse wohlhabender Staaten, in Beistandsleistungen zu investieren, um autoritären Gesellschaften in der arabischen Welt – Gesellschaften, die ihre Völker im Stich gelassen haben – dabei zu helfen, sich in Richtung Demokratie zu bewegen, selbst wenn das Ergebnis wahrscheinlich islamische Parteien an die Macht bringt.[14] Sechzig Jahre lang haben westliche Staaten in einem unterdrückten Bürgerkrieg zwischen arabischen Völkern und ihren

Regierungen auf der falschen Seite gestanden. Es ist an der Zeit, auf die richtige Seite zu wechseln und zu tun, was wir tun können, um die allgemeine Unzufriedenheit in demokratische politische Bahnen zu lenken. Ein solcher Weg ist offenkundig riskant, doch noch riskanter ist es, an diskreditierten Regimen festzuhalten, die ihre Völker im Stich gelassen haben.[15]

Wo scheiternde Staaten Kernwaffen besitzen, müssen wir verhindern, dass sie scheitern. Wenn man Gesellschaften wie Pakistan dabei hilft, ihr Waffenprogramm zu sichern und ihre Kontrolle über die Grenzregionen mit Afghanistan auszuweiten sowie ihre Ressourcen in Bildung und Entwicklung zu investieren, ist das keine Priorität unter vielen mehr.[16] Angesichts des Umfangs, in dem Al Qaida vom Versagen Pakistans als Staat profitiert, muss die Stärkung von Pakistans staatlicher Kapazität, ohne das Land in eine offen autoritäre Richtung zu stürzen, ein zentrales Ziel jeder Politik der Terrorbekämpfung sein.

Der Terrorismus stellt auch einen sehr gewichtigen Grund für die Wiederbelebung sämtlicher Formen multinationaler und multilateraler Zusammenarbeit dar. Der 11. September 2001 schien in dieser Hinsicht tatsächlich einen Wandel anzukündigen. Alle Mitgliedstaaten der Vereinten Nationen verurteilten die Anschläge und verabschiedeten Resolutionen, in denen zugesichert wurde, die Geldzahlungen und Waffen zu beschlagnahmen, die den Terrorismus möglich machen.[17] Diese neu gewonnene Einmütigkeit reflektiert eine bedeutsame totale Haltungsänderung. Denn seit es den internationalen Terrorismus gibt, ist er von der Mittäterschaft von Staaten abhängig gewesen. Palästinenser gingen in die Tschechoslowakei, um dort Semtex-Sprengstoff zu kaufen, und in den Jemen oder nach Syrien, um sich dort ausbilden zu lassen. Nicaraguanische Kontras und so genannte kubanische Freiheitskämpfer haben sich in Washington um Geld und Unterstützung bemüht. Libyen hat Terroristen von Nordirland bis Sierra Leone gesponsert. Der Sudan bot islamischen Terroristen Zuflucht, darunter auch Osama bin Laden. Als Afghanistan noch von den Taliban kontrolliert wurde, lud es Al Qaida ein, seine Kader in den entlegenen Bergtälern des Landes auszubilden. Die Al-Qaida-Rekruten erschienen zunächst als Gäste der Taliban-Regierung und blieben dann, um zu Herren des Hauses zu werden. Dieses Muster staatlicher Mittäterschaft hing von der Annahme ab, dass »der Feind meines Feindes mein Freund sein muss«. Staaten unterstützten Terroristen, weil sie rivalisierende Staaten destabilisierten. Staaten mit imperialen Interessen – wie die Vereinigten Staaten oder die Sowjetunion – unterstützten Terroristengruppen in ihren Stellvertreterkriegen gegeneinander. Solange das Waffenarsenal der Terroristen konventionell blieb, waren benachbarte Staaten glücklich, ihre Lieblings-»Freiheitskämpfer« zu unterstützen, nämlich in dem sicheren Wissen, dass diese Unterstützung ihre Rivalen destabilisieren würde, ohne ihre eigenen Interessen zu gefährden.

Da die Bedrohung durch den Terrorismus eskaliert und nicht mehr konventionell, sondern nuklear zu werden scheint, haben manche Staaten begonnen, ihren früheren Wirrwarr zu bereuen. Da jetzt das Phänomen eines Terrorismus mit einer Vielzahl von Opfern am Horizont auftaucht, haben so gut wie alle Staaten die Gefahr der Komplizenschaft erkannt, auf die sie sich einst eingelassen haben. Genau wie Hiroshima die Welt von der beispiellosen Gefahr von Atomwaffen überzeugt hat, hat der 11. September 2001 die Staaten die Realität erkennen lassen, dass der Terrorismus, den sie einst bereitwillig gesponsert haben, jetzt völlig außer Kontrolle zu geraten drohte.

Die Motive für die Wiedergewinnung der Kontrolle haben weniger mit moralischer Empörung als mit vitalen nationalen Interessen zu tun. Wie unterschiedlich ihre Religion und ihre Ideologie auch sein mögen, ist allen Staaten ein Interesse daran gemeinsam, Massenvernichtungswaffen selbst unter Verschluss zu halten. Im Fall von Kernwaffen ist dem kleinen Club von Atomwaffenstaaten daran gelegen, eine Weiterverbreitung zu verhindern, doch wie am Beispiel von Pakistan und Indien deutlich wird, sind Staaten nur begrenzt fähig, andere Staaten daran zu hindern, ebenfalls Atomwaffen zu erwerben. Folglich wird die Zahl der Staaten, die über sie verfügen, zunehmen. Tatsächlich ist nicht zu erkennen, wie Atomwaffenstaaten andere Nationen davon abhalten können, ebenfalls atomar aufzurüsten. Kernwaffen sind für Staaten wie Nordkorea, die es nicht geschafft haben, die wirkliche Währung der Macht zu erwerben, nämlich den Wohlstand ihres Volkes, die unwiderstehliche Machtwährung.

Während es unvermeidlich ist, dass mehr Staaten Massenvernichtungswaffen erwerben werden, ist es etwas ganz anderes, es Einzelpersonen, Kriminellen oder terroristischen Gruppen zu erlauben. Dies kann auf dreierlei Weise geschehen. Erstens könnten Schurkenstaaten Massenvernichtungswaffen an Terroristengruppen verkaufen oder übergeben, nämlich in dem irrigen Glauben, sie könnten deren Gebrauch gegen die Feinde des Staates lenken. Zweitens könnten diese Fähigkeiten ehrenhaften Staaten gestohlen und auf dem Schwarzmarkt verkauft werden. Schließlich könnten Schurkenwissenschaftler, die entweder in ehrenhaften oder in Schurkenstaaten arbeiten, Waffentechnologien oder Geheimnisse an international arbeitende Gruppen transferieren. Alle drei Formen der Weiterverbreitung – oder der Zivilisierung – von Massenvernichtungswaffen bedrohen das Monopol von Staaten. Alle verantwortungsbewussten Staaten haben deshalb ein Interesse daran, gemeinsam darauf hinzuwirken, dass diese Waffen und Fähigkeiten wieder in staatliche Hände zurückgeführt werden.

Selbst ein Schurkenstaat ist nicht unbedingt weniger rational als ein ehrenhafter, und auch Schurkenstaaten können die Gefahren erkennen, die ihnen durch Terroristengruppen drohen, die Massenvernichtungswaffen besitzen. Überdies kann man Schurkenstaaten dazu bringen, einen Preis zu zahlen. Libyen, ein notorischer Sponsor von Terrorismus, ist für seine Rolle bei dem Anschlag von Lockerbie bestraft worden. Eine umfassende internationale diplomatische Isolation führte zu einem Sinneswandel, wie er durch das Schadenersatzabkommen zwischen der libyschen Regierung und den Opfern signalisiert worden ist.[18] Es gibt noch drei weitere Schurkenstaaten. Nordkorea hat ein Kernwaffenprogramm, mit dem sich schon in sehr naher Zukunft Waffen herstellen lassen werden.[19] Der Iran benutzt ebenfalls ein ziviles Nuklearprogramm, um Waffen zu entwickeln.

Schließlich der Irak unter Saddam Hussein, der ein Zwanzig-Jahres-Programm der Forschung auf dem Gebiet von chemischen, biologischen und Atomwaffen begonnen hatte, obwohl umstritten ist, welche Waffen mit diesen Programmen zur Zeit seines Sturzes im April 2003 tatsächlich produziert worden sind. Es gibt auch keine unwiderleglichen Beweise dafür, dass er Technologien oder wissenschaftliche Informationen an Terroristengruppen weitergegeben hatte. Nicht zweifelhaft war, dass er zweimal Massenvernichtungswaffen eingesetzt hatte, einmal gegen seine eigene kurdische Bevölkerung und dann gegen iranische Streitkräfte.

Schurkenstaaten könnten kontrolliert werden, wenn man sie daran hindern könnte, auf dem Weltmarkt mit tödlicher Technologie Handel zu treiben. Als der illegale Waffenmarkt sich auf Handfeuerwaffen und konventionelle Waffen beschränkte, drückten Staaten beide Augen zu und erlaubten die Entwicklung eines komplexen globalen Systems des Waffentransfers.[20] Die Staaten taten dies, weil sie ein starkes ökonomisches Interesse an diesem Handel hatten oder weil er mächtigen Interessen in ihren Ländern zugute kam. Jetzt, wo wir an der Schwelle zu einem Markt mit Massenvernichtungswaffen stehen, ist diese langjährige Komplizenschaft nicht mehr nur eine kleine Peinlichkeit und droht, für vitale Staatsinteressen zur Gefahr zu werden.[21]

Die liberale Demokratie ist vom Vorhandensein kapitalistischer Märkte abhängig, doch ein freier Markt für alles – darunter Plutonium, Anthrax und Ricin – stellt eine direkte Bedrohung für das Überleben der liberalen Demokratie überhaupt dar. Die ökonomische Globalisierung könnte zum Mittel unserer Zerstörung werden, es sei denn, diese Globalisierung wird durch eine stetige Erweiterung der Fähigkeit von Staaten, Unternehmen und internationalen Institutionen begleitet, regulierend einzugreifen. Sonst werden weder der freie Markt noch der liberale Staat überleben. Doch kein einzelner Staat, nicht einmal die globale Supermacht, verfügt über die Ressourcen, um einen Weltmarkt mit tödlichen Waffen zu überwachen. Folglich haben alle Staaten ein Interesse daran, effektive Mechanismen einer multilateralen Regulierung zu entwickeln.

Während die Zahl der Probleme – angefangen bei Umweltschäden bis hin zum grenzüberschreitenden Waffenhandel – zugenommen hat, hat die Fähigkeit von Staaten, bei der Entwicklung von Mitteln zur Lösung dieser Probleme zusammenzuarbeiten, nicht damit Schritt gehalten.[22] Die Gründe dafür liegen in der Tatsache, dass liberale Demokratien von der Globalisierung meist profitiert haben, während die Kosten – für die Umwelt, die sozialen und ökonomischen Kosten – von weniger entwickelten Ländern getragen worden sind. Wo eine transnationale Zusammenarbeit sich am wahrscheinlichsten entwickeln wird, liegt sie auf den Gebieten, welche den Wohlstand und die Ordnung liberaler Staaten bedrohen – Verbrechen, Drogen und Terrorismus. Eine globale Kontrolle auf diesen Feldern ist nicht mehr einfach nur erwünscht. Inzwischen ist sie eine Frage des gemeinsamen Überlebens geworden.

Eine solche globale und multilaterale Anstrengung gegen den Terrorismus wird einige offenkundige kleinere Übel einschließen. Eins davon ist eine aufdringlichere Regulierung von Markttransaktionen aller Art. Wir werden sehr viel Geld ausgeben müssen, um den kleinen Teil des Welthandels zu regulieren, zu inspizieren, zu kontrollieren und zu verbieten, der für unser Überleben eine Gefahr darstellt. Diese Last der Regulierung wird von Wirtschaft und Regierung geteilt werden müssen. Regierungen werden in verfeinertere Systeme zur Kontrolle der Geld-, Waren- und Menschenströme über ihre Grenzen hinweg und Unternehmen mit beträchtlichem grenzüberschreitendem Handel werden in Liefersysteme investieren müssen, welche die Sicherheit der Ladung vom Herstellungsort bis zum Verkaufsort garantieren.[23]

Dies ist der Preis, den die Weltwirtschaft und das internationale Reisepublikum werden zahlen müssen, wenn sie vor Terror sicher sein wollen. Ein weiterer Preis werden strengere internationale Systeme sein, die in die Fähigkeit eines souveränen Staates eingreifen, mit diesen Technologien nach Belieben zu verfahren. Damit diese Systeme legitim sind, müssen *alle* Staaten und nicht nur die Schurkenstaaten sich einer aufdringlichen Inspektion ihrer Möglichkeiten zur Herstellung tödlicher Waffen unterwerfen, und dort, wo internationale Übereinkünfte möglich sind, müssen sie Produktion und Lagerung überhaupt aufgeben.

Das erfolgreiche Bemühen der Amerikaner und der postsowjetischen Staaten wie Ukraine und Kasachstan, die vagabundierenden nuklearen Fähigkeiten zu erkennen und zu sichern, die vom sowjetischen Militär zurückgelassen worden sind, ist ein Beispiel dafür, was erreicht werden kann.[24] Die Internationale Atomenergiebehörde ist zwar mit unzureichenden Geld- und sonstigen Hilfsmitteln ausgestattet, hat aber dennoch beträchtliches Fachwissen bei der Regulierung ziviler Atomprogramme entwickelt und sollte auch in der Lage sein, eine glaubwürdige internationale Bestandsaufnahme von Plutonium und anderen Materialien zu erstellen und Protokolle für ihre Umladung, ihren Austausch und ihre Deaktivierung durchzusetzen.[25] Es liegt auf der Hand, dass sich dies mit chemischen und biologischen Wirkstoffen weniger leicht bewerkstelligen lässt. Es sollte jedoch möglich sein, weltweit tätige Unternehmen mit der Fähigkeit, chemische oder biologische Kampfstoffe herzustellen, dazu zu bewegen, auf den Verkauf ihrer Technologien an Schurkenstaaten zu verzichten und, soweit sie dies können, zu verhindern, dass ihre Vertriebs- und Verkaufsnetze von terroristischen Gruppen unterwandert werden. Der Erfolg der Waffeninspekteure der UNO im Irak in den Jahren zwischen 1992 und 1996, denen es gelungen war, die Herkunft chemischer Wirkstoffe des Irak zu ihren europäischen Lieferanten zurückzuverfolgen, legt die Vermutung nahe, dass es möglich sein sollte, den internationalen Handel mit Wirkstoffen und Technologien, mit denen sich Massenvernichtungswaffen herstellen lassen, zu überwachen.[26] Es sollte Staaten auch möglich sein, die Sicherheit in allen kommerziellen, regierungsamtlichen und militärischen Labors zu erhöhen, die mit diesen Wirkstoffen arbeiten. Und es könnte für Wissenschaftler zu einem Straftatbestand gemacht werden, wissentlich zur Herstellung von Waffen für Terroristen beizutragen.[27]

Eins der kleineren Übel, das notwendig werden könnte, ist eine schärfere Regulierung der wissenschaftlichen Forschung und des

freien Austauschs über ihre Ergebnisse. Schon heute verlangt der
US-amerikanische Patriot Act von jedem Wissenschaftler, der mit
bestimmten biologischen Wirkstoffen arbeitet, sich bei Bundesbehörden eintragen zu lassen, und erlegt jedem Strafen auf, der solche
Wirkstoffe transportiert oder irgendeinen wissenschaftlichen Kontakt mit einem Land unterhält, das auf einer Liste geächteter Staaten
steht. US-amerikanischen Universitätslabors ist es durch Präsiden-
tenerlass verboten, ausländische Studenten bei Forschungsarbeiten
auf biologischen Feldern mit potentiellen Waffenanwendungen zu
beschäftigen. Herausgeber wissenschaftlicher Zeitschriften haben
akzeptiert, dass sie wissenschaftliche Ergebnisse nicht veröffentlichen
sollten, wenn diese von Terroristen verwendet werden könnten, oder
auch allgemeiner, wenn der »potenzielle Schaden einer Veröffentlichung den möglichen gesellschaftlichen Nutzen überwiegt«.[28]

Eine Verschärfung der Sicherheitsvorschriften von Labors, eine
Prüfung des guten Rufs aller Personen, die mit sensitiven Wirkstoffen arbeiten, scheint angemessen zu sein, vorausgesetzt, die Sicherheit
bleibt in den Händen freier Institutionen – von Labors oder Fach-
bereichen von Universitäten –, welche die Forschungsarbeiten leiten.
Der gleiche Grundsatz sollte bei der Festlegung dessen gelten, welche
Arten von wissenschaftlicher Forschung oder Veröffentlichung eine
Bedrohung für die nationale Sicherheit darstellen. Diese Entscheidung sollte ebenfalls in den Händen von Wissenschaftlern bleiben,
und die Grundlage für legitime Selbstzensur sollte genau bestimmt
werden, damit mit Ausnahme der offenkundig gefährlichsten Papiere
eine freie Veröffentlichung erlaubt bleibt. Die Gefährlichkeit muss
als unmittelbar bevorstehende, praktische Realität definiert sein und
nicht als ferne, spekulative Möglichkeit, da es unmöglich ist, genau
vorherzusagen, welche Formen wissenschaftlicher Grundlagenfor-
schung zu gefährlichen Anwendungen führen könnten. Nicht nur
für die Wissenschaft, sondern für die Demokratie überhaupt ist es
ein entscheidender Wert, dass der freie Austausch wissenschaftlicher
Ideen aufrechterhalten wird.

Eine Zeit des Terrorismus mit massenhaften Opfern zwingt uns mit anderen Worten in eine Domäne kleinerer Übel, die nicht entstand, als die Bedrohung noch konventionell war: in die Regulierung des freien Markts bei Technologien, Technologietransfer und Ideen überhaupt. Die Regulierung kann nicht allein auf Regierungen übertragen werden; die Aufgabe muss so strukturiert werden, dass ein Höchstmaß an kritischer Prüfung möglich ist. Alle Beteiligten – Unternehmen, Universitäten und Regierungsbehörden – müssen die Vorschläge zu einer Regulierung in einer offenen Diskussion prüfen und sicherstellen, dass die Regulierungsbehörden selbst reguliert werden. Und diese Regulierung muss sich um ein gewissenhaftes Gleichgewicht zwischen den Freiheiten bemühen – den Freiheiten des Handels und denen der Ideen –, das für das Überleben freier Völker sowie für die Sicherheit notwendig ist, die eine neue Ära des Terrorismus mit massenhaften Opfern erfordert.

Zusätzlich zu der Regulierung muss es auch Führung geben. Diese kann nur von den Vereinigten Staaten kommen, nicht nur, weil dieses Land sehr mächtig ist, sondern auch, weil es das Hauptziel von Terroristen ist, daneben aber auch der wichtigste Standort der Waffenforschung und somit eine mögliche Quelle krimineller Wissenschaftler. Sogar die Vereinigten Staaten, von alters her eine Nation, die multilateralen Verpflichtungen, die in ihre Souveränitätsrechte eingreifen, Widerstand entgegensetzt, können leicht erkennen, dass sie kaum eine Chance haben, den Weltmarkt für tödliche Technologien aus eigener Kraft zu regulieren. Eine internationale Zusammenarbeit der Polizeibehörden der Vereinigten Staaten und ihrer europäischen Freunde hat sich für die Festnahme aktiver Terroristenzellen in Städten von Hamburg bis Madrid als entscheidend erwiesen. Der Multilateralismus in diesen Fragen ist nicht mehr wie früher lediglich erwünscht, sondern zu einer Frage von Leben und Tod geworden. Die Staaten werden entweder zu kooperieren lernen oder getrennt unter den Konsequenzen zu leiden haben. Dies wird ein Verbot der Produktion, des Transports und des Verkaufs von Waffen bedeuten, die Entwicklung internationaler Zwangsinspektionen in Staaten, die dem zuwiderhandeln, und, als letztes Mittel, den Einsatz von präventiver Gewalt, um den Verkauf oder den Vertrieb solcher Waffen an nichtstaatliche Akteure zu verhindern.

III

Ein militärischer Präventivschlag, das letzte der kleineren Übel, das in diesem Buch erörtert werden soll, wirft drei verschiedene Probleme auf: Wie soll man den Rückgriff auf Präventivschläge in einer Demokratie kontrollieren, wie feststellen, wann er gerechtfertigt ist, und wer sollte ihn international autorisieren? Zwei Formen des Präventivschlags fallen einem auf Anhieb ein: Schläge gegen Einzelpersonen oder Ausbildungslager, um sie an der Ausführung unmittelbar bevorstehender Anschläge zu hindern; ferner militärisches Handeln gegen Staaten, die Terroristen beherbergen oder Massenvernichtungswaffen produzieren. Dass man gegen Terroristen zuschlägt, bevor sie einen selbst treffen, vorausgesetzt, dass weniger riskante und kostspielige Mittel nicht anwendbar sind, ist weniger problematisch als ein umfassender Krieg gegen Staaten.

Die erste Art von Schwierigkeiten bei Präventivkriegen hat etwas mit der demokratischen Regulierung der Befugnisse von Präsidenten und Ministerpräsidenten zu tun, Kriege zu erklären und zu führen. Durch das Führen auswärtiger Kriege und die Bekämpfung des internationalen Terrorismus wurde im zwanzigsten Jahrhundert die exekutive Gewalt auf Kosten der Untersuchungsmöglichkeiten der Legislative gestärkt. Die einem Präsidenten verliehene Befugnis, einen Krieg zu führen, soll durch die Befugnis, einen Krieg zu erklären, mit der ein Parlament ausgestattet ist, ausgeglichen werden. Im Verlauf der letzten sechzig Jahre ist diese legislative Regulierung schwächer geworden. Es hat Präsidenten gegeben, die das Land in den Kampf geführt haben, ohne durch Parlamente dazu ermächtigt worden zu sein, oder sie haben sich erst dann um diese Ermächtigung bemüht, als die Kämpfe schon begonnen hatten.[29]

Einen Präventivkrieg gegen terroristische Bedrohungen zu kontrollieren, würde für Parlamente und Wähler/Wahlmänner noch schwieriger sein. Die Begründung eines solchen Krieges wird sich immer auf Spekulationen stützen, die auf ungesicherten Erkenntnissen der Nachrichtendienste beruhen und die mit Mitteln gesammelt worden sind, welche die Geheimhaltung von Quellen und Methoden erfordern. Es ist deshalb äußerst schwierig für eine Wählerschaft, von einem Parlament ganz zu schweigen, die Glaubwürdigkeit zu beurteilen. Statt in der Zeit vor dem Irakkrieg zu behaupten – wozu sie gute Gründe hatten –, dass das irakische Regime sowohl die Absichten als auch die Ressourcen besitze, *irgendwann einmal* Massenvernichtungswaffen zu erwerben, bestätigten der US-Präsident und der britische Premierminister, dass das Regime diese Waffen tatsächlich schon entwickelt und aufgestellt habe.[30] Indem sie die Belege »dehnten«, suchten sie die demokratische Zustimmung zum Krieg zu manipulieren, und selbst diejenigen, die sie damals unterstützten, können nicht das Gefühl haben, dass ein wünschenswertes Ziel solche Mittel gerechtfertigt hat. Tatsächlich scheint der Krieg als Präventivschlag überhaupt nicht gerechtfertigt gewesen zu sein, da in dem einen Jahr seit dem Sturz des Regimes weder Waffen noch fortgeschrittene Waffenprogramme gefunden worden sind.

Es wird nicht genügen, dass unsere politische Führung uns in Zukunft den Weg zum kleineren Übel eines Präventivschlags entlangführt, indem sie uns einfach immer wieder versichert: »Wenn ihr nur wüsstet, was wir wissen …« Die Fakten sind vielleicht nicht ganz und gar ungewiss, und die Wahrheit ist *ex ante* vielleicht nicht so klar, wie sie es *ex post* vermutlich sein wird, doch wir können und sollten erfahren, was wir wissen müssen. Wir haben das Recht, ein paar ungeschminkte Tatsachen über die wirklichen Fähigkeiten eines Staates zu erfahren sowie Hinweise darauf zu erhalten, ob diese global tätigen Terroristen zugänglich gemacht werden könnten. Unsere politische Führung steht unter der strengsten Verpflichtung, die der demokratischen Regierungsform eigen ist, diese Fakten vorzulegen und unsere Vertreter zu konsultieren, bevor sie uns alle in Gefahr bringt. Ein Präventivkrieg kann nur dann ein gerechtfertigtes kleineres Übel sein, wenn die Gründe dafür durch Beweise gestützt werden, die freie Völker überzeugen würden.

Da die Risiken des Handelns von Natur aus eher in Erfahrung zu bringen sind als die Risiken von Untätigkeit, und da die Fakten, welche die Bedrohung betreffen, niemals klar sein werden, wird jeder Bürger gegen einen Präventivkrieg sein. Eine solche Einstellung trägt dazu bei, die politische Führung von unmäßigen und unklugen Aktionen abzuhalten, doch eine Einstellung ist nicht das Gleiche wie ein Grund, noch weniger ein guter. Wir müssen für die Möglichkeit offen sein, dass es ein kleineres Übel ist, den Transfer von Massenvernichtungswaffen von Staaten an terroristische Gruppen zu verhindern, ein kleineres Übel, das notwendig ist, um ein noch größeres zu verhüten.

Wenn es nicht gelingt, Schurkenregime mit einer Geschichte interner Unterdrückung und äußerer Aggression daran zu hindern, tödliche Technologien zu erwerben und weiterzugeben, werden sie durch nichts von ihren Plänen abzubringen sein. Sie können Dissidenten in ihren eigenen Bevölkerungen vernichten, während sie gleichzeitig in das Territorium von Nachbarn eindringen. Wenn sie erst einmal Massenvernichtungswaffen haben, können sie diese ungestraft an Terroristengruppen weitergeben.

Obwohl es gute Gründe für Präventivschläge gibt, wenn eine durchführbare militärische Strategie vorliegt, um Schurkenstaaten daran zu hindern, tödliche Technologien weiterzugeben, oder dafür zu sorgen, dass Terroristengruppen sie nicht erwerben können, muss die Bedrohung unmittelbar bevorstehend und nachweisbar sein. Sonst geht der Präventivschlag in Aggression über. Und Aggressionen sind nach der UNO-Charta geächtet, während es Aktionen zur Selbstverteidigung nicht sind. Ein Präventivschlag ist meist als eine Form vorwegnehmender Selbstverteidigung gerechtfertigt, wenn die Drohung unmittelbar bevorsteht. Die Schlüsselfrage, die beantwortet werden muss, ist, wie unmittelbar die Bedrohung tatsächlich bevorsteht und welche Anzeichen des Feindes als ein Signal feindseliger Absichten gewertet werden können. Der Standardfall eines gerechtfertigten Präventivkriegs war in Michael Walzers Werk *Gibt es den gerechten Krieg?* der israelische Präventivschlag vom Juni 1967 gegen Ägypten und die arabischen Staaten. Dieser Krieg war Walzer zufolge legitim, nämlich wegen der klaren Belege dafür, dass arabische Länder für einen Angriffskrieg mobilmachten.[31] Doch dieser Fall sagt uns wenig darüber, wie es zu bewerten ist, wenn ein geheimes Programm zur Herstellung von Massenvernichtungswaffen zu einer unmittelbar bevorstehenden Gefahr geworden ist. Ebenso wenig sagt er uns, wann im Fall von Terrorismus ein Präventivschlag nötig ist, wo schon definitionsmäßig die Anzeichen für einen nahe bevorstehenden Angriff vor den Blicken aller mit Ausnahme der entschlossensten Nachrichtendienste verborgen bleiben werden und wo es, selbst im Fall verdeckter Waffenlieferungen von Staaten an Gruppen, für einen verwundbaren Staat so gut wie unmöglich sein könnte, im Voraus Kenntnis von dem Waffentransfer zu erhalten.

Gleichzeitig fügt eine dritte Frage – wer entscheidet, wann ein Präventivschlag gerechtfertigt ist – eine weitere Dimension an Komplexität hinzu. Nach den Vorschriften der UNO-Charta soll der Sicherheitsrat entscheiden, ob Gewalt gerechtfertigt ist, doch seine Vorschriften erlauben keinen Präventivschlag. Und selbst wenn Möglichkeiten zu ihrer Umgehung gefunden werden können, nämlich durch eine Darstellung des Problems als einer »Bedrohung des internationalen Friedens und der Sicherheit«, wird kein Staat, der sich bedroht fühlt und über einen Präventivschlag nachdenkt, sein Recht zur Selbstverteidigung an einen Ausschuss aus anderen Staaten übergeben, wie illuster dieser auch besetzt sein mag. Während die Vereinigten Staaten wegen ihrer Einseitigkeit getadelt werden, werden vermutlich alle Staaten auf einem einseitigen Recht der Reaktion auf eine Bedrohung mit Massenvernichtungswaffen beharren. Während einfache Klugheit es nahe legt, dass jeder Staat sich um internationale Legitimität bemühen sollte, bevor er Gewaltmittel einsetzt, und sich möglichst viele Verbündete sichern sollte, kann er sein Recht, endgültige Urteile über seine nationale Sicherheit zu fällen, nicht an irgendeinen anderen Staat oder eine internationale Organisation abtreten. Selbst wenn es einem Staat nicht gelingt, andere Staaten davon zu überzeugen, dass eine Bedrohung einen Präventivschlag erfordert, wäre es gerechtfertigt, ihn allein zu führen – aber natürlich nur, wenn sich die Bedrohung als real erweist.

Die intensive Debatte über die Legitimität der Invasion des Irak deutet darauf hin, dass das mutmaßliche universelle Interesse von Staaten an effektiven Einrichtungen gegen eine Verbreitung von Waffen sich nur außerordentlich schwer in universelles Handeln umsetzen lässt. Die Vereinigten Staaten waren sich mit ihren gewohnten Verbündeten einfach nicht über das Ausmaß der von den Waffenprogrammen des Irak ausgehenden Gefahr einig, und während diese Verbündeten nicht in der Lage waren, die USA am Gebrauch von Gewalt zu hindern, erlegte ihr Widerstand dem amerikanischen Handeln beträchtliche Kosten auf: Erstens wurde der Krieg als illegitim angesehen, und zweitens wurden die Kriegskosten und die Kosten des Wiederaufbaus nach dem Krieg nicht gemeinsam getragen, sondern hauptsächlich den amerikanischen Steuerzahlern aufgebürdet. Eine multilaterale Einigung über den Einsatz von Gewalt ist einem einseitigen Handeln vorzuziehen, und sei es nur, um die Legitimität zu erhöhen und die Kosten zu senken. Jedoch ist weiteres einseitiges Handeln unvermeidlich, wenn wir daran denken, in welchem Umfang die Vereinigten Staaten für Al Qaida und andere Islamistengruppen das vorrangige Ziel bleiben.[32]

Die Kategorie solcher Staaten, deren Verhalten einen Präventivkrieg möglicherweise rechtfertigen könnte, ist sehr klein. Selbst Staaten mit imperialen Fähigkeiten wissen, dass es in ihrem Interesse ist, die Souveränität anderer Staaten in der Mehrzahl der Fälle zu respektieren, denn die Alternative sind endlose Kriege. Außerdem können Präventivkriege unmöglich gegen diejenigen geführt werden, die schon solche Waffen besitzen oder die vor einer Niederlage anderen so viel Schaden zufügen können, dass die Kosten eines Präventivschlags unverhältnismäßig wären.

Folglich wird es selten einen Präventivkrieg geben, doch selbst wenn man ihn führte, wäre er ein kleineres Übel. Er wird Menschen töten und humanitäre Schäden verursachen, auch wenn es ihm gelingt, ein gefährliches Regime zu beseitigen und Massenvernichtungswaffen zu beschlagnahmen. Als kleineres Übel sollte ein Präventivkrieg streng eingeschränkt sein: Er muss unter Bedingungen einer wahrhaft demokratischen Bekanntgabe autorisiert werden; Staaten, die einen Präventivkrieg vorschlagen, müssen einen ernsthaften Versuch unternehmen, sich multilaterale Unterstützung zu sichern; und ein Präventivschlag lässt sich nur als letztes Mittel rechtfertigen, wenn Versuche, Staaten durch Zwangsinspektionen, diplomatische Überredung und andere friedliche Mittel zu entwaffnen, versagt haben; und schließlich darf ein Präventivschlag die Dinge nicht schlimmer hinterlassen, als sie zu dem Zeitpunkt waren, als über ein Einschreiten zuerst nachgedacht wurde. Wenn ein tyrannischer Staat gestürzt worden ist, muss an dessen Stelle ein demokratisches Regime treten. Wenn militärische Maßnahmen ergriffen werden, dürfen sie keinen umfassenderen Krieg auslösen. Diese Bedingungen mögen theoretisch zwar hinreichend klar sein, doch ein Urteil darüber, ob ihnen entsprochen worden ist, hängt von zwei äußerst schwierigen vorwegnehmenden Einschätzungen ab: Ist die Bedrohung so real, dass das Risiko gerechtfertigt ist, und wird ein künftiger Nutzen des Handelns die nur zu offenkundigen kurzfristigen Schäden überwiegen? Die Anstrengung, hier zu einem richtigen Urteil zu kommen und es in gutem Glauben zu fällen, setzt jede Demokratie und ihre politische Führung einem ungeheuren moralischen Risiko aus. Die Kosten eines Irrtums – wenn sich tatsächlich Massenvernichtungswaffen finden sollten – könnten unabsehbar sein.

IV

Terrorismus ist für eine liberale Demokratie desorientierend, weil er erstens ihre Fähigkeiten und Stärken zunichte zu machen scheint, die sich aus ihrer Freiheit ableiten. Er ist ferner desorientierend, weil freie Völker, die gewohnt sind, in Frieden zu leben, nur schwer eingestehen können, dass sie sich tatsächlich mit dem Bösen konfrontiert sehen.

Das führt mich, da ich jetzt zu meiner Schlussfolgerung komme, zu den Zwecken moralischer Erörterungen wie dieser. Moral ist wichtig, nicht nur, um die von uns verwendeten Mittel zu beschränken, sondern auch zur Definition der Identität, die wir verteidigen, und um das Böse zu benennen, vor dem wir stehen. Die Moral hat den Sinn, uns in die Lage zu versetzen, der Realität des Bösen zu begegnen, ohne seiner Logik zu erliegen, und es mit verfassungsmäßig regulierten kleineren Übeln zu bekämpfen, ohne den größeren Übeln zum Opfer zu fallen.

Eine liberale Demokratie besteht aus mehr als institutionellen Verfahrensweisen und Rechtsgarantien für die Beurteilung von Konflikten und die Regulierung von Gewalt. Warum sollten wir sonst den Glauben an ein solches politisches System bewahren? Warum würden wir uns um dieses System Gedanken machen, wenn es nur um Verfahrensfragen ginge? Wir machen uns Gedanken um die liberale Demokratie, weil die Verfahrensweisen die Rechte jedes Menschen schützen, der dazugehört. Wir machen uns Gedanken um Rechte, weil wir glauben, dass jedes Menschenleben es von Natur aus verdient, beschützt und bewahrt zu werden. Wir setzen mit Rechten dem Grenzen, was Mehrheiten tun können, weil wir glauben, dass nicht das größte Wohl der größten Zahl allein alle politischen Fragen entscheiden sollte. Wenn Mehrheiten sich unbedingt durchsetzen müssen, haben diejenigen Menschen, deren Rechte oder Interessen geschädigt werden, ein Recht auf Entschädigung und Wiedergutmachung. Wir glauben, dass man sich um die Stimmen unserer Mitbürger einzeln bemühen muss und dass ihre Ansichten eher mit Argumenten gesichert werden müssen als durch Zwang oder Bestechung. Ihr Recht auf gesetzliche Gerichtsverfahren und auf eine menschenwürdige Behandlung ist unabhängig von ihrem Verhalten und unter allen Umständen unwiderruflich. Wir glauben, dass selbst unsere Feinde als Menschen behandelt zu werden verdienen.

Dies sind nur einige der Dinge, an die wir glauben, und es ist nicht einfach, danach zu leben. Sie erlegen all denen beträchtliche Beschränkungen auf, die in unserem Namen Macht ausüben, so wie sie unseren Leidenschaften als Staatsbürgern und Einzelpersonen Beschränkungen auferlegen.

Das moralische Hauptproblem in liberalen Demokratien ist nicht das Fehlen oder der Verlust stabiler, klarer moralischer Werte, sondern dass man einfach innerhalb der realen Beschränkungen der Werte lebt, die wir haben. Diese Werte sind nicht relativ, zumindest nicht für uns, weil sie die Mindestbedingungen unseres Daseins als freie Völker darstellen.

Da dies Grundsätze sind, denen wir nie ganz entsprechen, erschaffen sie eine Form von Gesellschaft, von der als Bedingung ihrer Existenz verlangt wird, dass sie sich an einem beständigen institutionalisierten Prozess der Selbstrechtfertigung beteiligt. Gemessen an diesen Maßstäben, was jedem einzelnen Angehörigen geschuldet ist, versagen alle liberalen demokratischen Gesellschaften, ja mehr noch, sie wissen, dass sie versagen. Folglich sind sie unter den Regierungsformen insofern einzigartig, als sie mit den Worten von Leszek Kolakowski »unter endloser Anklage« stehen, und wenn sie diese Rechtfertigungsbürde nicht akzeptieren, gelingt es ihnen nicht, das moralische Leben zu führen, das sie selbst vorschreiben.[33]

Gesellschaften, die unter der endlosen Anklage der Selbstrechtfertigung stehen, neigen dazu, sich wegen ihres Erfolgs schuldig zu fühlen. Doch unser Erfolg ist nicht etwas, für das man sich schuldig fühlen sollte, und das Versagen anderer Gesellschaften ist nicht unsere Schuld. Es ist eine Illusion, an der die liberalen Demokraten überall auf der Welt und insbesondere die Amerikaner festhalten, zu glauben, wir seien für alle Übel dieser Welt verantwortlich und wären zugleich in der Lage, sie zu beseitigen, wenn wir nur den Willen dazu besäßen. Gewiss haben wir eine Verantwortung, für die Erleichterung der globalen Bürde der Ungerechtigkeit zu arbeiten. Doch wir sollten uns darüber im Klaren sein, dass wir dies aus Gründen der Gerechtigkeit tun und nicht in der trügerischen Hoffnung auf größere Sicherheit. Wenn wir mit Gerechtigkeit auf Ungerechtigkeit reagiert haben, haben wir kein Recht, dafür Frieden und ein gutes Gefühl zu erwarten. Das hieße, das Böse misszuverstehen und die wesensbedingte Verbindung des Terrorismus mit dem Nihilismus zu vergessen, seine Gleichgültigkeit gegenüber dem Leiden, das er angeblich repräsentiert, seine Verachtung für unsere Gesten der Wiedergutmachung.

Der Erfolg der liberalen Demokratie sollte nicht als Anklage gegen uns benutzt werden, und ebenso wenig sind wir berechtigt, ihn als Rechtfertigung unserer Überlegenheit in Anspruch zu nehmen. Die Tatsache, dass es uns gelungen ist, sowohl reich als auch frei zu werden, könnte zu sehr das Ergebnis einer bestimmten Geschichte und zufälligen Glücks sein, als dass wir glauben dürften, unser Leben sei ein Vorbild für andere Völker in anderen Kulturen. Doch die Tatsache, dass unsere Werte vielleicht keine weltweite Gültigkeit haben, macht sie für uns nicht weniger zwingend.

Die Herausforderung eines moralischen Lebens in der liberalen Demokratie besteht darin, dass wir als Einzelne den Verpflichtungen entsprechen, wie sie in unseren Verfassungen ausgedrückt sind, und uns darum bemühen sicherzustellen, dass diese Verpflichtungen auch gegenüber dem Benachteiligtsten unserer Mitbürger eingehalten werden. Unsere Aufgabe besteht überdies darin sicherzustellen, dass jeder von uns möglichst stark an unsere Gesellschaft glaubt. In einem Zeitalter, in dem Einzelpersonen durch Technologie und Freiheit monströse Vollmachten genießen, ihre Mitmenschen mit einem Harmagedon zu überziehen, ist es plötzlich keine Kleinigkeit mehr, dass manche unserer Mitbürger und manche der Nicht-Bürger, die unter uns leben, zufällig nicht an die liberale Demokratie glauben, sondern stattdessen eine Vielzahl paranoider Vorstellungen bekunden, die sich als Politik ausgeben. Die Existenz wilder, rachsüchtiger und trügerischer politischer Ansichten im Verein mit tödlicher Technologie im Besitz eines Einzelnen wird plötzlich zu einer Bedrohung von uns allen. Mich quält – wie es uns wohl allen ergeht – das Schreckgespenst des mit größter Macht ausgestatteten Einzelgängers als der grausamen Nemesis genau der moralischen Fürsorge, die unsere Gesellschaft der Idee des Individuums angedeihen lässt.

Es ist eine Bedingung unserer Freiheit, dass wir niemanden zwingen können, an die Voraussetzungen einer liberalen Demokratie zu glauben. Entweder überzeugen diese Voraussetzungen andere von allein, oder sie sind nutzlos. Sie lassen sich nicht verfügen, und wir verletzen alles, wofür wir einstehen, wenn wir diejenigen zwingen, die nicht glauben, was wir glauben. Jedenfalls können wir nicht alle Unzufriedenen in unserer Mitte vorsorglich einsperren.

Somit bleibt uns nur die Überzeugungskraft, was auch so sein sollte, verbunden mit der Pflicht, die jetzt dringlicher ist als zu jeder anderen Zeit in unserer Geschichte, jeden Einzelnen, der unter uns lebt, ob nun als Staatsbürger oder als Besucher, von zwei ganz einfachen Aussagen zu überzeugen: dass wir dazu verpflichtet sind, ihre Menschenwürde zu achten, und dass wir uns verteidigen werden, wenn sie unsere nicht respektieren. Die Bedrohung durch Terror, die Möglichkeit eines terroristischen Ergebnisses, wenn es uns nicht gelingt, einen dieser supermächtigen Einzelgänger zu überzeugen, macht die Bürde der Selbstrechtfertigung, die jedem Staatsbürger als Angehörigen einer liberalen Gesellschaft zukommt, schwerer, als sie je gewesen ist. Wir müssen in der Lage sein, uns zu verteidigen – mit Waffengewalt, aber auch mit der Kraft von Argumenten. Denn Waffen ohne Argumente werden vergeblich eingesetzt. Da ich an Argumente glaube und überdies überzeugt bin, dass Menschen einzigartig sind in ihrer Fähigkeit, sich durch gute Argumente überzeugen, verändern, sogar erlösen zu lassen, zweifle ich nicht daran, dass wir am Ende siegen werden.

Anmerkungen

Vorwort

1 Als ich dieses Buch schrieb, habe ich sehr davon profitiert, dass ich
zwei wichtige Diskussionsbeiträge noch vor ihrer Veröffentlichung
einsehen konnte: die Monographien von Jean Bethke Elshtain, *Just War
against Terror: The Burden of American Power in a Violent World*, New
York: Basic Books 2003, und Benjamin R. Barber, *Fear's Empire: War,
Terrorism and Democracy in an Age of Interdependence*, New York: Norton
2003. Siehe auch: William F. Schulz, *In Our Own Best Interest: How
Defending Human Rights Benefits Us All*, Boston: Beacon Press 2002;
William F. Schulz, *Tainted Legacy: 9/11 and the Ruin of Human Rights*,
New York: Thunder's Mouth Press / Nation Books 2003; Nat Hentoff,
The War on the Bill of Rights and the Gathering Resistance, New York:
Seven Stories Press 2003; Richard C. Leone / Greg Anrig Jr. (Hg.), *The
War on Our Freedoms: Civil Liberties in an Age of Terrorism*, New York:
BBS Public Affairs 2003; Cynthia Brown (Hg.), *Lost Liberties: Ashcroft
and the Assault on Personal Freedom*, New York: New Press 2003; David
Cole, *Enemy Aliens: Double Standards and Constitutional Freedoms in
the War on Terrorism*, New York: New Press 2003; Nancy Chang, *Das
Ende der Bürgerrechte? Die freiheitsfeindlichen Antiterrorgesetze der USA
nach dem 11. September*, Berlin: SchwarzerFreitag 2004; Stephen J.
Schulhofer, *The Enemy Within: Intelligence Gathering, Law Enforcement
and Civil Liberties in the Wake of September 11*, New York: Century
Foundation Press 2002; Barbara Olshansky / Greg Ruggiero, *Secret
Trials and Executions: Military Tribunals and the Threat to Democracy*,
New York: Seven Stories Press 2002; Richard Delgado, *Justice at War:
Civil Liberties and Civil Rights during Times of Crisis*, New York: New

York University Press 2003; Ronald Dworkin, *Freedom's Law: The Moral Reading of the American Constitution*, Cambridge, MA: Harvard University Press 1996; Richard Posner, *Law, Pragmatism and Democracy*, Cambridge, MA: Harvard University Press 2003; Ronald Dworkin, »Terror and the Attack on Civil Liberties«, *New York Review of Books*, 6. November 2003; Ronald Dworkin, »The Threat to Patriotism«, *New York Review of Books*, 28. Februar 2002; Ronald Dworkin, »The Trouble with Tribunals«, *New York Review of Books*, 25. April 2002; Aryeh Neieh, »The Military Tribunals on Trial«, *New York Review of Books*, 14. Februar 2002; Lawyers Committee for Human Rights, *A Year of Loss: Re-examining Civil Liberties since September 11*, 5. September 2002; Lawyers Committee for Human Rights, *Imbalance of Powers: How Changes to U.S. Law and Policy Since 9/11 Erode Human Rights and Civil Liberties*, März 2003 (beide Berichte finden sich unter http://www. lchr.org/us_law/loss/loss_main htm [Stand vom 4. Dezember 2003]); ACLU Zeugenaussage von Nadine Strossen, Präsidentin, und Timothy H. Edgar, Rechtsberater, bei einer Anhörung zu »America after 9/11: Freedom Preserved or Freedom Lost?« vor dem Justizausschuss des Senats, 18. November 2003, http://judiciary.senate.gov/schedule_all. cfm (Stand vom 4. Dezember 2003); American Civil Liberties Union, *Seeking Truth from Justice: PATRIOT Propaganda*, Juli 2003, http:// www.aclu.org/SafeandFree/SafeandFree.cfm?ID=13099&c=206 (Stand vom 4. Dezember 2003); ACLU, *Freedom under Fire: Dissent in Post 9.11 America*, Mai 2003, http://www.aclu.org/SafeandFree/ SafeandFree.cfm?ID=12581&c=206 (Stand vom 4. Dezember 2003); Amnesty International, USA, *The Threat of a Bad Example: Undermining International Standards as »War on Terror« Detentions Continue*, 19. August 2003, http://web.amnesty.org/library/Index/ ENGAMR511142003 (Stand vom 4. Dezember 2003); Human Rights Watch, *Presumption of Guilt: Human Rights Abuses of Post-September 11 Detainees*, August 2002, http://www.hrw.org/reports/2002/us911/ (Stand vom 4. Dezember 2003); Human Rights Watch, *Dangerous Dealings: Changes in U.S. Military Assistance after September 11*, 15. Februar 2002, http://www.hrw.org/reports/2002/usmil/ (Stand vom 4. Dezember 2003).

Erstes Kapitel

1 Cass R. Sunstein, *Designing Democracy: What Constitutions Do*, New York: Oxford University Press 2001, S. 6–8, 13–47. Dennis Thompson / Amy Gutmann, *Democracy and Disagreement*, Cambridge: Harvard University Press 1996, S. 41–49.

2 John Hart Ely, *Democracy and Distrust: A Theory of Judicial Review*, Cambridge, MA: Harvard University Press 1980, S. 4: »... die zentrale Funktion – und gleichzeitig das zentrale Problem – der juristischen Prüfung ist somit: Eine Institution, die nicht gewählt wurde oder in irgendeiner anderen Weise signifikante politische Verantwortung trägt, sagt den vom Volk gewählten Vertretern, dass sie nicht so regieren können, wie sie wollen. ... In Amerika ist dies ein ernst zu nehmender Vorwurf.«

3 William H. Rehnquist, *All the Laws but One. Civil Liberties in Wartime*, New York: Knopf 1998, S. 222.

4 *The Federalist* Nr. 51, http://memory.loc.gov/const/fed/fedpapers.html (Stand vom 4. Dezember 2003).

5 Wie ein Oberster Gerichtshof diese beiden Bedeutungen in Zeiten des Terrorismus ins Gleichgewicht zu bringen sucht, ist dargestellt in: A. Barak, »A Judge on Judging: The Role of a Supreme Court in a Democracy«, *Harvard Law Review* 116, Nr. 1, November 2002, S. 16–162 und insbesondere S. 36–46 und 148–160.

6 Ronald Dworkin, »Philosophy and Monica Lewinsky«, *New York Review of Books*, 9. März 2000; Ronald Dworkin, »Posner's Charges: What I Actually Said« (2000), http://www.nyu.edu/gsas/dept/philo/faculty/dworkin/ (Stand vom 4. Dezember 2003). Ronald Dworkin, *Freedom's Law: The Moral Reading of the American Constitution*, Cambridge, MA: Harvard University Press 1996, vs. Richard Posner, *The Problematics of Moral and Legal Theory*, Cambridge, MA: Harvard University Press 1999.

7 Peter Irons, *Justice at War*, New York: Oxford University Press 1983, S. 9–13, 57–64; David Cole, »An Ounce of Detention«, *American Prospect*, 9. September 2003.

8 *USA Today* / CNN Ergebnisse einer Meinungsumfrage (August 2003), http://www.lifeandliberty.gov/subs/s_people.htm (Stand vom 4. Dezember 2003). Auf die Frage: »Glauben Sie, dass die Bush-

Regierung zu weit gegangen ist, es ziemlich richtig gemacht hat oder nicht weit genug gegangen ist bei der Einschränkung von bürgerlichen Freiheitsrechten im Kampf gegen den Terrorismus?«, sagten zwischen 55 und 60 Prozent der Antwortenden: »ziemlich richtig«, und diese Zahl ist seit Juni 2002 stabil geblieben. 48 Prozent der Befragten glauben, dass im *Patriot Act* ein »ziemlich richtiges« Gleichgewicht zwischen Freiheit und Sicherheit gehalten werde.

9 David Cole, *Enemy Aliens*, New York: New Press 2003.

10 Zu dem Begriff eines »Feindes der menschlichen Rasse« vgl. die Diskussion in: Hannah Arendt, *Eichmann in Jerusalem. Ein Bericht von der Banalität des Bösen*, München: Piper 2000.

11 Ronald Dworkin, »Terror and Attack on Civil Liberties«, *New York Review of Books*, 6. November 2003.

12 Cole, *Enemy Aliens*, a.a.O.

13 *U.S. Justice Department Inspector General Report on Administrative Detention* (Juni 2003), http://www.usdoj.gov/oig/special/03-06/index. htm (Stand vom 4. Dezember 2003).

14 Robert D. Marcus/Anthony Marcus (Hg.), »The Army-McCarthy Hearings, 1954«, in: *American History Through Court Proceedings and Hearings*, Bd. 2, St. James, NY: Brandywine Press 1998, S. 136–151.

15 Dennis F. Thompson, *Political Ethics and Public Office*, Cambridge, MA: Harvard University Press 1987, S. 118; außerdem Dennis F. Thompson, »Democratic Secrecy«, *Political Science Quaterly* 114, Nr. 2, Sommer 1999, S. 181–193. Siehe auch *U.S. Senate Final Report of the Select Committee to Study Governmental Operations with Respect to Intelligence Activities*, Washington, D.C.: Government Printing Office 1976, S. 11–14.

16 Urteil des israelischen Obersten Gerichtshofes über die vom GSS (General Security Service) angewandten Verhörmethoden (6. September 1999):

»Darüber hinaus hat die ›Notwendigkeits‹-Verteidigung zur Folge, dass sie jemanden, der unter Bedingungen der ›Notwendigkeit‹ handelt, von seiner strafrechtlichen Verantwortung entbindet. Die ›Notwendigkeits‹-Verteidigung hat keinen zusätzlichen normativen Wert. Außerdem autorisiert sie nicht den Gebrauch physischer Mittel zu dem Zweck, den Vernehmungsbeamten die Erfüllung ihrer Pflichten unter Bedingungen der Notwendigkeit zu gestatten. Die Tatsache, dass eine bestimmte Handlung keine kriminelle Handlung darstellt (gemäß der ›Notwendigkeits‹-Verteidigung), autorisiert für sich genommen die Verwaltung nicht, diese Handlung auszuführen und damit die Menschenrechte zu verletzen.«

17 Michael Ignatieff, *Virtueller Krieg. Kosovo und die Folgen*, Hamburg: Rotbuch Verlag 2001, Zusammenfassung.

18 Euripides, *Medea*, Stuttgart: Philipp Reclam 1996.

19 Niccolò Machiavelli, *Der Fürst*, Essen: Magnus-Verlag 2004. Isaiah Berlin, »Die Originalität Machiavellis«, in: ders., *Wider das Geläufige. Aufsätze zur Ideengeschichte*, Frankfurt a. M.: Fischer Taschenbuch Verlag 1994, S. 93–157.

20 Isaiah Berlin, »Zwei Freiheitsbegriffe«, in: ders., *Freiheit. Vier Versuche*, Frankfurt a. M.: S. Fischer Verlag 1995, S. 247f.

»Wenn ich meine Freiheit bewahren will, genügt es nicht zu sagen, daß sie nur verletzt werden darf, wenn irgend jemand oder irgend etwas – der absolute Herrscher, die Volksversammlung, der ›König im Parlament‹, die Richter oder die Gesetze selbst – die Verletzung genehmigt. Ich muß vielmehr eine Gesellschaft errichten, in der es gewisse Freiheitsschranken gibt, die niemand überschreiten darf. Man mag diese Grenzen mit verschiedenen Namen belegen, man mag ihr Wesen auf diese oder jene Weise bestimmen: man mag sie natürliche Rechte nennen oder als das Wort Gottes bezeichnen, als ›Naturrecht‹, als Gebot der Nützlichkeit oder als Gebot der ›dauerhaften Interessen des Menschen‹; ich kann sie für a priori gültig halten oder sie zu eigenen letzten Zielen oder zu Zielen meiner Gesellschaft oder meiner Kultur erklären. Gemeinsam ist all diesen Regeln und Geboten, daß sie so allgemein akzeptiert werden und so tief im Wesen der Menschen, wie sie sich im Laufe der Geschichte entwickelt haben, verwurzelt sind, daß sie nun ein wesentliches Element dessen ausmachen, was wir als normales menschliches Wesen bezeichnen. Wirklicher Glaube an die Unverletzlichkeit eines Mindestmaßes von individueller Freiheit setzt eine solche absolute Position voraus. Denn klar ist, daß die individuelle Freiheit von der Herrschaft der Mehrheit wenig zu erhoffen hat; die Demokratie als solche setzt sich nicht unbedingt für sie ein, und im Laufe der Geschichte hat sie es bisweilen versäumt, die Freiheit zu schützen, während sie gleichzeitig doch ihren eigenen Prinzipien treu blieb. Es ist, so hat man bemerkt, den verschiedensten

Regierungsformen nur selten schwergefallen, ihre Untertanen zu veranlassen, das zu wollen, was die Regierung wollte. ›Der Triumph des Despotismus besteht darin, daß er die Sklaven zu dem Bekenntnis nötigt, sie seien frei.‹ Vielleicht bedarf es dazu nicht einmal des Zwangs; vielleicht erklären sich die Sklaven ernsthaft und aufrichtig für frei: und bleiben dennoch Sklaven. Vielleicht besteht der Hauptwert der politischen, der ›positiven‹ Rechte auf Beteiligung an der Regierung für die Liberalen darin, daß sich mit ihrer Hilfe schützen läßt, was sie, die Liberalen, für einen letzten Wert halten, nämlich die individuelle – ›negative‹ – Freiheit.«

21 Michael Ignatieff, »Genocide: An Essay«, in: Simon Norfolk, *For Most of It I Have No Words*, London: Dewi Lewis 1998.

22 John Stuart Mill, *Über Freiheit*, Frankfurt a. M.: Europäische Verlagsanstalt 1969, S. 16f.:

»Die Absicht dieses Essays ist es, ein sehr einfaches Prinzip geltend zu machen, nach dem das Maß von Zwang und Kontrolle im Verhältnis zwischen der Gesellschaft und dem Individuum bestimmt werden sollte, ob die angewandten Mittel physische Gewalt in der Form gesetzlicher Strafen oder der moralische Zwang der Öffentlichen Meinung sind. Dieses Prinzip lautet: Der einzige Zweck, der die Menschen, individuell oder kollektiv, berechtigt, in die Handlungsfreiheit eines der ihren einzugreifen, ist Selbstschutz. Die einzige Absicht, um deretwillen Macht rechtmäßig über irgendein Mitglied einer zivilisierten Gemeinschaft gegen seinen Willen ausgeübt werden kann, ist die, eine Schädigung anderer zu verhindern. Sein eigenes physisches oder moralisches Wohl ist kein ausreichender Grund. Er kann nicht rechtmäßig gezwungen werden, etwas zu tun oder zu unterlassen, weil es für ihn besser wäre, so zu handeln, weil es ihn glücklicher machen würde, weil so zu handeln nach der Meinung anderer klug oder sogar richtig wäre. Das sind gute Gründe, ihm Vorstellungen zu machen oder ihm vernünftig zuzureden oder ihn zu überreden oder ihn dringend zu bitten, nicht aber, ihn zu zwingen oder ihm Schaden zuzufügen, falls er sich anders verhält. Um das zu rechtfertigen, muß angenommen werden, daß das Verhalten, von dem man ihn abschrecken möchte, einem anderen schaden würde. Der einzige Teil seines Verhaltens, für den ein Mensch der Gesellschaft verantwortlich ist, ist der, der andere berührt. In dem Teil, der nur ihn selbst berührt, ist seine Unabhängigkeit im rechtlichen Sinne absolut. Über sich selbst, über seinen eigenen Körper und Geist, ist das Individuum souverän.«

23 Siehe Michael Ignatieff, *A Just Measure of Pain: Penitentiaries in the Industrial Revolution, 1780–1850*, New York: Pantheon 1978. Dort findet sich eine Diskussion beccarianischer und postbeccarianischer Strafrechtstheorien der Aufklärung.

24 Hannah Arendt, »Persönliche Verantwortung in der Diktatur«, in: dies., *Israel, Palästina und der Antisemitismus*, Berlin: Wagenbach 1991, S. 34–35.

25 Daniel Ellsberg, *Secrets: A Memoir of Vietnam and the Pentagon Papers*, New York: Viking 2002. Über die Karriere eines Zuträgers in der CIA berichtet Robert Baer, *See No Evil. The True Story of a Ground Soldier in the CIA's War on Terrorism*, New York: Crown Publishers 2002.

26 Siehe Michael Ignatieff (Hg.), *American Exceptionalism and Human Rights*, Princeton: Princeton University Press 2004.

Zweites Kapitel

1 Rein Mullerson, »Jus ad Bellum: Plus Ça Change (le Monde) Plus C'est la Même Chose (le Droit)?«, *Journal of Conflict and Security Law* 7, Nr. 2, 2002, S. 149–190.

2 Gabriel L. Negretto/José Antonio Aguilar Rivera, »Liberalism and Emergency Powers in Latin America: Reflections on Carl Schmitt and the Theory of Constitutional Dictatorship«, *Cardozo Law Review* 21, 2000, S. 1797.

3 Kathleen Sullivan, Tanner Lectures, gehalten an der Harvard University 2001–02, veröffentlicht unter dem Titel *The Tanner Lectures on Human Values*, Salt Lake City: University of Utah Press 2002.

4 John Locke, *Zwei Abhandlungen über die Regierung*, Kap. 14, Abschn. 160.

5 Pasquale Pasquino, »Locke on King's Prerogative«, *Political Theory* 26, Nr. 2, April 1998, S. 198–208.

6 Zu der Unterscheidung zwischen einer liberalen und einer republikanischen Einstellung gegenüber prärogativer Macht siehe Negretto/Aguilar Rivera, »Liberalism and Emergency Powers in Latin America«, a.a.O.

7 Abraham Lincoln, Brief an Erastus Corning und andere, 12. Juni 1863, in: Michael P. Johnson (Hg.), *Abraham Lincoln, Slavery and the Civil War: Selected Writings and Speeches*, Boston: Bedford/St. Martin's 2001, S. 247.

8 *Ex parte Milligan*, U.S. Supreme Court, 71 U.S. 2 (1866), http://www.law.uchicago.edu/tribunals/milligan.html (Stand vom 4. Dezember 2003).

9 Mark E. Neely Jr., *The Fate of Liberty: Abraham Lincoln and Civil Liberties*, New York: Oxford University Press 1991, S. 179–184.

10 William H. Rehnquist, *All the Laws but One. Civil Liberties in Wartime*, New York: Knopf 1998.

11 Jack Goldsmith/Cass R. Sunstein, »Military Tribunals and Legal Culture: What a Difference Sixty Years Makes« (Juni 2002), http://www.law.uchicago.edu/academics/publiclaw/index.html (Stand vom 4. Dezember 2003).

12 Zu Lincolns Auswirkung auf die Prärogative des Präsidenten siehe Larry Arnhart, »The Godlike Prince: John Locke, Executive Prerogative and the American Presidency«, *Presidential Studies Quaterly* 9, Nr. 2, Frühjahr 1979, S. 121–130.

13 Oren Gross, »Chaos and Rules. Should Responses to Violent Crises Always Be Constitutional?«, *Yale Law Journal* 112, März 2003, S. 1101.

14 *Amnesty International (Canada) Protecting Human Rights and Providing Security: Comments with Respect to Bill C-36* (Ottawa 2001), http://www. amnesty.ca/sept11/brief.PDF (Stand vom 4. Dezember 2003).

15 David Cole/James X. Dempsey, *Terrorism and the Constitution: Sacrificing Civil Liberties in the Name of National Security*, New York: New Press 2002.

16 Negretto/Aguilar Rivera, »Liberalism and Emergency Powers in Latin America«, a.a.O. Siehe auch Brian Loveman, *The Constitution of Tyranny: Regimes of Exception in Spanish America*, Pittsburgh: University of Pittsburgh Press 1993; Juan Linz/Alfred Stepan, *The Breakdown of Democratic Regimes*, Baltimore: Johns Hopkins University Press 1978.

17 Verfassung der USA, Artikel 1, Abschnitt 9.

18 Verfassung von Estland, 1991, Artikel 129, 130, 131, http://www.oefre. unibe.ch/law/icl/en00000_.html (Stand vom 4. Dezember 2003): »Im Falle einer Bedrohung des verfassungsmäßigen Regierungssystems kann das Parlament, auf einen Antrag des Präsidenten der Republik

oder der Regierung der Republik hin und mit einer Mehrheit, im ganzen Land einen Notstand ausrufen, der nicht länger als drei Monate andauern darf. Die Regeln für den Notstand sollen durch das Gesetz bestimmt werden. Während eines Notstands oder eines Kriegszustands können im Interesse der nationalen Sicherheit und öffentlichen Ordnung in den Fällen und in Übereinstimmung mit Verfahrensweisen, die gesetzmäßig vorgeschrieben sind, die Rechte und Freiheiten von Personen eingeschränkt und ihnen Pflichten auferlegt werden. Die Rechte und Freiheiten, die in Artikel 8, den Artikeln 11-18, Artikel 20 (3), Artikel 22, Artikel 23, Artikel 24 (2) und (4), Artikel 5, Artikel 27, Artikel 28, Artikel 36 (2), Artikel 40, Artikel 41, Artikel 9 und Artikel 51 (1) festgeschrieben sind, dürfen nicht eingeschränkt werden. Während eines Notstands oder eines Kriegszustands sollen weder Wahlen des Parlamentes, des Präsidenten der Republik oder der Regionalparlamente stattfinden, noch kann deren Autorität beendet werden. Die Autorität des Parlamentes, des Präsidenten der Republik oder der Regionalparlamente soll verlängert werden, falls sie während eines Notstands oder eines Kriegszustands enden sollte oder innerhalb von drei Monaten nach Ende eines Notstands oder eines Kriegszustands. In diesen Fällen sollen Neuwahlen innerhalb von drei Monaten nach Ende eines Notstands oder eines Kriegszustands angesetzt werden.« Verfassung der Republik Serbien, 1995, Artikel 67,89, http://unpan1. ur.org/intradoc/groups/public/documents/untc/unpan003694.htm (Stand vom 4. Dezember 2003): »In Zeiten einer unmittelbaren kriegerischen Bedrohung, eines Kriegszustands oder einer größeren Naturkatastrophe soll es möglich sein, das Verfügungsrecht über die Anteile an Ressourcen, die juristischen und natürlichen Personen gehören, gesetzlich einzuschränken oder besondere Weisen deren Gebrauchs festzusetzen, solange der Notstand andauert. Der Präsident der Republik soll: auf Antrag der Regierung hin, falls die Sicherheit der Republik Serbien, die Rechte und Freiheiten der Menschen und Staatsbürger oder die Arbeit der staatlichen Körperschaften und Behörden in einem Teil des Territoriums der Republik Serbien bedroht sind, den Notstand ausrufen und Erlasse zur Ergreifung von Maßnahmen, die unter diesen

Umständen notwendig sind, in Übereinstimmung mit der Verfassung und dem Gesetz verfügen;
Die Nationalversammlung darf während eines Kriegszustands, einer unmittelbaren kriegerischen Bedrohung oder eines Notstands nicht aufgelöst werden.«

19 Zu Odysseus und den Sirenen sowie zur Vorverpflichtung im Allgemeinen und im Verhältnis zu Verfassungen und zur Herrschaft des Rechts siehe Jon Elster, *Ulysses Unbound: Studies in Rationality, Precommitment and Constraints*, Cambridge: Cambridge University Press 2000, insbes. S. 104; siehe auch sein Buch *Ulysses and the Sirens: Studies in Rationality and Irrationality*, Cambridge: Cambridge University Press 1979, S. 36–40; siehe auch Homer, *Odyssee*, Buch 12, Z. 36–60.

20 Ronald Dworkin, »The Threat to Patriotism«, in: Craig Calhoun u. a. (Hg.), *Understanding September 11*, New York: New Press 2002, S. 273–285.

21 Abraham Lincoln, »Special Message to Congress«, 4. Juli 1861, Washington D. C.: Library of America 1989, S. 235.

22 Dieses Thema wird ausführlich behandelt in: Michael Ignatieff (Hg.), *American Exceptionalism and Human Rights*, Princeton: Princeton University Press 2004.

23 Sanford Levinson, »›Precommitment‹ and ›Post-Commitment‹: The Ban on Torture in the Wake of September 11« (Vortrag bei der Konferenz über Vorverpflichtungen an der juristischen Fakultät der Universität Texas, 20.–21. September 2002).

24 Ronald Dworkin, *Freedom's Law: The Moral Reading of the American Constitution*, Cambridge, MA: Harvard University Press 1996, Introduction; Richard A. Posner, *Law, Pragmatism and Democracy*, Cambridge, MA: Harvard University Press 2003, insbes. Kap. 8.

25 Posner, *Law, Pragmatism and Democracy*, a.a.O., S. 299.

26 John P. Roche, »Executive Power and Domestic Emergency: The Quest for Prerogative«, *Western Political Quarterly* 5, Nr. 4, Dezember 1952, S. 608.

27 Lincoln, »Special Message to Congress«, 4. Juli 1861, a.a.O.

28 Roche, »Executive Power and Domestic Emergency«, a.a.O.

29 Clinton L. Rossiter, *Constitutional Dictatorship: Crisis Government in Modern Democracies*, Princeton: Princeton University Press 1948.

30 Ebd.

31 Oren Gross, »The Normless and Exceptionless Exception: Carl Schmitt's Theory of Emergency Powers and the ›Norm-Exception‹ Dichotomy«, *Cardozo Law Review* 21, 2000, S. 1825.

32 *Prevention of Terrorism (Temporary Provisions) Act 1989*, http://www. hmso.gov.uk/acts/acts1989/Ukpga_19890004_en_1.htm (Stand vom 4. Dezember 2003), Abschnitt 27:5: »Die Verordnungen der Teile I bis V dieses Erlasses und des Unterabschnittes (6) (c) weiter unten sollen bis zum 22. März 1990 in Kraft bleiben und sollen dann enden, es sei denn, sie werden von einer Anordnung gemäß dem folgenden Abschnitt (6) weiter aufrechterhalten.« Abschnitt 27:6: »Der Außenminister kann mit einem Erlass anordnen – (a) dass alle oder irgendeine der Verordnungen, die zurzeit in Kraft sind (einschließlich derjenigen, die aufgrund einer Anordnung gemäß diesem Absatz oder dem Absatz (c) weiter unten in Kraft sind), während eines Zeitraums weiter in Kraft bleiben sollen, der zwölf Monate ab Wirksamwerden dieser Anordnung nicht überschreitet; (b) dass alle oder irgendeine der Verordnungen, die zurzeit in Kraft sind, außer Kraft gesetzt werden sollen; (c) dass alle oder irgendeine der Verordnungen, die zurzeit nicht in Kraft sind, wieder in Kraft treten und während eines Zeitraums in Kraft bleiben sollen, der zwölf Monate ab Wirksamwerden dieser Anordnung nicht überschreitet.«
Solche Klauseln gibt es nicht im *UK Terrorism Act 2000*, http://www.hmso.gov.uk/acts/acts2000/20000011.htm (Stand vom 4. Dezember 2003).

33 *Yaser Esam Hamdi v. Donald Rumsfeld*, U.S. Court of Appeal for the Fourth Circuit 296 F.3d 278; 2002 U.S. App. LEXIS 14012 (4th Cir. 12. Juli 2002), http://faculty.maxwell.syr.edu/tmkeck/Cases/ HamdivRumsfeld2002.htm (Stand vom 4. Dezember 2003); *Jose Padilla v. Donald Rumsfeld*, U.S. District Court for the Southern District of New York 243 F. Supp. 2d 42; 2003 U.S. Dist. LEXIS 3471, 11. März 2003, http://faculty.maxwell.syr.edu/tmkeck/Cases/ PadillavRumsfeld2003.htm (Stand vom 4. Dezember 2003).

34 Linda Greenhouse, »Justice to Hear Case of Detainees at Guantanamo«, *New York Times*, 11. November 2003; Linda Greenhouse, »It's a Question of Federal Turf«, *New York Times*, 12. November 2003.

35 Elster, *Ulysses Unbound*, a.a.O.

36 Robert H. Jacksons abweichende Meinung in *Terminiello v. City of*

Chicago 337 U.S. 1 (1949), http://caselaw.lp.findlaw.com/scripts/getcase. pl?court=US&vol=337&invol=1 (Stand vom 4. Dezember 2003).

37 Zu Schmitt siehe Mark Lilla, *The Reckless Mind: Intellectuals in Politics*, New York: New York Review of Books 2001, S. 47–77. Siehe auch den biographischen Essay über Schmitt von Gopal Balakrishnan, *The Enemy: An Intellectual Potrait of Carl Schmitt*, London: Verso 2000.

38 Zur Weimarer Reichsverfassung siehe Wolfgang J. Mommsen, *Max Weber und die deutsche Politik, 1890–1920*, Tübingen: Mohr 1974, Kap. 9.

39 Carl Schmitt, *Politische Theologie. Vier Kapitel zur Lehre von der Souveränität*, Berlin: Duncker & Humblot 1990.

40 Gross, »The Normless and Exceptionless Exception«, a.a.O.

41 Locke, *Zwei Abhandlungen über die Regierung*, Kap. 14, Abschn. 168, http://www.swan.ac.uk/poli/texts/locke/locke13.html (Stand vom 4. Dezember 2003).

42 Vgl. Michael Ignatieff, *Die Politik der Menschenrechte*, Hamburg: Europäische Verlagsanstalt 2002. Dort wird im ersten Kapitel die Rolle des Holocaust als »Ground Zero«, als Ausgangspunkt der Menschenrechte im Nachkriegseuropa, ausführlicher diskutiert.

43 Rehnquist, *All the Laws but One*, a.a.O., S. 9. Am berühmtesten wurde die Verwendung des Ausdrucks »höheres Recht« in der amerikanischen Politik 1850, als William H. Seward den Ausdruck »ein höheres Recht als die Verfassung« gebrauchte, um seine ablehnende Haltung gegenüber der Ausweitung der Sklaverei auf Gebiete der USA zu rechtfertigen.

44 *Lawless v. Ireland* (1961), in: *European Human Rights Report* 1, London: European Law Centre 1979, S. 15, § 22.

45 *Aksoy v. Turkey* (1997), in: *European Human Rights Report* 23, S. 553.

46 Wiener Erklärung und Aktionsprogramm, 14.–25. Juni 1993, http://www.ohchr.org/english/law/vienna.htm (Stand vom 10. März 2005): »Alle Menschenrechte sind universell, unteilbar und voneinander abhängig und miteinander verknüpft. Die internationale Gemeinschaft muss die Menschenrechte weltweit gerecht und in gleicher Weise, auf derselben Grundlage und mit demselben Nachdruck behandeln. Während die Bedeutung nationaler und regionaler Eigenheiten und verschiedener geschichtlicher, kultureller und religiöser Hintergründe Berücksichtigung finden muss, sind die Staaten, gleichwie ihre politischen, wirtschaftlichen und kulturellen Systeme aussehen, dazu

verpflichtet, alle Menschenrechte und Grundfreiheiten zu fördern und
zu schützen.«

47 Michael K. Addo/Nicholas Grief,»Does Article 3 of the European
Convention on Human Rights Enshrine Absolute Rights?«, *European
Journal of International Law* 4, 1998, S. 510–524.

48 Amartya Sen, *Development as Freedom*, New York: Knopf 1999,
S. 152–154, 180–182 (dt.: *Ökonomie für den Menschen. Wege zur
Gerechtigkeit und Solidarität in der Marktwirtschaft*, München/Wien:
Hanser 2000).

49 Brian Simpson, *Human Rights and the End of Empire: Britain and the
Genesis of the European Convention*, Oxford: Oxford University Press
2001; Andrew Moravcsik,»The Origins of International Human Rights
Regimes. Democratic Delegation in Postwar Europe«, *International
Organization* 54, Nr. 2, Frühjahr 2000, S. 217–252.

50 Jonathan Black-Branch,»The Derogation of Rights under the UK
Human Rights Act: Diminishing International Standards«, *Statute
Law Review* 22, Nr. 1, 2001, S. 71–81. Dieser Artikel weist darauf
hin, dass die Gesetzgebung Großbritanniens, die die Europäische
Konvention zum Schutze der Menschenrechte und Grundfreiheiten
in britisches Recht umsetzt, nicht die nach der Konvention geltenden
Schmälerungsverfahren einschließt und somit alle Rechte nach
entsprechender Gesetzgebung geschmälert werden können.

51 Albert O. Hirschman, *Abwanderung und Widerspruch. Reaktionen
auf Leistungsabfall bei Unternehmungen, Organisationen und Staaten*,
Tübingen: Mohr 1974.

52 R. St. J. MacDonald,»Derogations under Article 15 of the European
Convention on Human Rights«, *Columbia Journal of Transnational
Law* 36, 1997, S. 225–267:»Es gibt keine Sanktionen gegen einen
Staat, der ein Urteil nicht umsetzt, außer dem Ausschluss aus dem
Europarat.«

53 »A Conundrum for Austria – and for Europe«, *Economist*, 3. Februar
2000; der von der EU in Auftrag gegebene *Report by Martti Ahtisaari,
Jochen Frowein, and Marcelino Oreja* (angenommen in Paris am
8. September 2000) http://www.virtual-institute.de/en/Bericht-EU/
report.pdf (Stand vom 4. Dezember 2003). Die Autoren»erhielten
durch den Präsidenten des Europäischen Gerichtshofs für
Menschenrechte einen Auftrag von den XIV, ›auf der Basis einer

gründlichen Untersuchung einen Bericht abzufassen, der folgende Themen abdecken sollte: die Verpflichtung der österreichischen Regierung gegenüber den gemeinsamen europäischen Werten, insbesondere mit Blick auf die Rechte von Minderheiten, Flüchtlingen und Immigranten; die Entstehung und politische Natur der FPÖ‹.«

54 »Parliament in Italy Passes Immunity Law for Berlusconi«, *New York Times*, 18. Juni 2003; UN Commission on Human Rights, Report of the Special Commissioner on the Independence of Judges and Lawyers, *Civil and Political Rights, Including the Question of: Independence of Judiciary, Administration of Justice, Impunity* (31. Januar 2003), http://www.unhchr.ch/Huridocda/Huridocda.nsf/0/e27d4ccdfc6ef9a3c1256cf400570613?Opendocument (Stand vom 4. Dezember 2003).

55 Subrata Roy Chowdhury, *Rule of Law in a State of Emergency: The Paris Minimum Standards of Human Rights Norms in a State of Emergency*, London: Pinter Publishers 1989.

56 Der Interamerikanische Gerichtshof für Menschenrechte hat Folgendes beschlossen: Obwohl laut der amerikanischen Menschenrechtskonvention die Habeas-Corpus-Akte nicht als eines der in Zeiten des Notstands unantastbaren Rechte eingestuft wurde, kann sie in einem Notstand nicht aufgehoben werden. Siehe die Advisory Opinion No. 8, *Habeas Corpus in Emergency Situations*, I/A Court H.R. Series A No. 8 (1987), http://www1.umn.edu/humanrts/iachr/b_11_4h.htm (Stand vom 4. Dezember 2003).

57 John E. Finn, *Constitutions in Crisis: Political Violence and the Rule of Law*, New York: Oxford University Press 1991, S. 32.

58 Internationaler Pakt über bürgerliche und politische Rechte, Artikel 4, http://www.menschenrechtsbuero.de/html/iccpr.htm (Stand vom 3. März 2005).

59 Ebd.

60 Laura K. Donohue, *Counter-Terrorist Law and Emergency Powers in the United Kingdom, 1922–2000*, Dublin: Irish Academic Press 2001.

61 Im Jahr 2001 informierte die Regierung Großbritanniens den Europarat, dass sie sich von den Verpflichtungen, denen sie gemäß der Europäischen Konvention zum Schutze der Menschenrechte und Grundfreiheiten unterliegt, im Falle der Inhaftierung von Terrorverdächtigen lossagt. Siehe http://www.hmso.gov.uk/si/si2001/20013644.htm (Stand vom 9. März 2005); Laura K. Donohue,

»Civil Liberties, Terrorism and Liberal Democracy: Lessons from
the United Kingdom« (Diskussionspapier 2000–05, John F.
Kennedy School of Government, Harvard University, August 2000), http://
bcsia.ksg.harvard.edu/publication.cfm?program=CORE&ctype=
paper&item_id=79 (Stand vom 4. Dezember 2003).

62 Kenneth Roth,»USA: Neue Militärkommissionen bedrohen Rechte,
Glaubwürdigkeit«, *Human Rights Watch*, 15. November 2001, http://
www.hrw.org/press/2001/11/miltribsltr1115.htm (Stand vom 3. März
2005):»Die Verfügung des Präsidenten ruft große Besorgnis mit
Blick auf die Verpflichtungen hervor, denen die USA gemäß dem
Internationalen Pakt über bürgerliche und politische Rechte (ICCPR)
– den sie 1992 ratifiziert haben – unterliegen. Artikel 4 des ICCPR
erlaubt es einem Staat, Maßnahmen zu ergreifen, die Verpflichtungen
aus dem Pakt im Falle eines öffentlichen Notstands, der das Leben
der Nation bedroht und amtlich verkündet ist, außer Kraft setzen.
Die Verkündung eines nationalen Notstands durch die USA am
14. September könnte diese Bedingung erfüllt haben, obwohl nach
unserem Wissen der Generalsekretär der Vereinten Nationen darüber
nicht, wie gefordert, förmlich in Kenntnis gesetzt wurde.«
Louise Doswald-Beck, Generalsekretärin der Internationalen
Juristenkommission (ICJ),»Offener Brief an Präsident Bush über
Militärkommissionen« (6. Dezember 2001), http://www.icj.org./news.
php3?id_article=2609&lang=en (Stand vom 4. Dezember 2003):
»Es bleibt unklar, ob Ihre Regierung meint, sich in einem Notstand
zu befinden gemäß der Bedeutung des Artikels 4 des Internationalen
Pakts über bürgerliche und politische Rechte (ICCPR), der es den USA
erlauben würde, Maßnahmen zu ergreifen, die von einigen Vorgaben
des ICCPR abweichen. Gewiss wurde dem Generalsekretär der
Vereinten Nationen ein solcher Notstand nicht bekannt gegeben, wie es
Artikel 4(3) des ICCPR fordert. Falls die USA einen Notstand ausrufen
sollten, müsste dieser so schwerwiegend sein, dass er das Leben der
Nation bedrohte. Jegliche abweichende Maßnahme müsste nach den
Erfordernissen des Notstands strengstens notwendig sein.«

63 Ronald J. Daniels / Patrick Macklem / Kent Roach (Hg.), *The Security of
Freedom: Essays on Canada's Anti-Terrorism Bill*, Toronto: University of
Toronto Press 2001, S. 131–172.

64 Andrew Sabl,»Looking Forward to Justice: Rawlsian Civil

Disobedience and Its Non-Rawlsian Lesson«, *Journal of Political Philosophy* 9, Nr. 3, November 2001, S. 307–330.

Drittes Kapitel

1 Brian Loveman, *The Constitution of Tyranny: Regimes of Exception in Latin America*, Pittsburgh: University of Pittsburgh Press 1993, Kap. 1; »National Strategy for Homeland Security«, U.S. Government Office of Homeland Security (Juli 2002), http://www.whitehouse.gov/ homeland/book/ (Stand vom 4. Dezember 2003).

2 Sue Ann Presley, »Site of Crash is ›Hallowed Ground‹«, *Washington Post*, 11. September 2002; »White House Target of Flight 93, Officials Say«, CNN.com (Stand vom 4 Dezember 2003), 23. Mai 2002; Oliver Burkeman, »Al-Qaid› Captive May Have Been Planning Fifth Hijack«, *Guardian*, 12. Oktober 2002.

3 Harold Hongju Koh, »The Spirit of the Laws«, *Harvard International Law Journal* 43, 2002, S. 23: »In den Tagen danach fiel mir auf, wie viele Amerikaner – und wie viele Rechtsanwälte – geschlussfolgert zu haben scheinen, dass uns die Zerstörung von vier Flugzeugen und drei Gebäuden irgendwie in einen Naturzustand zurückversetzt habe, in dem weder Recht noch Gesetz herrscht. Tatsächlich haben wir über die Jahre ein ausgeklügeltes System nationaler und internationaler Gesetze, Institutionen, Regierungsformen und Entscheidungsverfahren gerade im Hinblick darauf entwickelt, dass sie in einer Zeit wie dieser zu Rate gezogen und befolgt und nicht ignoriert werden.«

4 Robert K. Murray, *Red Scare: A Study in National Hysteria, 1919–1920*, New York: McGraw Hill 1955.

5 Erst im Mai 1920 hat die National Popular Government League – eine Gruppe, die sich für die bürgerlichen Freiheitsrechte stark machte und sich aus Personen wie Felix Frankfurter und Zechariah Chafee zusammensetzte – ihren *Bericht über die illegalen Praktiken des Justiz-ministeriums der USA* veröffentlicht. Siehe Murray, *Red Scare*, a.a.O., S. 255.

6 Eric Lichtau, »U.S. Uses Terror Law to Pursue Crimes from Drugs to Swindling«, *New York Times*, 28. September 2003.

7 Belege für eine Wählerunterstützung der Regierungspositionen

bezüglich der bürgerlichen Freiheitsrechte liefert das Justizministerium, www.lifeandliberty.govs/subs_people.htm (Stand vom 4. Dezember 2003). Zu einer kritischen Bewertung der Daten siehe Alan F. Kay, »Catching Commercial Pollsters with Hands in the Cookie Jar«, *Polling Critic*, 18. September 2003, www.cdi.org/polling/26-patriot-act-cfm (Stand vom 4. Dezember 2003).

8 David A. Charters, »Democracy and Counter-Terrorism, Policy and Practice: Past and Present« (präsentiert bei der CASIS 2002, International Conference on the New Intelligence Order: Knowledge for Security and International Relations, Ottawa, September 2002).

9 Paul Berman, *Terror und Liberalismus*, Hamburg: Europäische Verlagsanstalt 2004, mit einer hervorragenden Analyse des islamischen Fundamentalismus; Lawrence Wright, »The Man behind Bin-Laden«, *New Yorker*, 16. September 2002.

10 Siehe Franco Venturi, *Roots of Revolution*, New York: Knopf 1960, S. 284–302, 587–679 (engl. Übersetzung des italienischen Originals *Il populismo russo*, Torino: Einaudi o. J.).

11 Die intellektuelle und kulturelle Stimmung des russischen Nihilismus wird gut dargestellt in: Joseph Frank, *Dostoevsky: The Mantle of the Prophet, 1871–1881*, Princeton: Princeton University Press 2002, S. 66f.

12 Geoffrey Hosking, *Russia and the Russians: A History*, Cambridge, MA: Harvard University Press, Belknap Press 2001, S. 308–319; Orlando Figes, *Die Tragödie eines Volkes. Die Epoche der russischen Revolution 1891 bis 1924*, Berlin: Berlin Verlag 1998; Dominique Venner, *Histoire du terrorisme*, Paris: Pygmalion 2002.

13 Zu Stolypin siehe Figes, *Die Tragödie eines Volkes*, a.a.O. Siehe Michael Ignatieff, *Das russische Album*, Köln: Kiepenheuer und Witsch 1989.

14 Zitiert nach Venturi, *Roots of Revolution*, a.a.O., S. 633.

15 Venner, *Histoire du terrorisme*, a.a.O., S. 28f.

16 Theda Skocpol, *States and Social Revolutions: A Comparative Analysis of France, Russia and China*, Cambridge: Cambridge University Press 1979, S. 47.

17 John E. Finn, *Constitutions in Crisis: Political Violence and the Rule of Law*, New York: Oxford University Press 1991, S. 139–178; M. Rainer Lepsius, »From Fragmented Party Democracy to Government by Emergency Decree and National Socialist Takeover: Germany«, in: Juan Linz/Alfred Stepan (Hg.), *The Breakdown of*

Democratic Regimes: Europe, Baltimore: Johns Hopkins University Press 1978, S. 34–79.

18 Richard J. Evans, *The Coming of the Third Reich*, London: Penguin 2003, S. 74, 193f. (dt.: *Das Dritte Reich*, München: Deutsche Verlags-Anstalt 2004).

19 Finn, *Constitutions in Crisis*, a.a.O., S. 139.

20 Evans, *The Coming of the Third Reich*, a.a.O., S. 97–102 (dt.: *Das Dritte Reich*).

21 Loveman, *The Constitution of Tyranny*, a.a.O., und Linz/Stepan (Hg.), *The Breakdown of Democratic Regimes*, a.a.O.

22 David Scott Palmer, »Democracy and Its Discontents in Fujimori's Peru«, *Current History* 99, Februar 2000, S. 60–65; James F. Rochlin, *Vanguard Revolutionaries in Latin America: Peru, Colombia, Mexico*, Boulder, Colo.: Lynne Rienner Publishers 2003, S. 37–39, 43, 70–71. Kees Koonings/Dirk Kruijt (Hg.), *Societies of Fear: The Legacy of Civil War, Violence and Terror in Latin America*, London: Zed Books 1999, S. 4–27, 141–167.

23 Michael Taussig, *Law in a Lawless Land: Diary of a Limpieza*, New York: New Press 2003.

24 Robert I. Rotberg (Hg.), *Creating Peace in Sri Lanka: Civil War and Reconciliation*, Washington, D.C.: Brookings Institution Press 1999; *Neelan Tiruchelvam, 1944–1999: Sri Lankan Visionary and World Citizen. Selected Tributes*, Colombo: International Centre for Ethnic Studies 2000.

25 Urteile des israelischen Obersten Gerichtshofes, insbesondere das Urteil von 1998 über die vom GSS (General Security Service) angewandten Verhörmethoden; Urteil des israelischen Obersten Gerichtshofes bezüglich des »zugewiesenen Wohnsitzes« (HCJ 7015/02; 7019/02); Urteil des israelischen Obersten Gerichtshofes bezüglich des Einsatzes von Zivilisten als menschliche Schilde (HCJ 2941/02); Urteil des israelischen Obersten Gerichtshofes bezüglich ziviler Ziele in der Region der West Bank (HCJ 3022/02); Urteil des israelischen Obersten Gerichtshofes bezüglich der Haftbedingungen im »Kzoit« Lager (HCJ 5591/02); Urteil des israelischen Obersten Gerichtshofes bezüglich der Operation Schutzschilde (HCJ 3116/02); Urteil des israelischen Obersten Gerichtshofes bezüglich der Zerstörung von Häusern (HCJ 2977/02).

26 War Resisters' International, »Kriegsdienstverweigerung in Israel: Ein nicht anerkanntes Menschenrecht. Bericht für das Menschenrechtskomitee betreffend Artikel 18 des Internationalen Paktes über zivile und politische Rechte«, 3. Februar 2003, http://www.wri-irg.org/de/co-isr-03.htm (Stand vom 4. März 2005).

27 Peter J. Katzenstein, »Left-Wing Violence and State Response: United States, Germany, Italy and Japan, 1960s–1990s« (Arbeitspapier für das Institute for European Studies, Januar 1998).

28 Yonah Alexander/Dennis A. Pluchinsky, *Europe's Red Terrorists: The Fighting Communist Organizations*, London: Frank Cass 1992.

29 Robert C. Meade, *Red Brigades: The Story of Italian Terrorism*, New York: St. Martin's Press 1990, S. 208–217.

30 Paddy Woodworth, *Dirty War, Clean Hands: ETA, the GAL and Spanish Democracy*, Cork: Cork University Press 2001.

31 Paddy Woodworth, »Why Do They Kill? The Basque Conflict in Spain«, *World Policy Journal*, Frühjahr 2001.

32 »The Compton Report: Report of the Enquiry into Allegations against the Security Forces of Physical Brutality in Northern Ireland Arising Out of Events on the 9th August, 1971« (November 1971); »The Hunt Report: Report of the Advisory Committee on Police In Northern Ireland« (1969); »The Gardiner Report: Report of a Committee to Consider, in the Context of Civil Liberties and Human Rights, Measures to Deal with Terrorism in Northern Ireland« (Januar 1975); »The Scarman Report: Violence and Civil Disturbances in Northern Ireland in 1969 – Report of Tribunal of Inquiry« (April 1972) – alle vier Berichte sind zu finden unter http://cain.ulst.ac.uk/issues/policy/polic. htm (Stand vom 4. Dezember 2003); D. G. Boyce, »Water for the Fish: Terrorism and Public Opinion«, in: Yonah Alexander/Alan O'Day (Hg.), *Terrorism in Ireland*, New York: St. Martin's Press 1984, S. 149–170.

33 Sir John Stevens, commissioner of the Metropolitan Police Service (Polizeipräsident von London), »Stevens Enquiry« (17. April 2003), http://cain.ulst.ac.uk/issues/collusion/stevens3/stevens3summary.htm (Stand vom 4. Dezember 2003).

34 Das Gesetz über politische Parteien, das ein Verbot der Batasuna-Partei erlaubt, wurde im Juni 2002 erlassen. Der offizielle Name des Gesetzes ist: Ley Orgánica 6/2002, de 27 de junio, de Partidos Políticos,

http://www.igsap.map.es/cia/dispo/lo6-02.htm (Stand vom
4. Dezember 2003).

35 Matthew Tempest,»Fourth Suspension for Stormont«, *Guardian*,
14. Oktober 2002; »Suspension of Devolved Government in Northern
Ireland: Joint Statement by the Prime Minister and the Taoiseach«
(14. Oktober 2002), http://www.britainusa.com/nireland/xq/asp/
SarticleType.21/Article_ID.664/qx/articles_show.htm (Stand vom
4. Dezemeber 2003).

36 John Gray, *Die falsche Verheißung. Der globale Kapitalismus und seine
Folgen*, Berlin: Alexander Fest Verlag 1999; Amitai Etzioni, *Die
Verantwortungsgesellschaft. Individualismus und Moral in der heutigen
Demokratie*, Frankfurt a.M.: Campus Verlag 1997.

37 Donatella della Porta, *Social Movements, Political Violence, and the State:
A Comparative Analysis of Italy and Germany*, New York: Cambridge
University Press 1995.

38 Elaine Scarry, *Who Defended the Country?*, Booton: Beacon Press 2003.

39 Zu der Unterscheidung zwischen ethnischem und bürgerlichem
Nationalismus oder Patriotismus siehe Michael Ignatieff, *Reisen in den
neuen Nationalismus*, Frankfurt a.M./Leipzig: Insel Verlag 1994, Kap. 1.

40 Eine Kritik der Unterscheidung ethnisch – bürgerlich findet sich bei
Bernard Yack, »The Myth of the Civic Nation«, *Critical Review* 10,
Nr. 2, Frühjahr 1996, S. 193–213.

41 Jack Goldsmith/Cass R. Sunstein,»Military Tribunals and Legal
Culture: What a Difference Sixty Years Makes« (Juni 2002), http://
www.law.uchicago.edu/academics/publiclaw/index.html (Stand vom
4. Dezember 2003).

42 Woodworth, *Dirty War, Clean Hands*, a.a.O.

43 »European Court of Human Rights Judgment in Case of *McCann and
others v. United Kingdom*«, 27. September 1995, in: *European Human
Rights Report* 21, 1996, S. 97.

44 U.S. Senate Committee on Governmental Affairs, *Summary of
Legislation to Establish a Department of Homeland Security* (September
2002), http://hsgac.senate.gov/homelandlawsummary.pdf (Stand vom
4. März 2005); »Arbeitnehmer-Arbeitgeber-Beziehungen. (Abschnitt
842) Die bestehenden Gesetze gestatten es dem Präsidenten, per
Verfügung eine Behörde aus dem Geltungsbereich des Gesetzes über
Tarifverhandlungen auszuschließen, wenn der Präsident feststellt,

dass die Anwendung eines solchen Gesetzes nicht mit der nationalen Sicherheit vereinbar ist. Abschnitt 842 gestattet eine solche Verfügung bezüglich einer Behörde, die an das Department versetzt wurde, wenn sich der Auftrag und der Verantwortungsbereich der Behörde wesentlich ändern. Der Präsident kann jedoch diese Bedingung aufheben, wenn er feststellt, dass ihre Anwendung beträchtliche negative Auswirkungen auf die Fähigkeit des Departments haben würde, die innere Sicherheit zu wahren, und wenn er dem Kongress 10 Tage vorher eine schriftliche Erklärung zukommen lässt.« David Firestone, »Lawmakers Move toward Compromise Curbing Worker Rights in New Department«, *New York Times*, 12. November 2002.

45 Sara Kehaulani Goo, »An ID with a High IQ: ›Smart Cards‹ Are in Demand as Concerns about Security Rise, but Privacy Issues Loom«, *Washington Post*, 23. Februar 2003; Zeugenaussage von Katie Corrigan, ACLU Legislative Council on the Establishment of a National ID Card (16. November 2001), http://www.aclu.org/Privacy/Privacy. cfm?ID=9254&c=39 (Stand vom 4. März 2005).

46 Alan Travis, »Ten Thousand to Test Eye Scan and Fingerprint Scheme«, *Guardian*, 12. November 2003.

47 Amitai Etzioni, *The Limits of Privacy*, New York: Basic Books 1999, Kap. 4.

48 Ronald J. Daniels / Patrick Macklem / Kent Roach (Hg.), *The Security of Freedom: Essays on Canada's Anti-Terrorism Bill*, Toronto: University of Toronto Press 2001.

49 Ian Cuthbertson, »Whittling Liberties«, *World Policy Journal* 18, Nr. 4, Winter 2001.

Viertes Kapitel

1 Omar Malik, *Enough of the Definition of Terrorism*, London: Royal Institute of International Affairs 2000.

2 Robert Jay Lifton, *Terror für die Unsterblichkeit. Erlösungssekten proben den Weltuntergang*, München / Wien: Hanser 2000.

3 Barry Goldwaters Rede anlässlich der Annahme der Nominierung als Präsidentschaftskandidat der Republikaner (Nationalversammlung der

Republikaner, Cow Palace, San Francisco, 1964): »Ich möchte Sie daran erinnern, dass Extremismus zur Verteidigung der Freiheit kein Laster ist! Und lassen Sie mich daran erinnern, dass Mäßigung beim Streben nach Gerechtigkeit keine Tugend ist.« in: William Rentschler, »Barry Goldwater: Icon of Political Integrity«, *USA Today*, März 2000, http://www.findarticles.com/cf_dls/m1272/2658_128/60868329/p6/article.jhtml?term (Stand vom 4. Dezember 2003).

4 Richard Hofstadter, *The Paranoid Style in American Politics and Other Essays*, Cambridge: Harvard University Press 1996; Daniel Levitas, *The Terrorist Next Door: The Militia Movement and the Radical Right*, New York: Thomas Dunne Books 2002, S. 2-4, 315-324; Gary Willis, *A Necessary Evil: A History of American Distrust of Government*, New York: Simon and Schuster 1999, S. 263–266.

5 Fred Schauer, »The Exceptional First Amendment«, in: Michael Ignatieff (Hg.), *American Exceptionalism and Human Rights*, Princeton: Princeton University Press 2004.

6 Michael Ignatieff, »The Torture Wars«, *New Republic*, 22. April 2002, S. 40–43; Paul Aussaresses, *Services spéciaux: Algérie 1955–1957*, Paris: Perrin 2001.

7 Joseph Frank, *Dostoevsky: The Mantle of the Prophet, 1871–1881*, Princeton: Princeton University Press 2002.

8 Margaret MacMillan, *Paris 1919: Six Months That Changed the World*, New York: Random House 2002, S. 11–14: »Von all den Ideen, die Wilson nach Europa brachte, war und blieb die der Selbstbestimmung die kontroverseste und undurchsichtigste. Während der Friedenskonferenz sandte die Leitung der amerikanischen Delegation in Wien wiederholt Nachfragen nach Paris und Washington, um den Begriff erklärt zu bekommen. Eine Antwort kam jedoch nie. Es war niemals leicht zu bestimmen, was Wilson meinte. ›Autonome Entwicklung‹, ›das Recht derer, die sich einer Autorität unterwerfen, bei ihrer eigenen Regierung mitzureden‹, ›die Rechte und Freiheiten kleiner Nationen‹, eine Welt, die ›jeder friedliebenden Nation, die – wie unsere – ihr eigenes Leben leben, ihre eigenen Institutionen bestimmen will‹, Sicherheit bietet: Die Phrasen strömten aus dem Weißen Haus und inspirierten Völker überall auf der Welt. Aber worauf liefen sie hinaus? Meinte Wilson nur eine Erweiterung demokratischer Selbstregierung, wie es manchmal schien? Zielte er wirklich darauf ab, dass jedes Volk,

das sich selbst eine Nation nannte, einen eigenen Staat haben sollte? In einer Stellungnahme, die er entwarf, aber nie gebrauchte, um die Amerikaner davon zu überzeugen, dass sie die Friedensvereinbarungen unterstützen sollten, hieß es: ›Wir sagen jetzt, dass all diese Völker das Recht haben, ihr eigenes Leben zu leben, unter den Regierungen, die sie selbst wählen. Das ist der amerikanische Grundsatz.‹ ... Je eingehender man Wilsons Begriff der Selbstbestimmung untersucht, desto mehr Schwierigkeiten tauchen auf. Lansing fragte sich: ›Welche Einheit hat der Präsident im Sinn, wenn er von ›Selbstbestimmung‹ spricht? Denkt er an eine Rasse, ein bestimmtes Gebiet oder eine Gemeinschaft?‹ ›Er wird Hoffnungen wecken, die niemals erfüllt werden können. Er wird, so fürchte ich, Tausende Menschenleben kosten. Letztlich wird er unweigerlich in Verruf geraten, der Traum eines Idealisten genannt werden, der die Gefahr nicht erkannte, bis es zu spät war, diejenigen, die den Grundsatz zu realisieren versuchen, im Zaum zu halten.‹« (S. 71, 75)

9 Paul Aussaresses / Robert L. Miller, *Battle of the Casbah: Terrorism and Counter-Terrorism in Algeria, 1955–57*, New York: Gazelle 2000; Alistair Horne, *A Savage War of Peace: Algeria 1954–1962*, London: Papermac 1996, S. 99–104, 128–146.

10 Monica Toft, *The Geography of Ethnic Conflict: Identity, Interests, and the Indivisibility of Territory*, Princeton: Princeton University Press 2003.

11 Eine typische Aussage der Hamas ist die folgende: »Wir werden Israel niemals anerkennen, aber es ist möglich, dass ein Waffenstillstand zwischen uns Tage, Monate oder Jahre währen könnte.« Mahmud al Zahar, Hamas-Führer in Gaza, zitiert nach Robert A. Pape, »The Strategic Logic of Suicide Terrorism«, *American Political Science Review* 97, Nr. 3, August 2003, S. 348.

12 Mary Ann Glendon, *Rights Talk: The Impoverishment of Political Discourse*, New York: Free Press 1991, S. 9.

13 Internationaler Pakt über bürgerliche und politische Rechte und Internationaler Pakt über wirtschaftliche, soziale und kulturelle Rechte, Artikel 1 von beiden: »Alle Völker haben das Recht auf Selbstbestimmung. Kraft dieses Rechts entscheiden sie frei über ihren politischen Status und gestalten in Freiheit ihre wirtschaftliche, soziale und kulturelle Entwicklung.«

14 John Locke, *Zwei Abhandlungen über die Regierung*.

15 Thomas Jefferson, Unabhängigkeitserklärung der Vereinigten Staaten
von Amerika, 4. Juli 1776: »Wir halten die nachfolgenden Wahrheiten
für klar an sich und keines Beweises bedürfend, nämlich: daß alle
Menschen gleich geboren; daß sie von ihrem Schöpfer mit gewissen
unveräußerlichen Rechten begabt sind; daß zu diesem Leben, Freiheit
und das Streben nach Glückseligkeit gehöre; daß, um diese Rechte zu
sichern, Regierungen eingesetzt sein müssen, deren volle Gewalten
von der Zustimmung der Regierten herkommen; daß zu jeder Zeit,
wenn irgend eine Regierungsform zerstörend auf diese Endzwecke
einwirkt, das Volk das Recht hat, jene zu ändern oder abzuschaffen,
eine neue Regierung einzusetzen, und diese auf solche Grundsätze zu
gründen, und deren Gewalten in solcher Form zu ordnen, wie es ihm
zu seiner Sicherheit und seinem Glück am zweckmäßigsten erscheint.
– Klugheit zwar gebiete, schon lange bestehende Regierungen nicht
um leichter und vorübergehender Ursachen willen zu ändern, und
dieser gemäß hat alle Erfahrung gezeigt, daß die Menschheit geneigter
ist, zu leiden, so lange Leiden zu ertragen sind, als sich selbst Rechte
zu verschaffen, durch Vernichtung der Formen, an welche sie sich
einmal gewöhnt. Wenn aber eine lange Reihe von Mißbräuchen und
rechtswidrigen Ereignissen, welche unabänderlich den nämlichen
Gegenstand verfolgen, die Absicht beweist, ein Volk dem absoluten
Despotismus zu unterwerfen, so hat dieses das Recht, so ist es dessen
Pflicht, eine solche Regierung umzustürzen, und neue Schutzwehren für
seine künftige Sicherheit anzuordnen.« http://www.verfassungen.de/us/
unabhaengigkeit76.htm (Stand vom 4. März 2005).

16 Tony Honore, »The Right to Rebel«, *Oxford Journal of Legal Studies* 8,
Nr. 1, 1988, S. 34–54; siehe auch David Miller, »The Use and Abuse of
Political Violence«, *Political Studies* 32, 1984, S. 401–419.

17 Resolution 1514 der Vollversammlung der Vereinten Nationen,
»Erklärung über die Gewährung der Unabhängigkeit an koloniale
Länder und Völker« (14. Dezember 1960), http://www.unhchr.ch/html/
menu3/b/c_coloni.htm (Stand vom 4. Dezember 2003):
Die Vollversammlung, *eingedenk* der in der Charta der Vereinten
Nationen verkündeten Entschiedenheit der Völker der Welt, den
Glauben an grundlegende Menschenrechte, an die Würde und den
Wert der menschlichen Person, an gleiche Rechte von Männern
und Frauen sowie von großen und kleinen Nationen zu bestätigen

und sozialen Fortschritt und höhere Lebensstandards in größerer
Freiheit zu fördern, *im Bewusstsein* der Notwendigkeit, Bedingungen
für Stabilität und Wohlergehen und friedliche und freundliche
Beziehungen, die auf dem Respekt der Grundsätze der gleichen
Rechte und der Selbstbestimmung aller Völker beruhen, sowie für die
allgemeine Anerkennung und Bewahrung der Menschenrechte und
Grundfreiheiten aller, unabhängig von Rasse, Geschlecht, Sprache oder
Religion, zu schaffen, *in Anerkennung* des leidenschaftlichen Verlangens
aller abhängigen Völker nach Freiheit und der entscheidenden Rolle
dieser Völker beim Erreichen ihrer Unabhängigkeit, *im Wissen* um
die zunehmenden Konflikte, die aus der Verweigerung oder der
Behinderung der Freiheit dieser Völker resultieren und die eine
ernst zu nehmende Bedrohung des Weltfriedens darstellen, *unter*
Berücksichtigung der Rolle der Vereinten Nationen, den Unabhängig-
keitsbewegungen in Mandats- und nicht selbstverwalteten Gebieten zu
helfen, *wissend*, dass die Völker der Welt das Ende des Kolonialismus
und all seiner Manifestationen glühend herbeisehnen, *überzeugt*, dass
das weitere Bestehen des Kolonialismus die Entwicklung internationaler
wirtschaftlicher Zusammenarbeit verhindert, die soziale, kulturelle
und wirtschaftliche Entwicklung abhängiger Völker aufhält und dem
Ideal der Vereinten Nationen von universellem Frieden widerstreitet,
bestätigend, dass Völker zu ihren eigenen Zwecken frei über ihre
natürlichen Reichtümer und Ressourcen verfügen können, unbeschadet
jeglicher Verpflichtungen, die aus internationaler wirtschaftlicher
Zusammenarbeit hervorgehen, welche auf Prinzipien wechselseitigen
Nutzens und internationalem Recht beruht, *im Glauben daran*, dass
man dem Befreiungsprozess nicht widerstehen und ihn nicht umkehren
kann und dass, um ernste Krisen zu vermeiden, der Kolonialismus und
alle damit verbundenen Praktiken der Trennung und Diskriminierung
beendet werden müssen, *erfreut* über die große Zahl von abhängigen
Gebieten, die in den letzten Jahren Freiheit und Unabhängigkeit erlangt
haben, und in Kenntnis der zunehmend mächtigen Entwicklungen in
Richtung Freiheit in solchen Gebieten, die die Unabhängigkeit noch
nicht erlangt haben, *überzeugt*, dass alle Völker ein unabweisbares
Recht auf vollständige Freiheit, auf die Ausübung ihrer Souveränität
und auf die Integrität ihres nationalen Territoriums haben, *verkündet*
feierlich die Notwendigkeit, den Kolonialismus in all seinen Formen und

Manifestationen rasch und bedingungslos zu beenden, und erklärt zu diesem Zweck:

1. Die Unterwerfung von Völkern unter ein fremdes Joch, fremde Herrschaft und Ausbeutung stellt eine Verweigerung grundlegender Menschenrechte dar, steht im Widerspruch zu der Charta der Vereinten Nationen und erschwert die Förderung des Weltfriedens und weltweiter Zusammenarbeit.

2. Alle Völker haben das Recht auf Selbstbestimmung; aufgrund dieses Rechtes bestimmen sie frei ihren politischen Status und verfolgen frei ihre wirtschaftliche, soziale und kulturelle Entwicklung.

3. Dass ein Volk politisch, wirtschaftlich, sozial oder hinsichtlich seiner Bildung unangemessen vorbereitet ist, sollte nie als Vorwand dafür dienen, die Unabhängigkeit hinauszuzögern.

4. Alle bewaffneten Handlungen oder repressiven Maßnahmen jeglicher Art, die sich gegen abhängige Völker richten, sollen aufhören, um ihnen zu ermöglichen, ihr Recht auf völlige Unabhängigkeit friedlich und frei auszuüben, und die Unverletzlichkeit ihres nationalen Territoriums soll respektiert werden.

5. In Mandats- und nicht selbstverwalteten Gebieten oder allen anderen Gebieten, die ihre Unabhängigkeit noch nicht erlangt haben, sollen sofortige Schritte unternommen werden, um den Völkern dieser Gebiete alle Macht bedingungslos und vorbehaltlos zu übertragen, in Übereinstimmung mit ihrem frei geäußerten Wunsch und Willen, ohne jede Unterscheidung nach Rasse, Konfession oder Farbe, mit dem Ziel, ihnen den Genuss vollständiger Freiheit und Unabhängigkeit zu ermöglichen.

6. Jeder Versuch, der auf die teilweise oder vollständige Zerschlagung der territorialen Integrität eines Landes abzielt, ist unvereinbar mit der Charta und den Grundsätzen der Vereinten Nationen.

7. Alle Staaten sollen die Bestimmungen der Charta der Vereinten Nationen, der Allgemeinen Erklärung der Menschenrechte und der vorliegenden Erklärung auf der Grundlage von Gleichheit, Nichteinmischung in die inneren Angelegenheiten irgendeines Staates und Respekt vor den souveränen Rechten aller Völker und ihrer territorialen Integrität gewissenhaft und strikt befolgen.

Resolution 2908 der Vollversammlung der Vereinten Nationen, »Implementierung der Erklärung über die Gewährung der

Unabhängigkeit an koloniale Länder und Völker« (2. November 1972), http://www.un.org/documents/ga/res/27/ares27.htm (Stand vom 4. Dezember 2003):
Tief betroffen darüber, dass zwölf Jahre nach Annahme der Erklärung viele Gebiete immer noch unter kolonialer und fremder Herrschaft stehen und dass Millionen unterdrückte Menschen unter Bedingungen rücksichtsloser und unverhohlener kolonialistischer und rassistischer Repression leben, *mit tiefem Bedauern* über die ungebrochene Weigerung von Kolonialmächten, insbesondere Portugal und Südafrika, der Erklärung und anderen relevanten Resolutionen bezüglich der Dekolonialisierung nachzukommen, insbesondere denen, die sich auf die von Portugal beherrschten Gebiete, Namibia und Südrhodesien, beziehen, *mit starkem Bedauern* über die Politik der Staaten, die, ungeachtet der relevanten Resolutionen des Sicherheitsrates, der Generalversammlung und des Sonderkomitees zum Stand der Umsetzung der Erklärung über die Gewährung der Unabhängigkeit an koloniale Länder und Völker, fortfahren, mit den Regierungen Portugals und Südafrikas und mit dem unrechtmäßigen rassistischen Minderheitsregime in Südrhodesien zusammenzuarbeiten ... 5. *Versichert nochmals*, dass das Fortbestehen des Kolonialismus in all seinen Formen und Manifestationen – darunter Rassismus, Apartheid und Aktivitäten, die, von fremden ökonomischen und anderen Interessen gesteuert, Kolonialvölker ausbeuten, sowie das Führen von Kolonialkriegen, um nationale Befreiungsbewegungen der Kolonialgebiete in Afrika zu unterdrücken – unvereinbar mit der Charta der Vereinten Nationen, der Allgemeinen Erklärung der Menschenrechte und der Erklärung über die Gewährung der Unabhängigkeit an koloniale Länder und Völker ist und eine Bedrohung für den internationalen Frieden und die internationale Sicherheit darstellt; 6. *Beteuert nochmals*, dass sie die Legitimität des Kampfes der Kolonialvölker und der Völker unter Fremdherrschaft um Ausübung ihres Rechtes auf Selbstbestimmung und Unabhängigkeit mit allen ihnen zur Verfügung stehenden notwendigen Mitteln anerkennt, und nimmt befriedigt zur Kenntnis, dass die nationalen Befreiungsbewegungen in den Kolonialgebieten, besonders in Afrika, sowohl durch ihren Kampf als auch durch Wiederaufbauprogramme auf ihrem Weg zur nationalen Unabhängigkeit ihrer Länder Fortschritte gemacht haben ... 8. *Drängt* alle Staaten und die spezialisierten Behörden und anderen Organisationen inner-

halb des Systems der Vereinten Nationen dazu, allen Völkern, die in den Kolonialgebieten um Freiheit und Unabhängigkeit ringen, und all denen, die unter Fremdherrschaft leben – insbesondere den nationalen Befreiungsbewegungen in den Gebieten Afrikas –, moralische und materielle Hilfe zu gewähren, in Absprache, wie es angemessen erscheint, mit der OAU; 9. *Fordert* alle Staaten dazu auf, direkt und durch ihr Handeln in den spezialisierten Behörden und anderen Organisationen innerhalb des Systems der Vereinten Nationen den Regierungen Portugals und Südafrikas und dem unrechtmäßigen rassistischen Minderheitsregime in Südrhodesien jegliche Hilfe vorzuenthalten oder ihnen weiterhin zu verweigern, bis diese ihre Politik der Kolonialherrschaft und rassistischen Diskriminierung aufgeben.

18 Hurst Hannum, *Autonomy, Sovereignty, and Self-Determination: The Accommodation of Conflicting Rights*, Philadelphia: University of Pennsylvania Press 1990, S. 14–26.

19 Adam Roberts/Richard Guelff, *Documents on the Laws of War*, Oxford: Oxford University Press 2000.

20 Christopher Greenwood, »Terrorism and Humanitarian Law – the Debate over Additional Protocol 1«, in: Conor Gearty (Hg.), *Terrorism*, Aldershot: Dartmouth 1996, S. 187–207.

21 Eitan Felner/Michael Ignatieff, »Human Rights Leaders in Conflict Zones: A Case Study of the Politics of ›Moral Entrepreneurs‹« (Carr Center Study and forthcoming Center for Public Leadership Working Paper, August 2003).

22 Michael Walzer, *Gibt es den gerechten Krieg?*, Stuttgart: Klett-Cotta 1982, Kap. 9–10.

23 Che Guevara, *Œuvres I: Textes militaires*, Paris: Maspero 1968, S. 98 (dt.: Ernesto Che Guevara, *Ausgewählte Werke in Einzelausgaben*, Bd. 1: *Guerillakampf und Befreiungsbewegung*, Dortmund: Weltkreis-Verlag 1986), zitiert in: Jaques Freymond/Thierry Hentsch, *On Mediating Violence. Armed Political Movements and Humanitarian Principles*, Geneva: ICRC 1973.

24 Mao Tse-Tung, »Über den langdauernden Krieg«, in: ders., *Vom Kriege. Die kriegswissenschaftlichen Schriften*, Gütersloh: Bertelsmann Sachbuchverlag 1969:
S. 219f.: »Diese wohlbekannte Theorie, der zufolge die ›Waffen allein entscheidend sind‹, entspringt einer mechanistischen Einstellung

gegenüber der Frage des Krieges und einer völlig subjektiven und einseitigen Denkweise. Unsere Anschauungen stehen den ihren unversöhnlich gegenüber. Wir sehen nicht allein die Waffen, sondern auch die Menschen. Die Waffenausrüstung ist ein wichtiger Faktor im Krieg, aber doch nicht der entscheidende; Menschen, nicht Waffen, entscheiden. Der Kampf der Kräfte ist ein Messen nicht bloß der militärischen und ökonomischen Stärke, sondern auch der menschlichen Stärke und des Kampfgeistes. Schließlich sind es ja Menschen, die die militärische und ökonomische Macht einsetzen. Wenn die große Mehrheit der Chinesen, der Japaner und der Menschen in der übrigen Welt auf der Seite unseres Widerstandskrieges gegen Japan steht – wie kann man dann Japans militärische und ökonomische Macht, die in Wahrheit nur von einer kleinen Minderheit gewaltsam ausgeübt wird, als Überlegenheit werten? Wenn man es aber nicht kann, wird dann nicht China, obwohl es nur eine relativ unterlegene militärische und ökonomische Macht einsetzen kann, zum Überlegenen? Es besteht kein Zweifel daran, daß China stetig an militärischer und ökonomischer Stärke zunehmen wird, immer vorausgesetzt, es hält den Widerstandskrieg und die Einheitsfront aufrecht. Was den Feind betrifft, so wird er – zermürbt durch den langen Krieg und durch die inneren und äußeren Widersprüche – in militärischer und ökonomischer Hinsicht zwangsläufig den umgekehrten Weg gehen. Gibt es unter diesen Umständen irgendeinen Grund, warum China nicht die Oberhand gewinnen kann? Das ist nicht einmal alles. Wenn man bisher von der militärischen und ökonomischen Stärke anderer Länder auch noch nicht sagen kann, sie werde offen und in größerem Umfange für unsere Sache eingesetzt – gibt es irgendeinen Grund, warum das in Zukunft nicht der Fall sein sollte? Und wenn Japan sich einmal nicht nur allein China gegenübersieht, wenn ein oder mehrere Länder unverhohlen ihr beträchtliches militärisches und wirtschaftliches Potential defensiv oder offensiv gegen Japan einsetzen und uns offen unterstützen, wird dann unsere Überlegenheit nicht noch größer sein? Japan ist ein kleines Land, der Krieg, den es führt, ist reaktionär und unmenschlich; deshalb wird es sich außenpolitisch mehr und mehr isolieren. China ist ein großes Land, sein Krieg ist gerecht und fortschrittlich, und es wird mehr und mehr internationale Hilfe erhalten. Gibt es also auch nur einen Grund, warum die langfristige Entwicklung dieser Faktoren das Kräfteverhältnis zwischen uns und dem Feind nicht entscheidend verschieben sollte?«

S. 232f.: »Ein großer nationaler revolutionärer Krieg wie der unsere kann ohne eine umfassende und tiefgreifende politische Mobilisierung nicht gewonnen werden. Vor dem Ausbruch des Widerstandskrieges hatte man es versäumt, die Massen für den Widerstand gegen Japan politisch zu mobilisieren. Das war ein verhängnisvoller Fehler, da China damit dem Gegner von vornherein den ersten Zug überließ. Nach dem Beginn des Krieges war die politische Mobilisierung keineswegs weitreichend oder gar tiefgreifend zu nennen. Erst das Geschützfeuer unseres Feindes und die Bomben, die seine Flugzeuge abwarfen, rückten den Krieg in das Bewußtsein des Volkes. Das war freilich auch eine Art Mobilisierung – sie aber wurde vom Feind geleistet und war nicht unser Verdienst. Selbst heute leben die Leute in den abgelegenen Gegenden, in die der Donner der Geschütze nicht dringt, ihr ruhiges Leben weiter, als sei nichts geschehen. Dieser Zustand muß sich ändern; sonst können wir unseren Kampf auf Leben und Tod nicht siegreich beenden. Wir dürfen keinen weiteren Zug mehr an den Gegner verlieren, sondern müssen im Gegenteil diesen Zug, die politische Mobilisierung, voll ausspielen, um die Oberhand über den Feind zu gewinnen. Dieser Zug ist von lebenswichtiger und erstrangiger Bedeutung; und verglichen mit ihm, ist unsere Unterlegenheit in waffentechnischer und anderer Hinsicht nur sekundär. Die Mobilisierung des einfachen Volkes im ganzen Land wird einen riesigen Ozean schaffen, in dem der Feind ertrinken muß; wird Bedingungen sichern, die unsere Unterlegenheit hinsichtlich der Bewaffnung und anderer Dinge wettmachen, und wird die Grundlage bilden, die notwendig ist, um alle Schwierigkeiten in diesem Kriege zu überwinden. Wenn wir den Sieg erringen wollen, müssen wir im Widerstandskrieg, in der Einheitsfront und im langfristigen Krieg ausharren. Alles das aber ist untrennbar mit der Mobilisierung des einfachen Volkes verknüpft.«

S. 262f.: »Wir hingegen behaupten, daß diese Pluspunkte auf der gegnerischen Seite wirkungslos gemacht werden können und daß dieser Prozeß schon im Gange ist. Die wichtigste Methode, sie auszuschalten, besteht darin, die japanischen Soldaten politisch für uns zu gewinnen. Anstatt ihren Stolz zu verletzen, sollten wir für ihn Verständnis zeigen und ihn in die richtigen Kanäle lenken. So können wir beispielsweise durch milde Behandlung unserer Kriegsgefangenen den japanischen Soldaten die Augen über ihre Führer öffnen, deren Aggression sich auch gegen ihr eigenes Volk richtet.«

25 Human Rights Watch, *Sowing Terror: Atrocities against Civilians in Sierra Leone* 10, Nr. 3, Juli 1998; Mark Doyle, »Sierra Leone: Rebels Profit from Terror Tactics«, *Guardian*, 9. Juli 1999.

26 Zitiert nach www.anc.org.za/ancdocs/history/mk/geneva.html (Stand vom 4. Dezember 2003).

27 Ich habe einige dieser Misshandlungen in der BBC-Dokumentation *Getting Away with Murder* (BBC 2 Television Correspondent Series, 1999) belegt.

28 »Further Submissions and Responses by the ANC to Questions Raised by the Commission for Truth and Reconciliation« (12. Mai 1997) unter http://www.anc.org.za/ancdocs/misc/trc2.html (Stand vom 4. Dezember 2003).

29 Freymond / Hentsch, *On Mediating Violence*, a.a.O.

30 Human Rights Watch, »The Sri Lankan Conflict and Standards of Humanitarian Law« (April 1992), http://www.hrw.org/reports/1993/ WR93/Hrw-09.htm (Stand vom 7. März 2005).

31 Physicians for Human Rights, *Endless Brutality: Ongoing Human Rights Violations in Chechnya* (23. Januar 2001), http://www.phrusa. org/research/chechnya/chech_rep.html (Stand vom 4. Dezember 2003). Amnesty International, *Russian Federation: Human Rights Report* (Januar 2002), http://web.amnesty.org/web/ar2002.nsf/eur/ russian+federation!Open (Stand vom 4. Dezember 2003). Human Rights Watch, *Human Rights Watch Briefing Paper to the Fifty-ninth Session of the UN Commission on Human Rights on the Human Rights Situation in Chechnya* (7. April 2003), http://www.hrw.org/ backgrounder/eca/chechnya/ (Stand vom 4. Dezember 2003).

32 Somini Sengupta, »Terror Persists as Congolese Await UN Force«, *New York Times*, 4. Juni 2003; Lynne Duke, »Whispers of Genocide, and Again, Africa Suffers Alone«, *Washington Post*, 29. Juni 2003.

33 ABC / PBS Interview mit Osama bin Laden, Mai 1998; Osama bin Ladens Erklärung vom 7. Oktober 2001; Mohammed Attas »Abschiedsbrief«, veröffentlicht am 29. September 2001, http://abcnews.go.com/sections/world/DailyNews/attaletter_1.html (Stand vom 4. Dezember 2003).

34 Pape, »The Strategic Logic of Suicide Terrorism«, a.a.O., S. 343–361.

35 UNDP, Arab Human Development Report, 2003: »Building a Knowledge Society« (New York: UNDP, Regional Bureau for Arab States, 2003); UNDP, Arab Human Development Report, 2002: »Creating Opportunities for Future Generations« (New York: UNDP, Regional Bureau for Arab States, 2003).

36 George W. Bush, »President Bush Discusses Freedom in Iraq and the Middle East« (Rede anlässlich des 20. Geburtstags der Organisation *National Endowment of Democracy*, U.S. Chamber of Commerce, Washington, D.C., 6. November 2003), http://www.ned.org/events/anniversary/oct1603-Bush.html (Stand vom 7. März 2005).

37 Noah Feldman, *After Jihad: America and the Struggle for Islamic Democracy*, New York: Farrar, Straus and Giroux 2003; Noah Feldman, »A New Democracy: Enshrined in Faith«, *New York Times*, 13. November 2003.

38 Paddy Woodworth, *Dirty War, Clean Hands: ETA, the GAL and Spanish Democracy*, Cork: Cork University Press 2001.

39 Laura K. Donohue, *Counter-Terrorist Law and Emergency Powers in the United Kingdom, 1922–2000*, Dublin: Irish Academic Press 2001; R.F. Foster, *Modern Ireland, 1600–1972*, New York: Viking Penguin 1988.

40 *Neelan Tiruchelvam, 1944–1999: Sri Lankan Visionary and World Citizen. Selected Tributes*, Colombo: International Centre for Ethnic Studies 2000.

41 Michael Rubner, »The Oslo Peace Process through Three Lenses«, *Middle East Policy* 6, Nr. 2, Oktober 1998.

42 Human Rights Watch, *Human Rights and Algeria's Presidential Elections* (April 1999), http://www.hrw.org/backgrounder/mena/algeria-election-0499.htm (Stand vom 4. Dezember 2003); James Ciment, *Algeria: The Fundamentalist Challenge*, New York: Facts on File 1997, S. 169–197.

43 J. Bowyer Bell, *Terror Out of Zion: Irgun Zvai Leumi, LEHI, and the Palestinian Underground, 1929–1949*, New York: St. Martin's Press 1977, S. 169–173.

44 Larry Collins/Dominique Lapierre, *O Jerusalem*, New York: Simon and Schuster 1972, S. 272–281, 337 (dt.: *O Jerusalem*, Reinbek b. Hamburg: Rowohlt Verlag 1975).

45 Caleb Carr, *The Lessons of Terror*, New York: Random House 2002, S. 213–215 (dt.: *Terrorismus – die sinnlose Gewalt. Historische Wurzeln*

und Möglichkeiten der Bekämpfung, München: Heyne 2002); Michael Ignatieff,»Barbarians at the Gate«, *New York Times Book Review*, 17. Februar 2002.

46 International Crisis Group, *Islamic Social Welfare Activism in the Occupied Palestinian Territories: A Legitimate Target?* (2. April 2003), http://www.reliefweb.int/library/documents/2003/icg-opt-02apr.pdf (Stand vom 4. Dezember 2003); Neil MacFarquhar,»To U.S., a Terrorist Group, to Lebanese, a Social Agency«, *New York Times*, 28. Dezember 2001.

47 »Court Move for Total Batasuna Ban«, CNN, 4. September 2002; »Basque Party to Fight Ban«, BBC News, 29. August 2002;»Police Storm Basque Separatists' Headquarters«, *Guardian*, 28. August 2002; »Bill Bans ETA Political Wing«, *Agence France Press*, 26. Juni 2002. Siehe auch Europarat, Political Affairs Committee, Doc. 9526, »Restrictions on Political Parties in the Council of Europe Member States« (17. Juli 2002), http://assembly.coe.int/Documents/WorkingDocs/doc02/EDOC9526.htm (Stand vom 4. Dezember 2003). Siehe auch Anthony Richards,»Terrorist Groups and Political Fronts: The IRA, Sinn Fein, the Peace Process and Democracy«, *Terrorism and Political Violence* 13, Nr. 4, Winter 2001, S. 72–89; John Finn,»Electoral Regimes and the Proscription of Anti-Democratic Parties«, *Terrorism and Political Violence* 12, Nr. 3–4, Herbst/Winter 2000, S. 51–77.

48 Finn,»Electoral Regimes and the Proscription of Anti-Democratic Parties«, a.a.O.; Europarat,»Restrictions on Political Parties«, a.a.O.; Urteile des Europäischen Gerichtshofs für Menschenrechte zu dem Fall *Refah Partisi (Wohlfahrtspartei) und andere v. Türkei* (31. Juli 2001 und 13. Februar 2003), beide unter: http://cmiskp.echr.coe.int/tkp197/portal.asp?sessionId=1473940&skin=hudoc-en&action=request (Stand vom 15. März 2005).

49 Briefe führender Politiker des Quebec mit der Bitte um Inkraftsetzung des *War Measure Act* (15.–16. Oktober 1971): Brief von Robert Bourassa, Premier des Quebec, Brief von Jean Drapeau, Bürgermeister von Montreal, und Lucien Saulnier, Vorsitzender des Exekutivkomitees der Stadt Montreal, Brief von M. St. Pierre, Polizeidirektor von Montreal, alle einzusehen unter http://www2.marianopolis.edu/quebechistory/docs/october/letters.htm (Stand vom 4. Dezember 2003).

50 *European Court of Human Rights Ireland v. United Kingdom (1978)*, 2 EHRR 25.

51 Sir John Stevens, commissioner of the Metropolitan Police Service (Polizeipräsident von London),»Stevens Enquiry« (17. April 2003), http://cain.ulst.ac.uk/issues/collusion/stevens3/stevens3summary.htm (Stand vom 4. Dezember 2003).

52 Urteil des israelischen Obersten Gerichtshofes über die vom GSS (General Security Service) angewandten Verhörmethoden, 6. September 1999; Urteil des israelischen Obersten Gerichtshofes bezüglich des »zugewiesenen Wohnsitzes« (HCJ 7015/02; 7019/02); Urteil des israelischen Obersten Gerichtshofes bezüglich des Einsatzes von Zivilisten als menschliche Schilde (HCJ 2941/02); Urteil des israelischen Obersten Gerichtshofes bezüglich ziviler Ziele in der Region der West Bank (HCJ 3022/02); Urteil des israelischen Obersten Gerichtshofes bezüglich der Haftbedingungen im »Kzoit« Lager (HCJ 5591/02); Urteil des israelischen Obersten Gerichtshofes bezüglich der Operation Schutzschilde (HCJ 3116/02); Urteil des israelischen Obersten Gerichtshofes bezüglich der Zerstörung von Häusern (HCJ 2977/02).

Fünftes Kapitel

1 Zu anarchistischer Gewalt in den 1890er Jahren siehe Dominique Venner, *Histoire du terrorisme*, Paris: Pygmalion 2002, S. 13–17.

2 Joseph Conrad, *Der Geheimagent. Eine einfache Geschichte*, mit einem Nachwort von Hans Mayer, Frankfurt a. M. / Olten / Wien: Büchergilde Gutenberg 1987.

3 M. Bakunin / S. Nechaev, *Catechism of a Revolutionary* (1868), in: Basil Dmytryshyn (Hg.), *Imperial Russia: A Source Book, 1700–1917*, Hinsdale, Ill.: Dryden Press 1974; Iwan Turgenjew, *Väter und Söhne*, Zürich: Manesse Verlag 1992. Turgenjews Figur Basarow ist das Porträt eines Nihilisten nicht als Terrorist, sondern als materialistischer Zyniker, der den *bien pensant* liberalen Gemeinplätzen feindlich gegenübersteht.

4 Joseph Frank, *Dostoevsky: The Mantle of the Prophet, 1871–1881*, Princeton: Princeton University Press 2002, Kap. 4, 26; S. 65–86, 475–496.

5 Fjodor M. Dostojewski, *Die Dämonen*, München: Piper 1912.

6 Die beste Darstellung der Motivation islamischer Terroristen gibt

Jessica Stern, *Terror in the Name of God: Why Religious Militants Kill*, New York: Harper Collins 2003.

7 Hays Parks Memorandum on Executive Order 12333 and Assassination, 1989; found through Carr Center program on the Use of Force, http://www.ksg.harvard.edu/cchrp/Use%20of%20Force/October%202002/Parks_final.pdf (Stand vom 4. Dezember 2003).

8 Peter Taylor, *Behind the Mask: The IRA and Sinn Fein*, New York: TV Books 1997; Tim Pat Coogan, *The IRA: A History*, New York: Palgrave MacMillan 2002.

9 Mark Juergensmeyer, *Terror im Namen Gottes. Ein Blick hinter die Kulissen des gewalttätigen Fundamentalismus*, Freiburg i. Br.: Herder 2004.

10 John Esposito, *Unholy War: Terror in the Name of Islam*, Oxford: Oxford University Press 2002, S. 26–70; John Kelsay/James Turner Johnson (Hg.), *Just War and Jihad: Historical and Theoretical Perspectives on War and Peace in Western and Islamic Traditions*, New York: Greenwood Press 1991.

11 Juergensmeyer, *Terror im Namen Gottes*, a.a.O.; Stern, *Terror in the Name of God*, a.a.O.

12 ABC/PBS John Miller, Interview mit Osama bin Laden, Afghanistan, Mai 1998.

13 Ebd.; Rohan Gunaratna, *Inside Al Qaeda: Global Network of Terror*, New York: Columbia University Press 2002.

14 Ehud Sprinzak, »Rational Fanatics«, *Foreign Policy*, September/Oktober 2000; Joseph Lelyveld, »All Suicide Bombers Are Not Alike«, *New York Times Magazine*, 28. Oktober 2001.

15 Mohammed Attas »Abschiedsbrief«, *New York Times*, 29. September 2001; Pam Belluck, »A Mundane Itinerary on the Eve of Terror«, *New York Times*, 5. Oktober 2001.

16 ABC/PBS John Miller, Interview mit Osama bin Laden, Afghanistan, Mai 1998.

17 Anti-Defamation League, »September 11 and Arab Media: The Anti-Jewish and Anti-American Blame Game« (November 2001), http://www.adl.org/presrele/ASInt_13/3965_13.asp (Stand vom 4. Dezember 2003); David Aaronovitch, »The New Anti-Semitism«, *Observer*, 22. Juni 2003.

18 Afrikanischer Nationalkongress, Erklärung gegenüber der Wahrheits-

und Versöhnungskommission (August 1996). Wahrheits- und Versöhnungskommission Südafrikas,»Findings on the ANC« (Oktober 1998), http://www.anc.org.za/ancdocs/misc/trctoc.html (Stand vom 4. Dezember 2003).

19 Judy Dempsey,»Jewish Settlers May Raise Stakes«, *Financial Times*, 11. Oktober 2000; Human Rights Watch,»Erased in a Moment: Suicide Bombing Attacks against Civilians« (Oktober 2002), S. 54–57, http://www.hrw.org/reports/2002/isrl-pa/ (Stand vom 4. Dezember 2003).

20 »Report of the Secretary-General prepared pursuant to General Assembly resolution ES10/10 (Report on Jenin)« (30. Juli 2002), http://www.un.org/peace/jenin/ (Stand vom 4. Dezember 2003).

21 Fritz Morris,»Security, Intelligence Reform and Civil Liberties in the United States: September 11, 2001, through a Historical Lens« (unveröffentlichter Essay, Carr Center for Human Rights Policy, Kennedy School of Government, Harvard University, Juni 2002); Select Committee to Study Government Operations with Respect to Intelligence Activities, U.S. Senate, *Alleged Assassination Plots Involving Foreign Leaders* (Church Committee Report), Interim Report, 20. November 1975, Washington D.C.: U.S. Government Printing Office 1975; William Colby, *Honorable Men: My Life in the CIA*, New York. Simon and Schuster 1978.

22 Robert Baer, *See No Evil: The True Story of a Ground Soldier in the CIA's War on Terrorism*, New York: Crown Publishers 2002.

23 Matthew Whitehead,»The Foreign Intelligence Surveillance Act of 1978 – a Tool for Security?« (eingereicht bei der ISP-224-Klasse, Kennedy School of Government, Harvard University, Herbst 2002); Philip Shenon,»Paper Court Comes to Life over Secret Tribunal's Ruling on Post-9/11 Powers«, *New York Times*, 27. August 2002; Philip Shenon,»Secret Court to Give Senate Wiretap Ruling«, *New York Times*, 12. September 2002.

24 Paul Aussaresses/Robert L. Miller, *Battle of the Casbah: Terrorism and Counter-Terrorism in Algeria, 1955–57*, New York: Gazelle 2000; Alistair Horne, *A Savage War of Peace: Algeria 1954–1962*, London: Papermac 1996.

25 Michael Ignatieff, *A Just Measure of Pain: The Penitentiary in the Industrial Revolution*, New York: Pantheon 1978.

26 Eric J. Hobsbawm, »Barbarei: eine Gebrauchsanleitung«, in: ders., *Wieviel Geschichte braucht die Zukunft?*, München: Carl Hanser Verlag 1998.

27 UN-Übereinkommen gegen Folter und andere grausame, unmenschliche oder erniedrigende Behandlung oder Strafe vom 10. Dezember 1984 (mit der Resolution 39/46 der Vollversammlung vom 10. Dezember 1984 angenommen und zur Unterschrift, Ratifizierung und Zustimmung vorgelegt, in Kraft getreten am 26. Juni 1987 gemäß Artikel 27), http://www.auswaertiges-amt.de/www/de/infoservice/download/pdf/mr/folter.pdf (Stand vom 8. März 2005), Art. 2, Abs. 2: »Außergewöhnliche Umstände gleich welcher Art, sei es Krieg oder Kriegsgefahr, innenpolitische Instabilität oder ein sonstiger öffentlicher Notstand, dürfen nicht als Rechtfertigung für Folter geltend gemacht werden.«

28 Dana Priest/Barton Gellman, »U.S. Decries Abuse but Defends Interrogations«, *Washington Post*, 26. Dezember 2002; Alan Cooperman, »CIA Interrogation under Fire«, *Washington Post*, 28. Dezember 2002; Peter Selvin, »U.S. Pledges Not to Torture Terror Suspects«, *Washington Post*, 27. Juni 2003.

29 Mark Bowden, »The Dark Art of Interrogation: A Survey of the Landscape of Persuasion«, *Atlantic Monthly*, Oktober 2003.

30 Duncan Campbell, »U.S. Sends Suspects to Face Torture«, *Guardian*, 12. März 2002. Rajiv Chandrasekaran/Peter Finn, »U.S. behind Secret Transfer of Terror Suspects«, *Washington Post*, 11. März 2002; Priest/Gellman, »U.S. Decries Abuse but Defends Interrogations«, a.a.O.; Laura K. Donohue, »The British Traded Rights for Security, Too«, *Washington Post*, 6. April 2003.

31 Sanford Levinson, »›Precommitment‹ and ›Post-Commitment‹: The Ban on Torture in the Wake of September 11« (Vortrag bei der Konferenz über Vorverpflichtungen an der juristischen Fakultät der Universität Texas, 20.–21. September 2002).

32 Alan Dershowitz, »Is There a Torturous Road to Justice?«, *Los Angeles Times*, 8. November 2001; Alan Dershowitz, »When All Else Fails, Why Not Torture?«, *American Legion Magazine*, Juli 2002; Alan Dershowitz, *Why Terrorism Works: Understanding the Threat, Responding to the Challenge*, New Haven: Yale University Press 2002, S. 131–164.

33 Urteil des israelischen Obersten Gerichtshofes über die vom GSS (General Security Service) angewandten Verhörmethoden, September

1999, Erklärung des Gerichtspräsidenten A. Barak, http://www.
us-israel.org/jsource/Society_&_Culture/GSS.html (Stand vom
4. Dezember 2003):
»Wir wollen nun vom Allgemeinen zum Besonderen kommen. Ohne
Umschweife gesagt, ist Schütteln eine verbotene Untersuchungsmethode. Es schädigt den Körper des Verdächtigen. Es verletzt seine
Würde. Es ist eine gewalttätige Methode, die nicht Teil einer rechtlichen Untersuchung ist. Es geht über das, was notwendig ist, hinaus.
Selbst der Staat hat nicht argumentiert, dass das Schütteln eine ›gewöhnliche‹ Untersuchungsmethode ist, die jeder Vernehmungsbeamte
(in der GSS oder der Polizei) anwenden darf. Das uns vorliegende
Plädoyer machte geltend, dass die Rechtfertigung des Schüttelns sich in
der ›Notwendigkeits‹-Verteidigung findet. Mit diesem Argument wollen
wir uns weiter unten befassen. Auf jeden Fall gibt es keinen Zweifel
darüber, dass das Schütteln nicht in Fällen eingesetzt werden darf, in
denen keine ›Notwendigkeit‹ herrscht, oder Teil einer ›gewöhnlichen‹
Untersuchung sein darf. … Vor dem Gericht wurde dargelegt, dass eine
der angewandten Untersuchungsmethoden darin besteht, den Verdächtigen für Zeitspannen von fünf Minuten auf Zehenspitzen hocken
zu lassen. Der Staat hat diese Praxis nicht abgestritten. Dies ist eine
verbotene Untersuchungsmethode. Sie dient keinem der Untersuchung
innewohnenden Zweck. Sie ist erniedrigend und verletzt die menschliche Würde eines Individuums.
Zu dem oben Gesagten müssen wir hinzufügen, dass in der ›Shabach‹-
Position alle angeführten Methoden gleichzeitig zur Anwendung
kommen. Ihre Kombination verursacht an und für sich besonderen
Schmerz und Leiden. Dies ist eine schädliche Methode, insbesondere,
wenn sie über einen längeren Zeitraum hin angewandt wird. Aus
diesem Grunde ist diese Methode nicht Teil der Vernehmungspraxis.
Es ist eine inakzeptable Methode.
Unsere Schlussfolgerung lautet deshalb: Gemäß der bestehenden
Gesetzeslage besitzen weder die Regierung noch die Leitung der
Sicherheitsdienste die Autorität, Anweisungen zu geben und Freibriefe
auszustellen, die den Gebrauch von freiheitsberaubenden physischen
Mitteln während des Verhörs von Verdächtigen, denen feindliche
terroristische Aktivitäten unterstellt werden, betreffen und die über die
allgemeinen Richtlinien hinausgehen, die aus dem Begriff eines Verhörs

abgeleitet werden können. Entsprechend besitzt der individuelle GSS-Vernehmungsbeamte – wie jeder Polizeibeamte – nicht die Autorität, physische Mittel einzusetzen, die die Freiheit des Verdächtigen während des Verhörs verletzen, es sei denn, diese Mittel sind mit der Verhöridee wesenhaft verknüpft und sind sowohl gerecht als auch vernünftig. Diese Entscheidung beginnt mit einer Beschreibung der schwierigen Wirklichkeit, in der sich Israel hinsichtlich seiner Sicherheit vorfindet. Wir wollen das Urteil damit abschließen, dass wir uns dieser rauen Wirklichkeit zuwenden. Es ist uns bewusst, dass diese Entscheidung den Umgang mit der Realität nicht erleichtert. Dies ist das Schicksal der Demokratie, da nicht alle Mittel in ihr annehmbar sind und ihr nicht all die Praktiken offen stehen, die von ihren Feinden angewandt werden. Obwohl eine Demokratie oft mit einer auf dem Rücken gebundenen Hand kämpfen muss, behält sie nichtsdestotrotz die Oberhand. Die Herrschaft des Rechts zu bewahren und die Freiheit eines Individuums anzuerkennen, stellt einen wichtigen Teil ihres Verständnisses von Sicherheit dar. Letzten Endes stärken sie ihren Geist und ihre Kraft und ermöglichen es ihr, ihre Schwierigkeiten zu überwinden.«

34 Lawrence Wright, »The Man behind bin Laden: How an Egyptian Doctor Became a Master of Terror«, *New Yorker*, 16. September 2002.

35 Michel Rio, *Le perchoir du perroquet*, Paris: Balland 1983, ein Roman über Folter und ihre psychischen Auswirkungen.

36 Jean Améry, *Jenseits von Schuld und Sühne*, in: ders., *Werke in 9 Bänden*, Bd. 2, Stuttgart: Klett-Cotta 2002.

37 Ebd. Siehe auch Owen Bowcott, »September 11 Blamed on Trail of State Torture«, *Guardian*, 30. Januar 2003, zur Rolle der Folter in äpyptischen Gefängnissen.

38 Zu Primo Levi siehe Carole Angier, *The Double Bond: Primo Levi, a Biography*, New York: Viking 2002.

Sechstes Kapitel

1 George Tenet, »The Worldwide Threat in 2003: Evolving Dangers in a Complex World«, Aussage vor dem Senate Select Intelligence Committee (Ausschuss für nachrichtendienstliche Fragen) (11. Februar 2003), http://www.ceip.org/files/nonprolif/resources/intelligence.

asp (Stand vom 4. Dezember 2003); Direktor der CIA, *Unclassified Report to Congress on the Acquisition of Technology Relating to Weapons of Mass Destruction and Advanced Conventional Munitions, 1 January Through 30 June 2003* (November 2003), http://www.nti.org/e_research/official_docs/cia/cia110303.pdf (Stand vom 4. Dezember 2003); *Iraq's Weapons of Mass Destruction – The Assessment of the British Government* (24. September 2002), http://www.number-10.gov.uk/output/Page271.asp (Stand vom 4. Dezember 2003).

2 Jason Pate, »Anthrax and Mass Casualty Terrorism: What Is the Bioterrorist Threat after September 11?«, *U.S. Foreign Policy Agenda*, November 2001.

3 Zum Westfälischen Frieden siehe Stephen D. Krasner, *Sovereignty: Organized Hypocrisy*, Princeton: Princeton University Press 1999, S. 107–115.

4 Matthew Bunn, »Preventing Nuclear Terrorism«, Belfer Center for Science and International Affairs und Nuclear Threat Initiative (21. Oktober 2003), www.nti.org (Stand vom 4. Dezember 2003).

5 CNN, »Timeline: UK Ricin Terror Probe« (23. Januar 2003), http://www.cnn.com/2003/WORLD/europe/01/15/ricin.timeline/ (Stand vom 4. Dezember 2003); Helen Gibson, »The Algerian Factor«, *Time Europe*, 27. Januar 2003.

6 United States Commission on National Security/Twenty-first Century Phase 1 Report, »New World Coming: American Security in the Twenty-first Century« (15. September 1999), 50-51, http://www.fas.org/man/docs/nwc/ (Stand vom 8. März 2005).

7 Oliver Burkeman, »US Scientist Is Suspect in Anthrax Investigation«, *Guardian*, 20. Februar 2002; BBC News, »Anthrax Killer Is US Defence Insider«, 18. August 2002.

8 Peter Jennings, »The Kennedy Assassination: Beyond Conspiracy«, ABC News Special Report, 20. November 2003.

9 Robert Jay Lifton, *Destroying the World to Save It: Aum Shinrikyo, Apocalyptic Violence and the New Global Terrorism*, New York: Henry Holt and Co. 1999, S. 25–27, 37–43 (dt.: *Terror für die Unsterblichkeit. Erlösungssekten proben den Weltuntergang*, München/Wien: Hanser 2000).

10 Scott Anderson, »The Makeover«, *New York Times Magazine*, 19. Januar 2003.

11 Die gescheiterten oder scheiternden Staaten, die möglicherweise nicht in der Lage sind, Terroristen eine Zuflucht zu verweigern, wären die folgenden: Kongo, Sierra Leone, Liberia, Somalia, Burundi, Afghanistan, Pakistan, Abchasien, Georgien, Tadschikistan, Kirgistan, Moldavien und Kolumbien. Michael Ignatieff, »Intervention and State Failure«, *Dissent*, Winter 2002, S. 115–123; Larry Diamond, »Winning the New Cold War on Terrorism: The Democratic-Governance Imperative« (Institute for Global Democracy, Policy Paper No. 1, März 2002), http://www.911investigations.net/document277.html (Stand vom 4. Dezember 2003); Jeffrey Herbst, »Let Them Fail: State Failure in Theory and Practice, Implications for Policy«, in: Robert Rotberg (Hg.), *When States Fail: Causes and Consequences*, Princeton: Princeton University Press 2004; Gerald B. Helman / Steven R. Ratner, »Saving Failed States«, *Foreign Policy*, Nr. 89, Winter 1992–93, S. 3–20.

12 Benjamin R. Barber, *Imperium der Angst. Die USA und die Neuordnung der Welt*, München: Beck 2003.

13 Larry Diamond, »How to Win the War«, *Hoover Digest*, Nr. 1, Winter 2002; Diamond, »Winning the New Cold War on Terrorism«, a.a.O.

14 Noah Feldman, *After Jihad: America and the Struggle for Islamic Democracy*, New York: Farrar, Straus and Giroux 2003.

15 George W. Bush, »President Bush Discusses Freedom in Iraq and the Middle East« (Rede anlässlich des 20. Geburtstags der Organisation *National Endowment of Democracy*, U.S. Chamber of Commerce, Washington, D. C., 6. November 2003), http://www.ned.org/events/anniversary/oct1603-Bush.html (Stand vom 7. März 2005).

16 International Crisis Group (ICG), »Pakistan: The Dangers of Conventional Wisdom« (12. März 2002); ICG, »Pakistan: Madrasas, Extremism and the Military (29. Juli 2002); ICG, »Pakistan: Transition to Democracy« (3. Oktober 2003); ICG, »Pakistan: Mullahs and the Military« (20. März 2003), http://www.intl-crisis-group.org/home/index.cfm?id=1267&1=1 (Stand vom 4. Dezember 2003).

17 Resolutionen des UNO-Sicherheitsrats 1368 (12.9.2001) und 1373 (28.9.2001), http://www.state.gov/p/io/rls/othr/2001/4899.htm und http://www.state.gov/p/io/rls/othr/2001/5108.htm (Stand vom 4. Dezember 2003).

18 Peter Slevins, »U.N. Vote Removes Sanctions on Libya«, *Washington*

Post, 13. September 2003; Gary Younge / Brian Whitaker, »Lockerbie Relatives See UN End Libya Sanctions«, *Guardian*, 13. September 2003.

19 Tenet, »The Worldwide Threat in 2003«, a.a.O.; CIA-Dokument über das Atomprogramm Nordkoreas, ohne Titel, November 2002, Archiv der NSA (National Security Agency), http://www.gwu.edu/ ~nsarchiv/NSAEBB/NSAEBB87/nk22.pdf (Stand vom 4. Dezember 2003); Larry A. Niksch, »North Korea's Nuclear Weapons Program«, *Congressional Research Issue Brief 91141* (27. August 2003), http://fpc. state.gov/documents/organization/24045.pdf (Stand vom 4. Dezember 2003).

20 *Small Arms Survey 2002: Counting the Human Cost*, Small Arms Survey, www.smallarmssurvey.org (Stand vom 4. Dezember 2003), Kap. 3, »The Legal-Illicit Link«; Human Rights Watch, »Small Arms and Human Rights: The Need for Global Action. A Briefing Paper for the U.N. Biennial Meeting on Small Arms« (7. Juli 2003), http://www. globalpolicy.org/security/smallarms/articles/2003/0707hrw.pdf (Stand vom 8. März 2005).

21 Bunn, »Preventing Nuclear Terrorism«, a.a.O.

22 John Ruggie, »American Exceptionalism, Exemptionalism, and Global Governance«, in: Michael Ignatieff (Hg.), *American Exceptionalism and Human Rights*, Princeton: Princeton University Press 2004.

23 Stephen E. Flynn, »America the Vulnerable«, *Foreign Affairs*, Januar / Februar 2002.

24 Matthew Bunn / Anthony Wier / John P. Holdren, »Controlling Nuclear Warheads and Materials: A Report Card and Action Plan«, Washington D.C.: Nuclear Threat Initiative und Project on Managing the Atom, Harvard University, März 2003. Dr. Graham Allison vom Belfer Center for Science and International Affairs erhielt in seiner Funktion als stellvertretender Verteidigungsminister während der ersten Amtszeit von Präsident Clinton die höchste zivile Auszeichnung des Verteidigungsministeriums, die »Defense Medal for Distinguished Public Service«, für die »Neugestaltung der Beziehungen zu Russland, der Ukraine, Weißrussland und Kasachstan, um das frühere sowjetische Nukleararsenal zu reduzieren«. Seine Bemühungen führten zu einer sicheren Rückkehr von zwölftausend taktischen Nuklearwaffen aus den früheren Sowjetstaaten und zur vollständigen Vernichtung von mehr als viertausend strategischen Atomsprengköpfen, die zuvor auf

die USA gerichtet waren und die in der Ukraine, in Kasachstan und Weißrussland zurückblieben, als sich die Sowjetunion auflöste.

25 *International Atomic Energy Agency Safeguards Glossary*, Wien: International Atomic Energy Agency 2001,»Richtlinien über den Umgang mit Plutonium«, Abschnitt 1.30: »Richtlinien, die in Mitteilungen enthalten waren, welche die IAEA 1997 von bestimmten Mitgliedsstaaten bezüglich der Vorgehensweisen bekommen hat, die diese Staaten verfolgen, um sicherzustellen, dass Plutoniumvorräte sicher und effektiv in Übereinstimmung mit internationalen Vereinbarungen, darunter ihre Verpflichtungen gemäß dem Vertrag über die Nichtweiterverbreitung von Atomwaffen (NPT) (und – im Falle von Mitgliedsstaaten der Europäischen Union – gemäß dem Euratom-Vertrag), und in Übereinstimmung mit den Schutzabkommen der IAEA behandelt werden. Die Richtlinien beschreiben unter anderem das Erfassungssystem für Nuklearmaterial, physische Schutzmaßnahmen und internationale Weitergabeverfahren, die für das unter diese Richtlinien fallende Plutonium gelten. Außerdem spezifizieren sie, welche Informationen von den Mitgliedsstaaten über ihren Umgang mit Plutonium zu veröffentlichen sind, einschließlich jährlicher Angaben über die Bestände an unbestrahltem Plutonium, das für zivile Zwecke genutzt wird, sowie über die geschätzten Plutoniummengen in abgebrannten Brennelementen ziviler Reaktoren.«

26 Richard Butler, *The Greatest Threat: Iraq, Weapons of Mass Destruction and the Crisis of Global Security*, New York: Public Affairs 2000, S. 128f.; Scott Ritter, *Endgame: Solving the Iraq Problem – Once and for All*, New York: Simon and Schuster 1999, S. 177.

27 Matthew Meselson, »The Problem of Biological Weapons«, *Bulletin of the American Academy of Arts and Sciences* 52, Nr. 5, 1999, S. 57; siehe auch M. F. Perutz, »The Threat of Biological Weapons«, *New York Review*, 13. April 2000.

28 Barry R. Bloom, »Bioterrorism and the University«, *Harvard Magazine*, November–Dezember 2003.

29 Francis D. Wormuth, *To Chain the Dog of War: The War Power of Congress in History and Law*, Urbana: University of Illinois Press 1989; Brien Hallet, *The Lost Art of Declaring War*, Urbana: University of Illinois Press 1998; J. H. Ely, *War and Responsibility: Constitutional Lessons of Vietnam and Its Aftermath*, Princeton: Princeton University

Press 1993; siehe auch die Diskussion zu dem Thema der demokratischen Zustimmung und der Befugnis, Kriege zu führen, in meinem Buch *Virtueller Krieg. Kosovo und die Folgen*, Hamburg: Rotbuch Verlag 2001.

30 Rede zur Lage der Nation von Präsident George W. Bush, 28. Januar 2003, http://www.whitehouse.gov/news/releases/2003/01/20030128-19.html (Stand vom 4. Dezember 2003):

»Die Internationale Atomenergie-Behörde (IAEA) hat in den 1990er Jahren bestätigt, dass Saddam Hussein über ein fortgeschrittenes Programm zur Entwicklung von Atomwaffen verfügte, einen Bauplan für eine Atomwaffe besaß und an fünf verschiedenen Methoden, Uran für eine Bombe anzureichern, arbeitete. Die britische Regierung hat erfahren, dass Saddam Hussein vor kurzem beträchtliche Mengen Uran aus Afrika beziehen wollte. Unsere nachrichtendienstlichen Quellen informieren uns darüber, dass er versucht hat, hochfeste Aluminiumröhren zu kaufen, die für die Produktion von Atomwaffen geeignet sind. Saddam Hussein hat diese Aktivitäten nicht glaubhaft erklärt. Ganz eindeutig hat er viel zu verbergen. … Jahr um Jahr hat Saddam Hussein große Anstrengungen unternommen, enorme Summen ausgegeben und große Risiken in Kauf genommen, um Massenvernichtungswaffen zu bauen und zu lagern. Aber warum? Die einzig mögliche Erklärung, der einzig mögliche Zweck dieser Waffen, ist: um zu beherrschen, einzuschüchtern, anzugreifen. … Und dieser Kongress und das amerikanische Volk müssen eine weitere Bedrohung anerkennen. Belege der Nachrichtendienste, geheime Hinweise und Aussagen von Personen, die nun in Gewahrsam sind, zeigen, dass Saddam Hussein Terroristen hilft und sie schützt, darunter auch Mitglieder von Al Qaida. Im Geheimen und ohne Spuren zu hinterlassen, könnte er eine seiner verborgenen Waffen den Terroristen übergeben oder ihnen helfen, ihre eigenen zu entwickeln.«

Rede von Premierminister Tony Blair vor dem Unterhaus, 18. März 2003, http://www.number-10.gov.uk/output/Page3294.asp (Stand vom 4. Dezember 2003):

»Was behauptet Saddam Hussein heute? Natürlich dasselbe wie zuvor: dass er keine Massenvernichtungswaffen besitzt. Tatsächlich sollen wir glauben, dass nach sieben Jahren der Behinderung und Verweigerung, welche schließlich 1998 zur Abreise der Inspektoren

führten, sieben Jahre, in denen er sein Programm verbarg, es, sogar
während die Inspektionsteams im Irak waren, ausbaute, dass er nach
ihrer Abreise dann freiwillig entschied zu tun, was unter Zwang zu
tun er sich beständig geweigert hatte. ... Wir sollen nun ernsthaft
annehmen, entgegen allem Vorhergegangenen, entgegen allen nachrichtendienstlichen Informationen, dass er einseitig beschlossen hat,
seine Waffen zu zerstören. Eine solche Behauptung ist offenkundig
absurd. ... Irak ist nicht das einzige Regime mit Massenvernichtungswaffen. Aber wenn man jetzt vor der Konfrontation zurückschreckt,
werden die zukünftigen Konflikte unendlich viel schrecklicher und
verheerender sein.

Aber natürlich bezweifelt kein unparteiischer Beobachter, dass der Irak
Vereinbarungen gebrochen hat und dass 1441 unter diesen Umständen
ein Eingreifen vorsieht. Das eigentliche Problem besteht darin, dass
die Menschen unterschwellig bezweifeln, dass der Irak eine Bedrohung
ist; bezweifeln, dass es eine Verbindung zwischen Terrorismus und
Massenvernichtungswaffen gibt; die gesamte Grundlage unserer
Behauptung bezweifeln, dass die beiden zusammen einen schwerwie-
genden Angriff auf unsere Lebensweise darstellen.«

31 Michael Walzer, *Gibt es den gerechten Krieg?*, Stuttgart: Klett-Cotta
1982.

32 Die Nationale Sicherheitsstrategie der Vereinigten Staaten von
Amerika, September 2002, http://www.whitehouse.gov/nsc/nss.html
(Stand vom 4. Dezember 2003):
»Während die USA sich beständig darum bemühen werden, die
Unterstützung der internationalen Gemeinschaft zu erlangen, werden
wir nicht zögern, allein zu handeln, wenn dies notwendig sein sollte, und
unser Recht auf Selbstverteidigung mit einem Präventivschlag gegen
solche Terroristen auszuüben ... Rechtsgelehrte und internationale
Juristen machten die Legitimität eines Präventivschlags oft davon
abhängig, dass eine Bedrohung unmittelbar bevorstand – meist eine
sichtbare Mobilisierung der Armee, der Marine oder der Luftwaffe, die
sich auf einen Anschlag vorbereiteten. Wir müssen unsere Vorstellung
von einer unmittelbar bevorstehenden Bedrohung den Fähigkeiten und
Zielen heutiger Feinde anpassen. Gaunerstaaten und Terroristen werden
uns nicht mit konventionellen Mitteln anzugreifen versuchen. ... Die
USA haben sich lange das Recht auf einen Präventivschlag vorbehalten,

um einer hinreichenden Bedrohung unserer nationalen Sicherheit zu begegnen. Je größer die Bedrohung, desto größer ist das Risiko des Nicht-Handelns – und desto dringlicher ist es, vorbeugende Maßnahmen zur Selbstverteidigung zu ergreifen, selbst wenn Zeit und Ort des feindlichen Angriffs ungewiss bleiben. Um feindlichen Handlungen unserer Gegner zuvorzukommen oder sie zu verhindern, werden die USA notfalls einen Präventivschlag führen. Weder werden die USA in allen Fällen Gewalt anwenden, um entstehenden Bedrohungen zuvorzukommen, noch sollten Nationen Vorbeugung als einen Vorwand für Aggression anführen. Aber in einem Zeitalter, in dem die Feinde der Zivilisation offen und aktiv die gefährlichsten Technologien der Welt zu erringen versuchen, können die USA nicht tatenlos zusehen, während sich die Gefahr zusammenbraut. Wir werden immer überlegt vorgehen und die Konsequenzen unserer Handlungen abwägen. Um die Möglichkeiten präventiven Handelns auszubauen, werden wir: bessere und stärker vernetzte nachrichtendienstliche Mittel entwickeln, um rechtzeitige und genaue Informationen über Bedrohungen zu liefern, wo auch immer diese auftreten mögen; uns eng mit Verbündeten abstimmen, um zu einer gemeinsamen Einschätzung der größten Bedrohungen zu gelangen; und fortfahren, unsere militärischen Kräfte so umzugestalten, dass unsere Fähigkeit zu schnellen und präzisen Operationen mit entscheidenden Ergebnissen gesichert ist. Ziel unserer Handlungen wird es immer sein, eine spezifische Bedrohung der USA oder unserer Verbündeten und Freunde zu beseitigen. Die Gründe für unsere Handlungen werden klar sein, die Gewalt verhältnismäßig und die Sache gerecht.«

33 Leszek Kolakowski, *Modernity on Endless Trial*, Chicago: University of Chicago Press 1990.

»Ein intellektuelles Vergnügen.«

Herfried Münkler, DIE ZEIT

Michael Ignatieff
Die Politik der Menschenrechte

Aus dem Amerikanischen
von Ilse Utz
121 Seiten
Klappenbroschur
ISBN 3-434-50527-X

»Das Problem der westlichen Menschenrechtspolitik besteht darin, daß sie durch die Förderung der ethnischen Selbstbestimmung genau die Stabilität gefährdet, die eine Voraussetzung für den Schutz der Menschenrechte ist.«
Menschenrechte sind vielleicht das einzige Vermächtnis, das uns ein Jahrhundert der Kriege hinterlassen hat. Sie sind heute der kleinste gemeinsame Nenner internationaler Politik. Daß sie den einzelnen vor dem Zugriff des Kollektivs schützen, ist ihre größte Stärke und zugleich ihre größte Schwäche. Wie kein anderer analysiert Ignatieff die Widersprüche moderner Menschenrechtspolitik im Spannungsfeld von Nationalismus, Demokratie und Globalisierung.

Europäische Verlagsanstalt | Bei den Mühren 70 | 20457 Hamburg
www.europaeische-verlagsanstalt.de

»Ignatieff erweist sich als engagierter Zeitgenosse und brillanter Autor.«

FRANKFURTER RUNDSCHAU

Michael Ignatieff
Empire lite
Die amerikanische Mission und die
Grenzen der Macht

Aus dem Amerikanischen
von Christiana Goldmann
114 Seiten
Broschur
ISBN 3-434-50567-9

»Imperialismus, der in Ländern, die von Bürgerkriegen zerrissen sind, eingreift und diesen die Rückkehr zu Normalität und Selbstbestimmung ermöglicht, ist für mich guter Imperialismus.«

Seit den 80er Jahren verfolgt Ignatieff das Schicksal zerfallender Staaten im ehemaligen Jugoslawien und nun in Afghanistan. Seine »Fronterfahrungen« in Gebieten, wo Warlords das Sagen haben, wo Hilfsorganisationen und Blauhelme im Ernstfall kapitulieren müssen, ist ernüchternd: Ja, es braucht eine machtvolle Drohkulisse. Doch wer, wie die USA, meint, mit einigen gezielten Luftschlägen lasse sich die Demokratie herbeibomben, macht es sich zu leicht.

Europäische Verlagsanstalt | Bei den Mühren 70 | 20457 Hamburg
www.europaeische-verlagsanstalt.de